Requirements Engineering & Management

Organisatorisches und rechtliches Umfeld
Kapitel 7

**Agile Vorgehensweisen und Prinzipien
Prinzipien des agilen Requirements Engineering**
Kapitel 1

**Requirements-Ermittlung
und -Dokumentation**
Kapitel 4

Rollen
Kapitel 2

**Requirements-
Management**
Kapitel 6

**Requirements-
Analyse**
Kapitel 5

Qualität von Requirements
Kapitel 3

Praxistipps
Kapitel 8

Johannes Bergsmann hat technische Informatik studiert und arbeitete ca. 11 Jahre als Softwareentwickler, Projektleiter, Technischer Leiter, Architekt, Produktmanager und Berater in einem internationalen Systemhaus und als selbstständiger Unternehmer. Im März 2003 gründete er »Software Quality Lab« und begleitet seither als Berater und Trainer viele Unternehmen im Bereich Requirements Engineering und Prozessgestaltung.

Herr Bergsmann ist zertifizierter Scrum Master, Sachverständiger für Informatik bei Gerichten, als Lehrbeauftragter an Fachhochschulen im Bereich Softwarequalitätsmanagement tätig und hält Fachvorträge bei verschiedenen Veranstaltungen und Konferenzen.

Unter Mitwirkung von Markus Unterauer:

Markus Unterauer hat Wirtschaftsinformatik studiert. In seiner Berufspraxis war er in vielen Bereichen der Softwareentwicklung wie Architektur, Entwurf, Entwicklung, Testen, Testautomatisierung bis zu Deployment tätig. Er lernte dabei sowohl klassische als auch agile Projekte und Methoden intensiv kennen.

Seit 2012 arbeitet Markus Unterauer bei Software Quality Lab als Berater und Trainer. Er ist zertifizierter Scrum Master und hat sich auf die Bereiche Softwareprozesse und Anforderungsmanagement spezialisiert. Markus Unterauer ist auch als Vortragender in diesen Themenbereichen immer wieder auf Konferenzen tätig.

Papier
plus⁺
PDF.

Zu diesem Buch – sowie zu vielen weiteren dpunkt.büchern – können Sie auch das entsprechende E-Book im PDF-Format herunterladen. Werden Sie dazu einfach Mitglied bei dpunkt.plus⁺:

www.dpunkt.de/plus

Johannes Bergsmann

Requirements Engineering für die agile Softwareentwicklung

Methoden, Techniken und Strategien

Unter Mitwirkung von Markus Unterauer

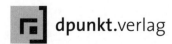 dpunkt.verlag

Johannes Bergsmann
johannes.bergsmann@software-quality-lab.com

Markus Unterauer
markus.unterauer@software-quality-lab.com

Lektorat: Christa Preisendanz
Copy-Editing: Ursula Zimpfer, Herrenberg
Herstellung: Birgit Bäuerlein
Umschlaggestaltung: Helmut Kraus, www.exclam.de
Druck und Bindung: M.P. Media-Print Informationstechnologie GmbH, 33100 Paderborn

Bibliografische Information der Deutschen Nationalbibliothek
Die Deutsche Nationalbibliothek verzeichnet diese Publikation in der Deutschen Nationalbibliografie;
detaillierte bibliografische Daten sind im Internet über http://dnb.d-nb.de abrufbar.

ISBN 978-3-86490-149-2

1. Auflage 2014
Copyright © 2014 dpunkt.verlag GmbH
Wieblinger Weg 17
69123 Heidelberg

5 4 3 2 1 0

Vorwort

Viele Projekte werden aus verschiedenen Gründen nicht so effizient und effektiv abgewickelt, wie dies möglich wäre: Zum Beispiel wenn die Fachexperten zwar wissen, dass sie mit den Entwicklern täglich kommunizieren sollten, dies jedoch nicht können,

- weil sie im Tagesgeschäft schon zu stark involviert und überlastet sind,
- weil sie von ihrer Persönlichkeit her keine aktiv kommunizierenden Typen sind,
- weil sie mitten im Projekt andere Aufgaben zugewiesen bekommen,
- weil sie die Abteilung oder Firma wechseln,
- weil es schwierig ist, das Wissen in den Köpfen der Beteiligten bewusst zu machen und an andere zu kommunizieren,
- weil Kommunikation zwischen zwei Personen immer auch mit einer Interpretation und eventuell mit einer Veränderung der Information einhergeht oder
- aus verschiedensten anderen Gründen.

Als Berater habe ich in meiner bisherigen beruflichen Tätigkeit mehr als 200 verschiedene Projekte bei Kunden begleitet oder auch selbst in unterschiedlichen Rollen (Entwickler, Tester, Projektleiter, Architekt, Produktmanager, Analytiker, Coach, Berater etc.) mitgearbeitet. Viele dieser Projekte – vor allem in den letzten 10 Jahren – waren agile Projekte oder Projekte, in denen die Mitwirkenden zumindest versuchten, Teile der agilen Prinzipien umzusetzen.

Am erfolgreichsten und effizientesten waren in dieser langen Zeit immer diejenigen Projekte, bei denen ich agile Vorgehensweisen mit Elementen aus dem klassischen Requirements Engineering und Projektmanagement ergänzte und so die Stärken jeder Methodik voll ausnutzen konnte.

Man könnte alle diese Softwareprojekte mit einer Autofahrt von München nach Rom vergleichen. Im Idealfall fahren wir auf gerader Strecke mit konstanter und optimaler Geschwindigkeit mit unserem Auto alleine auf der Straße. In der Praxis aber hat die Straße Kurven, es gibt Verkehrsbeschränkungen, in den Bergen ist eventuell auch Eis auf der Straße, es gibt Staus, andere Autofahrer, die rücksichtslos unterwegs sind und nur ihr eigenes Ziel im Blick haben, unser Auto hat eine Panne etc.

Auf alle diese individuellen Situationen sollten wir vorbereitet sein und unser Vorgehen den jeweiligen Situationen entsprechend anpassen, damit wir unser Ziel auch erreichen. Generell werden wir grob planend vorgehen, z. B. den Start-zeitpunkt bestimmen, den ungefähren Zeitrahmen der Fahrt abschätzen und den Streckenverlauf z. B. für die Alpenquerung über den Brenner planen. Wir sollten auch ungefähr wissen, welches Wetter zu erwarten ist, und eventuell die Reifen, Frostschutz, Klimaanlage etc. entsprechend vorbereiten. Im Verlauf der Fahrt wird es vielleicht zu Änderungen kommen, z. B. wenn der Brennertunnel wegen eines Unfalls gesperrt ist. In diesem Fall werden wir agil darauf reagieren müssen und die Umleitungsstrecke über den Pass nehmen (schließlich haben wir ja Goo-gle Maps dabei ;-). Wenn wir im Vorfeld in der »Architektur« unseres Autos diese Situation mangels vorausschauender Planung nicht berücksichtigt haben und beim ersten kurzen Anstieg der Passstraße feststellen, dass wir ohne Ketten auf der verschneiten Straße nicht weiterkommen, müssen wir wiederum agil reagie-ren und nun eventuell einen großen Umweg über die Tauernautobahn nehmen. Beide Vorgehensweisen haben daher ihre Berechtigung. Als Softwareentwickler, Projektleiter, Agile Master, Product Owner – oder welche Rolle auch immer wir im Projekt inne haben – sollten wir viele unterschiedliche Methoden im Köcher haben und diese für unser Projekt zur optimalen Vorgehensweise kombinieren.

Das Agile Manifest

Das Agile Manifest [Agile Manifesto] (siehe Abschnitt 1.1) beschreibt in seinen vier agilen Leitsätzen und zwölf Prinzipien die Eckpfeiler, an denen sich praktisch alle agilen Vorgehensweisen orientieren. Darin wird unter anderem festgehalten, dass funktionierende Software und Zusammenarbeit mit dem Kunden wichtiger sind als umfassende Dokumentation und Vertragsverhandlungen, wobei im Zusatz angeführt ist, dass umfassende Dokumentation und Vertragsverhandlun-gen auch als wichtig angesehen werden. So sollten Projekte idealerweise ablau-fen. Wenn man die Praxis in vielen Softwareprojekten erlebt hat, wird man dem Agilen Manifest begeistert zustimmen und die Aussage und Sichtweise uneinge-schränkt unterstützen.

Ausgehend vom Agilen Manifest wurden verschiedene Vorgehensweisen ent-wickelt, z. B. Extreme Programming (XP) und Scrum. Diese Vorgehensweisen sind keine umfassenden Entwicklungsmodelle, sondern greifen bestimmte Aspekte und Themen auf und lassen andere Themen bewusst offen und unkonkret. Dies ermöglicht es und fordert gleichzeitig jedes Projektteam dazu auf, den konkreten Weg unter Berücksichtigung der Projektsituation und Rahmenbedingungen selbst zu finden und festzulegen.

Requirements Engineering ist ein Aspekt, der in vielen agilen Vorgehensmodellen nur sehr grob beschrieben wird. Aus diesem Grund habe ich mich auch dazu entschlossen, dieses Buch zu schreiben.

Wenn Requirements zum Problem werden

Sehr oft wurde und wird in verschiedenen Stadien eines Projekts das Requirements Engineering und Requirements Management zum Thema, z.B. wenn …

- … Juristen oder Einkäufer eines externen Kunden, der schon bei Projektstart einen Festpreis vereinbaren will, vorab wissen wollen, was denn schlussendlich für den vereinbarten Preis geliefert wird.
- … bei der Abnahme eines Produkts durch den Kunden dann plötzlich wichtige Personen fehlende Funktionen bemängeln und nicht klar ist, ob dies vom Lieferanten noch als Auftragsbestandteil geschuldet wird oder ob das nun ein kostenpflichtiger Change Request ist.
- … im Laufe des Projekts eine auf Basis von User Stories (siehe Abschnitt 4.3.2) entwickelte Maske schon zum x-ten Mal über mehrere Iterationen hinweg wieder und wieder angepasst und verändert wird, weil der Kunde sich immer wieder etwas anderes als Ergebnis vorstellt.
- … Entwicklungsverantwortliche, die auf die Frage »Was kann denn das Produkt, das Sie entwickeln, nun eigentlich alles?« nur sagen können, dass sie Tausende User Stories in ihrem Request-Tool dokumentiert haben und dort nachzulesen ist, was umgesetzt wurde.
- … das Projektteam zwar weiß, was es die letzten zwei, drei Iterationen entwickelt hat und was es die kommenden zwei Iterationen entwickeln wird, jedoch keinen Überblick mehr darüber hat, welche Funktionalität das Produkt insgesamt hat.
- … »der Wald vor lauter Bäumen nicht mehr erkannt« wird und die Zusammenhänge für die Beteiligten möglicherweise schon verloren gegangen sind.

Alle diese geschilderten Fälle sind primär auf mangelndes Requirements Engineering und Requirements Management zurückzuführen. Tendenziell treten solche Probleme in Projekten auf, in denen ein Vorgehensmodell gewählt wurde, das viele thematische Freiheiten bietet, die offengelassenen Teile aber nicht vorab zwischen den beteiligten Personen festgelegt wurden oder das Modell nicht an die gegebene Situation angepasst wurde.

Gerade agile Vorgehensweisen überlassen die konkrete Ausgestaltung des Requirements Engineering zum Großteil der Entscheidung des Teams. In der Begeisterung der ersten Stunde möchten viele Teams möglichst rasch starten und erste Erfolge zeigen und beginnen mit einem sehr intuitiven Ansatz, wie z.B. einer einfachen Liste von User Stories. User Stories sind eine sinnvolle Technik, und ich baue in vielen Abschnitten dieses Buches auf dieser Technik auf. Es gibt jedoch noch viele andere Techniken aus dem Requirements Engineering, die in agilen Vorgehensweisen angewendet werden können und sollen. In Kombination mit einigen passenden klassischen Techniken des Requirements Engineering bieten sie gute Lösungen für die Requirements-Herausforderungen in agilen Projekten.

In diesem Buch werden daher viele verschiedene Techniken und Methoden aus den agilen Vorgehensweisen vorgestellt, mit klassischen Methoden verknüpft und ergänzt und in einen strukturierten und systematischen Zusammenhang mit Requirements Engineering gebracht.

Über dieses Buch

Der Fokus dieses Buches liegt darauf, gute Methoden und Techniken – egal aus welchem Zeitalter oder mit welcher Ausrichtung – unvoreingenommen aufzugreifen und sie nicht von vornherein auszuschließen, nur weil es sich dabei um »klassische« oder »agile« Methoden oder Techniken handelt. Aussagen wie »klassische Methoden sind überfrachtet, ineffizient und schlecht« oder »agile Methoden sind was für Individualisten oder Dokumentationsfeinde« gehören für mich nicht zu einer weitsichtigen und nachhaltigen Denkweise.

Jede genannte Methode und Technik stellt ein Werkzeug im Werkzeugkasten der Softwareentwicklung dar und soll hier mit ihren Vorteilen und Nachteilen in bestimmten Projektsituationen betrachtet werden. Es soll klar werden, wo und wie diese Methoden und Techniken in agilen Projekten eingesetzt werden können, um einen Nutzen für das Projekt zu stiften. Es werden daher auch sinnvolle Anwendungsmöglichkeiten und Fallstricke der einzelnen Methoden und Techniken dargestellt und im Kontext eines nachhaltigen, systematischen und praxisorientierten Requirements Engineering in der agilen Softwareentwicklung betrachtet.

Ziel ist es, einen Überblick und einen Werkzeugkasten anzubieten, der zeigt, welche Methoden und Techniken zusätzlich zu den sehr oft angewendeten User Stories noch sinnvoll sind und welche Hindernisse und Problemstellungen im Zusammenhang mit Requirements Engineering in agilen Projekten auftreten können.

Abgerundet wird das Thema durch die Behandlung von Qualitätsaspekten für Requirements, durch einen Blick auf die Zusammenhänge und durch rechtliche Aspekte sowie durch Tipps und Tricks bei der Anwendung von Requirements-Themen im agilen Umfeld.

Das Buch richtet sich an Product Owner, Produktmanager, Projektmanager, Softwareauftraggeber, Scrum Master, Entwickler, Tester und alle anderen Personen, die sich mit nachhaltigem und systematischem Requirements Engineering und Requirements Management in der agilen Softwareentwicklung beschäftigen oder davon betroffen sind.

Dieses Buch ist *keine* komplette Einführung in agile Methoden. Kapitel 1 gibt zwar einen kurzen Überblick über das Agile Manifest, wesentliche agile Konzepte und Scrum, als am häufigsten eingesetzten Vertreter agiler Methoden. Der Hauptfokus des Buches liegt jedoch im Requirements Engineering und Requirements Management.

Hilfreich beim Lesen ist ein grundlegendes Verständnis des aktuellen Stands im Bereich Requirements Engineering und insbesondere die Kenntnis der allgemein anerkannten Begriffe, Techniken und Grundlagen aus diesem Themenbereich. Der Inhalt und die Begriffe, die das International Requirements Engineering Board [IREB] für die Ausbildung zum »Certified Professional for Requirements Engineering (CPRE) – Foundation Level« in seinem Lehrplan [IREB CPRE FL 2012] vorgibt, stellen den grundlegenden Stand der Technik zum Thema Requirements Engineering dar, der als Basiswissen für das Lesen dieses Buches empfohlen wird.

Das Buch soll **Einführungslektüre sowie Praxisleitfaden** sein und ist nicht als wissenschaftlich komplette Abhandlung über das Thema Requirements Engineering in der agilen Softwareentwicklung gedacht. Es kann daher sequenziell oder auch auszugsweise gelesen werden. Als Autor ist es mir natürlich am liebsten, wenn Sie dieses Buch ständig an Ihrem Arbeitsplatz griffbereit haben und bei Fragen oder Unklarheiten zu Requirements-Engineering-Techniken oder -Vorgehensweisen darin einen schnellen Rat und brauchbare Infos finden.

In der Praxis hat man leider oft nicht die Zeit, beim Auftauchen einer Frage ein ganzes Buch z.B. zu Use Cases, User Stories oder Behaviour Driven Development zu lesen. Ich habe daher auf eine möglichst große Unabhängigkeit der einzelnen Themen und Kapitel geachtet, sodass das Buch auch als Nachschlagewerk in der täglichen Arbeit verwendet werden kann. Mit entsprechendem Vorwissen in agilen Methoden und Requirements Engineering kann es auch auszugsweise gelesen und verstanden werden. Für Praktiker müssen das Wichtigste und die Zusammenhänge in Kürze ersichtlich sein. Daher gibt es in vielen Kapiteln eine tabellarische Übersicht über wesentliche Punkte und verschiedene Überblicksgrafiken, die die Zusammenhänge auf einen Blick darstellen.

Auch wenn in vielen Kapiteln Begriffe aus Scrum verwendet oder zitiert werden, so wurde darauf geachtet, die einzelnen Themenbereiche möglichst allgemeingültig zu halten. Das Buch adressiert nicht »Requirements Engineering in Scrum«, sondern behandelt generell das Thema Requirements Engineering im agilen Umfeld. Die beschriebenen Techniken und Methoden können auch in anderen agilen Vorgehensweisen angewendet werden.

> **Beispiele werden mit einem grauen Hintergrund versehen:**
>
> In diesem Buch werden verschiedene Beispiele und Formulierungen aus der Praxis und für die Praxis aufgeführt. Die meisten dieser Beispiele sind abgeleitet aus einem Projekt zum Thema »Zeiterfassung«. Es geht in diesem Beispielszenario darum, dass die Tagesarbeitszeiten inklusive der Pausen und Abwesenheitszeiten von Mitarbeitern eines Unternehmens erfasst, ausgewertet und verwaltet werden können und dass auch die Erfassung, Auswertung und Verwaltung von Projektarbeitszeiten durchgeführt werden kann – also von einzelnen Zeitblöcken der Tagesarbeitszeit, die bestimmten Projekten zugeordnet werden.

Weiterführende Literatur zum Thema Requirements und agile Vorgehensweisen ist im Anhang C zu finden.

Ich freue mich, wenn dieses Buch für Sie als Anwender oder Experte in Ihrer täglichen Praxis eine Unterstützung und Anregung ist. Für die Weiterentwicklung dieses Themas hoffe ich natürlich auch auf zahlreiches Feedback und interessante Diskussionen (bitte direkt an *johannes.bergsmann@software-quality-lab.com*).

Johannes Bergsmann
Linz, im April 2014

Danksagung

Mein großer Dank gilt Markus Unterauer, der mich als Koautor bei der Erstellung dieses Buches maßgeblich unterstützt hat. Markus hat primär die Kapitel 2 »Requirements-Engineering-Rollen« und Kapitel 5 »Requirements-Analyse« federführend ausgearbeitet und zum Kapitel 6 »Requirements Management« wesentliche Teile beigetragen sowie beim Review und Feinschliff des gesamten Buches viele gute Anregungen gegeben.

Des Weiteren danke ich allen Entwicklern, Kundenvertretern, Experten und Personen, mit denen ich im Laufe der letzten Jahre zum Thema Requirements Engineering und agile Methoden diskutieren durfte und die schlussendlich dazu beigetragen haben, dass ich mich zum Schreiben dieses Buches entschlossen habe und entsprechende Sichtweisen aus der Praxis mit einfließen lassen konnte.

Vielen Dank auch dem dpunkt.verlag – insbesondere Christa Preisendanz – für die initiale Anregung und für die Unterstützung im Laufe der Ausarbeitung dieses Buches.

Und schlussendlich gilt ein ganz großer Dank meiner Frau Petra und meinen Kindern Beate und Barbara, die mich dadurch unterstützt haben, dass sie mir die Zeit zum Schreiben dieses Buches gegeben haben.

Inhaltsverzeichnis

1 Einleitung

Dieses Kapitel beginnt mit dem Agilen Manifest als Grundfeste der agilen Methoden und erklärt dann kurz die heute am weitesten verbreitete agile Vorgehensweise »Scrum«. Darauf aufbauend wird ein Überblick über verschiedene Methoden und Techniken der Requirements-Spezifikation, die heute in agilen Projekten Verwendung finden, gegeben. Die Grundprinzipien des Requirements Engineering für die agile Softwareentwicklung werden erläutert und es wird auf andere Aspekte des Requirements Engineering im agilen Umfeld eingegangen.

1.1 Das Agile Manifest

Im Februar 2001 traf sich eine Gruppe von 17 Personen in den Bergen von Utah, um über die Gemeinsamkeiten von verschiedenen Ansätzen der Softwareentwicklung zu diskutieren. Diese Gruppe nannte sich »The Agile Alliance« und das Ergebnis dieses Meetings waren der Begriff »agil« und das »Agile Manifest« [Agile Manifesto].

Das Agile Manifest besteht aus vier Leitsätzen und zwölf Prinzipien, die die Leitsätze erläutern. Es ist das Fundament für agiles Arbeiten und damit für alle agilen Methoden.

Manifest für Agile Softwareentwicklung:

Wir erschließen bessere Wege, Software zu entwickeln, indem wir es selbst tun und anderen dabei helfen.

Durch diese Tätigkeit haben wir diese Werte zu schätzen gelernt:

- **Individuen und Interaktionen** mehr als Prozesse und Werkzeuge
- **Funktionierende Software** mehr als umfassende Dokumentation
- **Zusammenarbeit mit Kunden** mehr als Vertragsverhandlung
- **Reagieren auf Veränderung** mehr als das Befolgen eines Plans

Das heißt, obwohl wir die Werte auf der rechten Seite wichtig finden, schätzen wir die Werte auf der linken Seite höher ein.

$\longrightarrow$

Kent Beck, Mike Beedle, Arie van Bennekum, Alistair Cockburn, Ward Cunningham, Martin Fowler, James Grenning, Jim Highsmith, Andrew Hunt, Ron Jeffries, Jon Kern, Brian Marick, Robert C. Martin, Steve Mellor, Ken Schwaber, Jeff Sutherland, Dave Thomas

Die zwölf Prinzipien hinter dem Agilen Manifest

- Unsere höchste Priorität ist es, den Kunden durch frühe und kontinuierliche Auslieferung wertvoller Software zufrieden zu stellen.
- Heiße Anforderungsänderungen selbst spät in der Entwicklung willkommen. Agile Prozesse nutzen Veränderungen zum Wettbewerbsvorteil des Kunden.
- Liefere funktionierende Software regelmäßig innerhalb weniger Wochen oder Monate und bevorzuge dabei die kürzere Zeitspanne.
- Fachexperten und Entwickler müssen während des Projekts täglich zusammenarbeiten.
- Errichte Projekte rund um motivierte Individuen. Gib ihnen das Umfeld und die Unterstützung, die sie benötigen, und vertraue darauf, dass sie die Aufgabe erledigen.
- Die effizienteste und effektivste Methode, Informationen an und innerhalb eines Entwicklungsteams zu übermitteln, ist im Gespräch von Angesicht zu Angesicht.
- Funktionierende Software ist das wichtigste Fortschrittsmaß.
- Agile Prozesse fördern nachhaltige Entwicklung. Die Auftraggeber, Entwickler und Benutzer sollten ein gleichmäßiges Tempo auf unbegrenzte Zeit halten können.
- Ständiges Augenmerk auf technische Exzellenz und gutes Design fördert Agilität.
- Einfachheit – die Kunst, die Menge nicht getaner Arbeit zu maximieren – ist essenziell.
- Die besten Architekturen, Anforderungen und Entwürfe entstehen durch selbstorganisierte Teams.
- In regelmäßigen Abständen reflektiert das Team, wie es effektiver werden kann und passt sein Verhalten entsprechend an.

Das Agile Manifest ist ein Meilenstein in der Geschichte der Softwareentwicklung. Es gab bisher nur wenig Literatur, die so große Auswirkungen auf die Softwareentwicklung hatte wie dieses kurze Dokument. Heute kann man sagen, dass das Agile Manifest und seine Prinzipien praktisch alle Bereiche der Softwareentwicklung erreicht haben. Auf Basis des Agilen Manifests haben sich verschiedene Vorgehensweisen etabliert wie z. B. Scrum, Kanban, Extreme Programming oder Feature Driven Development.

Bei den agilen Vorgehensweisen stehen das Ergebnis und der Wert für den Kunden im Vordergrund. Anstelle einer einmaligen umfassenden Vorausplanung wird eine ständig rollierende Planung in Verbindung mit schnellem Feedback durch kurze Iterationen zur Risikominimierung verwendet. Dies zielt darauf ab, dass der Kunde möglichst rasch ein erstes Ergebnis ansehen und am besten auch gleich verwenden kann. Ein starker Fokus liegt auf Transparenz, Kommunikation und einem Team, das sich selbst steuert.

Neben diesen im Agilen Manifest und in Vorgehensmodellen wie Scrum explizit genannten Werten und Themen gibt es viele weitere Aspekte in der Softwareentwicklung, die in einem Projekt berücksichtigt werden müssen, auch wenn sie nicht durch die agilen Basiskonzepte explizit abgedeckt sind. Bereiche wie Risikomanagement, Testen und eben auch Requirements Engineering sind nach wie vor kritisch für den Erfolg von Softwareprojekten.

Für die erfolgreiche Einführung und den Einsatz agiler Vorgehensweisen ist es daher wichtig, dass einerseits eine Ausrichtung des Teams bzw. der Organisation an den agilen Werten und einer disziplinierten Anwendung der Regeln der von der Organisation gewählten agilen Vorgehensweise erfolgt, und andererseits auch alle anderen für den Erfolg wesentlichen Themen berücksichtigt werden, sodass diese in einer sinnvollen Art und Weise zu einem effektiven Framework für die Softwareentwicklung integriert werden.

1.2   Requirements Engineering im Kontext des Agilen Manifests

Im Agilen Manifest selbst steht fast nichts über Requirements Engineering. Trotzdem haben seine Leitsätze großen Einfluss darauf, wie ein agiles Team mit Anforderungen umgeht:

▫ **Individuen und Interaktionen mehr als Prozesse und Werkzeuge**
Aus Sicht des Requirements Engineering kann man diese Aussage auf die Interaktion und Kommunikation zur Ermittlung und Abstimmung von Anforderungen sowie auf den Prozess und die Tools zu deren Verwaltung und Dokumentation beziehen.

Dass die **Interaktion und Kommunikation** der Beteiligten und Betroffenen der wichtigste Faktor im Requirements Engineering ist, ist seit Langem bekannt. Wichtig ist aber auch, dass die Aussagen der Individuen und die Ergebnisse im Rahmen der Interaktion auf angemessene Art und Weise dokumentiert werden.

Eine große Herausforderung in der Praxis ist die **Definition des Requirements-Engineering-Prozesses**. Dieser wird auch in agilen Teams oft zu formal und sequenziell beschrieben. Um die Agilität zu gewährleisten, ist es daher bei der Prozessdefinition zu empfehlen, nicht den Prozess insgesamt, sondern nur die einzelnen Teilprozesse und Techniken, wie z. B. Erhebungstechniken, Darstellungstechniken, einzelne Artefakte, Analysemethoden und Managementtechniken, klar zu beschreiben und zu einem modularen flexibel einsetzbaren Methodenbaukasten zusammenzustellen. In Kapitel 4 ist ein Teil eines solchen Baukastens zu finden.

Flexible **Requirements-Werkzeuge** helfen, das Requirements Engineering agil umzusetzen. Vor allem auch die Integration mit anderen Werkzeugen und das Vermeiden von Brüchen im Entwicklungsprozess sind essenziell für das effiziente Funktionieren des Requirements-Prozesses. Microsoft Word und Excel als die am meisten verwendeten Requirements-Werkzeuge sind nicht gerade dazu geeignet, den Requirements-Prozess nachhaltig und effizient zu gestalten. Aber auch »echte« Requirements-Management-Werkzeuge haben oft zu starre Prozesse implementiert oder ergehen sich in einer Attribuierungsorgie. Die Integration mit anderen Werkzeugen im Entwicklungsprozess ist ebenfalls oft mangelhaft. Insofern ist die Werkzeugfrage auch im agilen Umfeld sehr wichtig.

Funktionierende Software mehr als umfassende Dokumentation
Natürlich ist die gebaute Software wichtiger als die Dokumentation. Aber was ist eigentlich unter »Dokumentation« zu verstehen? Es kann jegliche Art von Anforderungsspezifikation, Architekturdokumenten, Designvorgaben, Prozessdefinitionen, Benutzerdokumentation, Entwicklerkommentaren im Sourcecode etc. gemeint sein.

Wenn man die Kosten der Erstellung einer funktionierenden Software inklusive Sourcecode im Vergleich zu den Dokumentationskosten inklusive Sourcecode-Kommentare in Abhängigkeit vom Dokumentationsgrad betrachtet, kommt man zu folgendem Ergebnis: Eine umfassende Dokumentation vor der Erstellung der ersten Codezeile macht aus Zeit- und Kostengründen keinen Sinn. Auf die Dokumentation komplett zu verzichten, ist aber ebenfalls keine gute Lösung. Die Kommunikationskosten und die Kosten für zusätzliche unnötige Iterationen werden sonst wegen vergessener Informationen, Spätfolgen durch fehlendes Verständnis für Umsetzungsentscheidungen und fehlende Nachvollziehbarkeit ebenfalls explodieren (siehe Abb. 1–1).

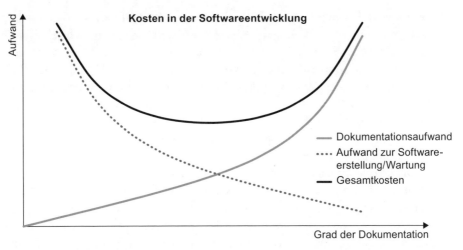

Abb. 1–1   *Kostenkurve in der Softwareentwicklung abhängig vom Dokumentationsgrad*

> Jede Dokumentation unterstützt bis zu einem gewissen Grad die Flexibilität und die Effizienz und bremst sie ab einem gewissen (übertriebenen) Grad.

Es ist daher im Sinne der Flexibilität und Effizienz bei jeder Dokumentation zu überlegen, was der für das jeweilige Projekt optimale Grad ist. Nachfolgend sind beispielhaft **einige zentrale Dokumentationsarten** angeführt, für die dies gut überlegt werden sollte:

- Requirements
- Risikoanalysen
- Spikes[1] und Machbarkeitsanalysen
- Architekturspezifikation
- Codekommentare
- Testspezifikation und Testdokumentation
- Benutzerdokumentation
- Prozessdefinition
- Methodenbeschreibungen, Guidelines und Checklisten

> Dokumentation, speziell Anforderungen, komplett wegzulassen, verursacht zusätzliche Kosten im Projekt! Den richtigen Grad an Dokumentation zu treffen, ist die Kunst guter Projektabwicklung.

---

1.   Eine Definition des Begriffs Spike ist in Abschnitt 4.6.1 zu finden.

Zusammenarbeit mit Kunden mehr als Vertragsverhandlung

Hier geht es um *externe* Kunden-Lieferanten-Verhältnisse, die typischerweise auf einem Vertrag – welcher Art auch immer – basieren. Die Interpretation des Agilen Manifests ist in diesem Kontext sehr stark von der jeweiligen Projektsituation abhängig. In Projekten, in denen der Kunde selbst nicht genau weiß, was er will, muss die Zusammenarbeit mit dem Kunden sehr intensiv sein. In Projekten, in denen schon ziemlich klar ist, was der Kunde benötigt und dies auch schon vorab gemeinsam definiert wurde, ist eine weniger intensive Zusammenarbeit erforderlich.

Die Intensität der Zusammenarbeit wird auch von der Grundhaltung zwischen Kunden und Lieferant stark beeinflusst. Bei Kunden, die partnerschaftlich agieren und zu denen man als Lieferant aufgrund langjähriger Beziehungen großes Vertrauen hat, werden auch kaum intensive Vertragsverhandlungen nötig sein. Umgekehrt ist es genauso. Partnerschaftliche Lieferanten werden im Sinne des Kunden denken und handeln. Ist dies jedoch nicht der Fall, so sind auch in agilen Projekten gute Verträge im Sinne der Risikominimierung und wechselseitiger Klarheit sehr wichtig. Wichtig ist in allen Fällen, dass der Vertrag und die Spezifikation aufeinander abgestimmt sind (siehe auch Kap. 7).

Reagieren auf Veränderung mehr als das Befolgen eines Plans

Änderungen sind die Normalität in Projekten. Wenn der Kundennutzen durch eine Änderung größer wird, ist eine Änderung auch zu befürworten. Es gibt jedoch Änderungen, die zwar vom Kunden gewünscht werden, die aber den Gesamtkundennutzen des Systems reduzieren. In solchen Fällen ist es besser, dem Kunden die bisher gewählte Umsetzung und die Konsequenzen der Änderung zu erklären und den ursprünglichen Plan weiterzuverfolgen.

Beispiel:

Ein Kundenvertreter wünscht sich nach Sichtung des ersten Prototyps, der von den Entwicklern selbstständig mit einfachen Bedienelementen umgesetzt wurde, nun in einer Webmaske eine Drag&Drop-Funktion. Dies wäre jedoch nur sehr aufwendig mit den zur Verfügung stehenden Technologien umzusetzen. Außerdem würde dadurch ein Teil seiner Systembenutzer ausgeschlossen, der eine ältere Browserversion verwendet oder auf mobilen Geräten arbeitet. Die Änderung nicht umzusetzen ist in diesem Fall die bessere Alternative für den Kunden. Sie stellt in der Bedienung nur unwesentlich mehr Aufwand dar, spart jedoch die hohen Zusatzkosten der Implementierungsänderung und berücksichtigt außerdem alle potenziellen Benutzergruppen. Für den einzelnen Kundenvertreter wäre die Änderung aus seiner Sicht durchaus mit einem Nutzen verbunden. Für den Kunden insgesamt und für den längerfristigen Nutzen aus dem System hätte sie jedoch nachteilige Auswirkungen.

In allen Projekten sollten Änderungen systematisch analysiert und bewertet werden, bevor sie akzeptiert und in das Backlog eingefügt werden. Der Kunde sollte auch immer eine Rückmeldung erhalten, ob und warum die Änderung von den anderen Beteiligten (Entwickler, IT-Betrieb, Marketing etc.) als Nutzen steigernd oder Nutzen verringernd eingeschätzt wird. Er kann ja auch im nicht sinnvollen Fall die Änderung trotzdem durchführen lassen – es ist ja schließlich sein Geld, das er dann mehr ausgibt! Diese Tatsache sollte ihm aber bewusst sein.

In der Praxis gibt es kaum Projekte, bei denen Zeit und Geld keine Rolle spielen und die Entwickler ohne Vorgaben einfach drauflosentwickeln oder Änderungen durchführen können. Es besteht daher in *jedem* Projekt die Notwendigkeit, zu Beginn zumindest eine grobe Planung und Spezifikation zu erstellen. Das Product Backlog und die Releaseplanung sind genau solche Pläne (siehe Abschnitte 6.2 und 6.3). So kann man *wissen* und nicht nur ahnen, ob bzw. wie weit man vom ursprünglich vorgesehenen Ziel und Rahmen abweicht.

Es gilt jedoch auch hier wieder das schon oben erwähnte Prinzip: Nur wenn die Kosten für die Erstellung und Pflege des Plans geringer sind als die Kosten, die sich durch eine unsystematische und schlecht abgestimmte Softwareentwicklung ohne Plan ergeben, sollte ein Plan erstellt und gewartet werden.

Dass Pläne sich ändern, ist ein Faktum. Gute Planer wissen dies und sehen in Änderungen auch nichts Negatives und schon gar kein Versagen ihrer planerischen Fähigkeiten.

> *Laufende Änderungen sind ein Naturgesetz in der Softwarewelt, das der gute Planer akzeptiert und berücksichtigt.*

Ein Grundprinzip der Planung lautet daher: Entweder gut oder gar nicht! Wobei hier mit guter Planung nicht gemeint ist, dass das System vorab bis in die letzte Zeile Quellcode vorauszuplanen ist, sondern es geht hier darum, die Wegpunkte auf der Reise zum Ziel festzulegen, an denen man sich immer wieder orientieren kann. Wenn aber ein Plan erstellt wird, dann muss er auch bis zum Ende laufend gepflegt und konsistent gehalten werden. Wenn hier Nachlässigkeit aufkommt und der Plan von den Beteiligten als nicht konsistent angesehen wird, dann ist er nutzlos.

1.3 Scrum im Überblick

Scrum wurde von Ken Schwaber und Jeff Sutherland entwickelt und ist ein Framework für agiles Projektmanagement. Durch seine einfache Struktur ist es schnell verständlich und erleichtert dadurch die Umsetzung der täglich gelebten Prozesse (siehe Abb. 1–2).

Der Begriff »Scrum« wurde aus dem Rugby entlehnt und bedeutet »Gedränge«. Dies steht für den Teamgeist und die selbstorganisierende Weise, mit der die Teams ein gemeinsames Ziel erreichen. Offenheit, Respekt und Transparenz sind in Scrum die Basis, um gute Arbeitsergebnisse zu erzielen.

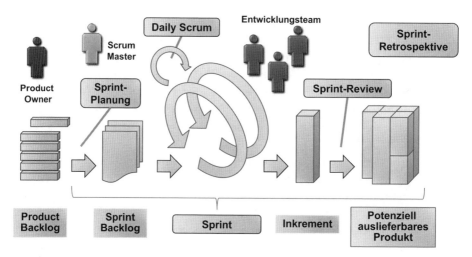

Abb. 1–2   *Überblick über Scrum*

Das Scrum-Regelwerk basiert auf der Theorie der empirischen Prozesssteuerung und verändert den in klassischen Vorgehensweisen angegebenen Planungsansatz grundlegend. Scrum nutzt kurze zeitlich festgeschriebene Iterationen (»**Sprint**«), die immer gleich lang sind (»**timeboxed**«). Typischerweise werden Sprint-Längen zwischen zwei und vier Wochen gewählt. Das Scrum-Team soll in dieser Zeit möglichst ungestört arbeiten können. Damit wird laufend messbarer Nutzen für den Kunden generiert und das Projektrisiko minimiert.

Der wesentliche Fokus in Scrum ist das **selbststeuernde Team**, bei dem es keinen Projektleiter gibt.

Das **Scrum-Team** besteht aus drei Rollen:

- Der **Product Owner** ist der Produktverantwortliche und zuständig für das Product Backlog. Er definiert, priorisiert und ändert Anforderungen (siehe Abschnitt 2.1).

- Der **Scrum Master** kümmert sich um die Einhaltung der vorgegebenen Regeln und hält Störfaktoren vom Team fern. Er mischt sich inhaltlich nicht ein, sondern sorgt dafür, dass das ganze Scrum-Team im Sinne der Gesamtorganisation möglichst produktiv ist[2] (siehe Abschnitt 2.3).

---

2. Im Verlauf des Buches wird anstelle des Begriffs »Scrum Master« der allgemeinere Begriff »Agile Master« verwendet (siehe Abschnitt 2.3).

▓ Das **Entwicklungsteam** setzt die Backlog-Einträge zu einem neuen Produktin-krement um. Es besteht aus mehreren Personen, die ihre Aufgaben im Team professionell wahrnehmen können. Das Entwicklungsteam hat alle Kompe-tenzen, die notwendig sind, um ein Produktinkrement fertigzustellen. Die Teamgröße sollte zwischen drei und neun Personen liegen. Innerhalb des Teams gibt es keine weitere Rollenunterteilung. Alle Teammitglieder werden als »Entwickler« bezeichnet (siehe Abschnitt 2.2).

Es gibt in Scrum folgende explizit definierte **Artefakte:**

▓ Im **Product Backlog** werden alle anstehenden Anforderungen an das umzuset-zende System erfasst. Es wird nicht erwartet, dass alle Anforderungen schon von Beginn an bekannt sind und sich im Projektverlauf nicht mehr ändern. Das Product Backlog enthält die im Moment bekannten Anforderungen in der notwendigen Feinheit, die erforderlich ist, um die nächsten Sprints zu pla-nen. Je weiter die Umsetzung einer Anforderung in der Zukunft liegt, desto gröber sind die Informationen. Die Anforderungen im Product Backlog sollen eindeutig gereiht (priorisiert) sein.

▓ Im **Sprint Backlog** werden die für einen konkreten Sprint ausgewählten Pro-duct-Backlog-Einträge festgehalten. Die Einträge werden nicht vom Product Owner, sondern vom Entwicklungsteam aus dem Product Backlog ausge-wählt (»Pull«-Prinzip). Das Sprint Backlog macht die in einem Sprint umzu-setzende Arbeit sichtbar und zeigt laufend den Status der Arbeiten im Sprint.

▓ Das **Produktinkrement** ist das Ergebnis der Arbeiten eines Sprints inklusive der Ergebnisse aus allen vorangegangenen Sprints. Das Inkrement muss am Ende des Sprints die »**Definition of Done**« erfüllen (siehe Abschnitt 3.2) und potenziell auslieferbar sein.

Der Ablauf eines Sprints ist durch folgende Ereignisse gekennzeichnet:

▓ **Sprint-Planung**
Am Beginn jedes Sprints steht das Sprint-Planungs-Meeting, in dem im Wesentlichen zwei große Themen behandelt werden: Was wird im bevorste-henden Sprint umgesetzt? Und: Wie wird es umgesetzt? Die Antwort auf die erste Frage besteht aus der Auswahl von Einträgen aus dem Product Backlog, die zunächst ins Sprint Backlog übernommen werden. Diese Auswahl wird vom Entwicklungsteam eigenständig getroffen. Zum Teil bereits mit Design-entscheidungen angereichert wird die zweite Frage der Planung behandelt, nämlich wie das Entwicklungsteam vorhat, die Anforderungen umzusetzen.

▓ **Daily Scrum**
Dies ist ein tägliches Meeting für die Synchronisation im Entwicklungsteam. Von jedem Mitglied werden in insgesamt maximal 15 Minuten drei Fragen beantwortet: Was habe ich seit gestern fertiggestellt? Was werde ich heute machen, um dem Sprint-Ziel einen Schritt näherzukommen? Was behindert mich in meiner Arbeit?

▦ **Sprint-Review**

Am Ende eines Sprints wird ein informelles Review-Meeting von maximal vier Stunden zur Analyse und Bewertung der erreichten Ergebnisse abgehalten. Wenn nötig wird auch das Product Backlog angepasst. Fokus sind die Ergebnisse des vergangenen Sprints. Wenn möglich erfolgt auch eine Vorführung des Produkts. Teilnehmer sind das Scrum-Team und die wichtigsten Stakeholder.

▦ **Sprint-Retrospektive**

Dieses Meeting steht im Zeichen der Prozessverbesserung und findet zwischen Sprint-Review und nächster Sprint-Planung statt. Hier wird zurückgeschaut auf den Ablauf des vergangenen Sprints, um daraus zu lernen. Es werden Verbesserungspotenziale identifiziert und die Umsetzung der Verbesserungen eingeplant.

Die laufende Arbeit wird in Scrum gut visualisiert. In der Praxis hat sich für das operative Projektcontrolling in Scrum ein **Taskboard** bewährt (siehe Abschnitt 6.5). Ebenso hat sich eine grafische Veranschaulichung der Menge an insgesamt noch offenen Arbeiten im Verlauf des Sprints und im Projekt in einem **Burndown-Chart** als geeignet erwiesen.

Die Arbeitsplanung erfolgt durch jedes Teammitglied für sich selbst nach dem »Pull«-Prinzip. Das heißt, Teammitglieder bekommen keine Aufgaben von irgendjemandem zugeteilt, sondern jedes Teammitglied holt sich eigenständig seine Arbeit.

Zusammengefasst definieren Schwaber und Sutherland in ihrem Scrum Guide [Schwaber & Sutherland 2013] Scrum als »ein Rahmenwerk, innerhalb dessen Menschen komplexe adaptive Aufgabenstellungen angehen können, und durch das sie in die Lage versetzt werden, produktiv und kreativ Produkte mit dem höchstmöglichen Wert auszuliefern«.

Wichtig für die erfolgreiche Anwendung von Scrum ist auch, dass sich alle Beteiligten bewusst sind, dass Scrum kein fertiges Prozessmodell ist, sondern primär (Projekt-)Managementthemen fokussiert. Scrum macht keine Vorgaben für Themen wie Requirements Engineering, Risikomanagement, Architektur, Programmierung oder Testen. Diese sind bei komplexen Produktentwicklungen unbedingt notwendig und sollten explizit definiert und mit den Vorgaben von Scrum kombiniert werden. Gemeinsam mit diesen Ergänzungen bringt die Anwendung von Scrum nachhaltigen Nutzen für die Organisation.

1.4   Ein Blick auf das große Ganze

Der Begriff »Requirements-Spezifikation« wird oft mit Eigenschaften wie »komplex«, »überstrukturiert« assoziiert und mit dicken, von kaum jemand zu überblickenden Vertragswerken gleichgesetzt. In diesem Buch wird der Begriff »Requirements-Spezifikation« nicht einem bestimmten Umfang zugeordnet, da auch ein einzelnes Requirement eine Requirements-Spezifikation darstellen kann. Er wird auch keiner bestimmten Methode oder Zeitalter zugeschrieben, sondern ganz allgemein wie folgt verwendet:

> Ein »Requirement« ist *jede* Anforderung eines Stakeholders und jede Eigenschaft, die ein geplantes System besitzen soll. Eine »Requirements-Spezifikation« ist *jede* Repräsentation eines oder mehrerer Requirements, unabhängig davon, in welcher Form oder Granularität dies spezifiziert wird.

Dies beginnt schon bei den inhaltlichen Zielen, die die Requirements auf höchster Ebene darstellen. Agile Artefakte wie User Stories oder Epics sind ebenfalls Requirements. Natürlich ist auch ein Use Case oder ein Szenario, egal ob es textuell oder mittels grafischer Darstellung spezifiziert wurde, ein Requirement, genauso wie wenn der Kunde die Länge eines Feldes oder die Farbe eines Textes nach seinen Wünschen definiert. All dies sind Requirements, jedoch in unterschiedlicher Detaillierungstiefe und Darstellungsart.

Zur Strukturierung und Einordnung von Requirements kann man grundsätzlich drei Ebenen unterscheiden:

- Die **High-Level-Sichtweise**, um den Überblick über das Vorhaben zu erlangen bzw. zu behalten
- Die **Strukturierungsebene,** auf der unterschiedliche Artefakte in einen Zusammenhang gebracht werden
- Die **Detailebene** mit den feingranularen Inhalten

In Abbildung 1–3 werden diese drei Ebenen dargestellt und mit den drei Sichten »Kunde«, »Entwickler« und »Management« kombiniert. In dieser Matrix werden die wichtigsten in der agilen Softwareentwicklung verwendeten Requirements-Artefakte im Überblick angegeben. Die Kapitel 4 und 6 widmen sich diesem Thema noch detaillierter.

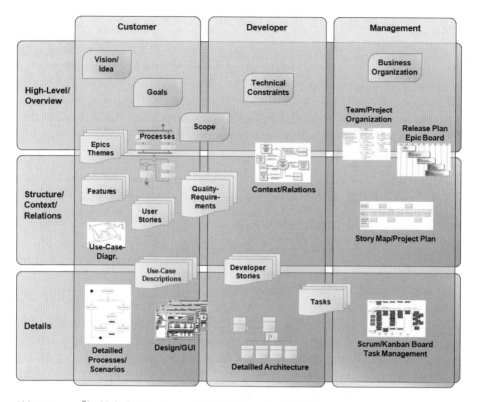

Abb. 1–3   *Überblick über Requirements-Artefakte im agilen Umfeld*

Da ein großer Teil der Projekte in einem komplexen Organisations- und Kunden-
umfeld stattfindet, wird angelehnt an [Leffingwell 2011] noch eine erweiterte
Sichtweise auf die agile Organisation, die Rollen und Verantwortungsbereiche
dargestellt (siehe Abb. 1–4).

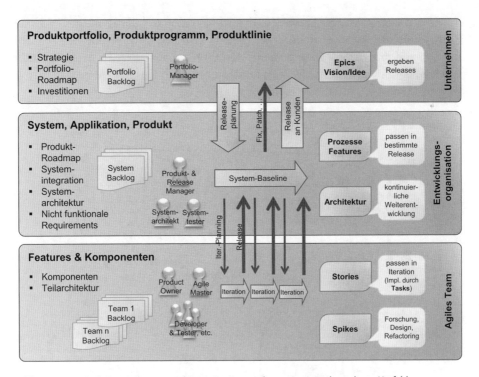

Abb. 1–4 *Agile Requirements- und Organisationsstrukturen in einem komplexen Umfeld*

Dabei ist insbesondere zu berücksichtigen, dass bei größeren Organisationen und Projekten, die mehr als nur ein agiles Team beschäftigen, übergeordnete Kommunikationskanäle und Koordinationsrollen notwendig sind. Es muss sichergestellt sein, dass die Teams übergreifend auf demselben Niveau, z.B. bezüglich Codequalität, Usability, sowie in dieselbe Richtung, was die Anforderungen und Ziele des Kunden betrifft, arbeiten.

Darüber hinaus ist es wichtig, die Gesamtsicht nicht zu vergessen. Dies ist vor allem bezüglich der Requirements und beim Testen von Bedeutung. Tests, die unkoordiniert in einzelnen Teams stattfinden, werden keine ausreichende Qualitätssicherung darstellen. Außerdem sind meist teamübergreifende Architekturüberlegungen, Integrationstests und übergeordnete Systemtests und Business-Prozess-Sichtweisen nötig, um aus den vielen Einzelergebnissen der Teams auch eine angemessene Qualität des Gesamtsystems im Sinne des Kunden zu erreichen.

Drei bis vier übergeordnete Rollen sind in größeren Organisationen dazu sinnvoll: ein übergreifender Produkt- und Releasemanager bzw. Product Owner, ein Gesamtsystemarchitekt sowie ein übergeordneter Testmanager und evtl. bei sehr großen bzw. mehreren parallel zu koordinierenden Entwicklungsvorhaben noch ein Portfoliomanager.

Die Zusammenhänge im Requirements Engineering sind fast immer komplexer, als es auf den ersten Blick aussieht (siehe Abb. 1–5). Um teamübergreifende

Anforderungen, Einsatzszenarien bei den Anwendern und das große gemeinsame
Ziel optimal im Blick behalten zu können, müssen die oft verwendeten User Stories sinnvoll um weitere Requirements-Artefakte ergänzt werden. Jedes Artefakt
steht dabei mit vielen verschiedenen anderen Artefakten in Beziehung.

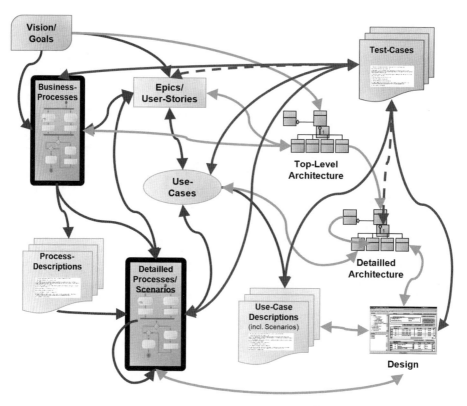

Abb. 1–5   *Komplexe Zusammenhänge im Requirements Engineering[3]*

Diese Artefakte und Beziehungen sollten in jedem Projekt berücksichtigt und
gemanagt werden. Passiert dies nicht, sind sie zwar nicht mehr explizit sichtbar,
aber leider immer noch vorhanden. Das Nichtbeachten dieser Situation führt
dann oft dazu, dass Ineffizienzen wie z.B. Leerlaufzeiten oder auch Fehler, z.B.
vergessene Anpassungen und Testfälle oder Inkonsistenzen zwischen Artefakten,
entstehen. Die Folge ist, dass dann z.B. der Tester nicht oder erst verzögert informiert wird, wenn sich an den Anforderungen etwas ändert, und daher die Test-
fallerstellung erst verspätet beginnen kann oder die falschen Testfälle erstellt werden.

---

3.   Aus Gründen der Übersichtlichkeit sind in dieser Grafik nur die wichtigsten Requirements-Arte-
     fakte und Beziehungen dargestellt. Code-Artefakte, externe Rechtsgrundlagen und andere gege-
     benenfalls noch relevante Artefakte wurden weggelassen, müssen in der Praxis jedoch ebenfalls
     berücksichtigt werden.

> Unabhängig davon, welche Vorgehensweise in einem Projekt angewendet wird: Die komplexen Beziehungen zwischen den Projektartefakten bestehen in jedem Projekt und müssen entsprechend berücksichtigt werden.

In vielen Projekten versucht man, diese Zusammenhänge und Komplexitäten nicht durch entsprechende Dokumentation in passenden Artefakten und Verwaltung in geeigneten Tools zu beherrschen, sondern durch intensive persönliche Kommunikation. Die Kommunikationstheorie hat jedoch festgestellt – und die Praxis hat dies bestätigt –, dass sich der Kommunikationsaufwand mit der Anzahl der Kommunikationsknoten und Beziehungen exponentiell erhöht. Schon bei einer einfachen und nicht alle Beziehungen eines Projekts umfassenden Abbildung wird ersichtlich, dass es nicht einmal mit sehr großem Kommunikationsaufwand möglich ist, alle Zusammenhänge zwischen den Kundenanforderungen und den restlichen Projektartefakten zu bewahren und konsistent zu halten. In der Praxis wird dies in keinem Projekt ausschließlich auf Basis der persönlichen Kommunikation funktionieren.

Was in Projekten ohne explizite Dokumentation der Artefaktbeziehungen oft passiert, ist, dass ein Großteil der eigentlich für eine nachhaltige Entwicklung notwendigen Informationen nur unzureichend oder inkonsistent vorhanden ist. Speziell für Nichtteammitglieder sind diese Informationen nicht nutzbar, da sie zwar in den Köpfen von Teammitgliedern vorhanden sind, jedoch nur mit großem Aufwand an andere weitergegeben werden können. Außerdem können sie nicht strukturiert analysiert und geprüft werden. Das Wissen ist in den Köpfen »eingebunkert«. In vielen Projekten führt dies dann zu Problemen.

Die wesentlichen Beziehungen und Inhalte der durchgeführten Kommunikation sollten daher auch dokumentiert werden, um dem Wissensverlust entgegenzuwirken (siehe Grundprinzip 3 in Abschnitt 1.5). Des Weiteren sollten Aufwände, die zur Aufrechterhaltung der Beziehungen zwischen den Artefakten nötig sind, durch den Einsatz von passenden Werkzeugen (Requirements Management, Modellierung, Codeverwaltung, Testmanagement, Prozessautomatisierung etc.) reduziert oder vermieden werden.

1.5 Die fünf Grundprinzipien des Requirements Engineering in der agilen Softwareentwicklung

Für die Handhabung von Requirements in der täglichen Projektpraxis werden nachfolgend fünf Grundprinzipien beschrieben (siehe Abb. 1–6). Diese gehen auf die spezifischen Situationen im agilen Umfeld ein und berücksichtigen zusätzlich anerkanntes Requirements-Engineering-Wissen:

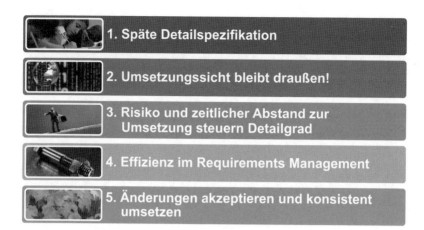

Abb. 1–6   *Die fünf Grundprinzipien des Requirements Engineering in agilen Projekten*

Grundprinzip 1: Späte Detailspezifikation

Die schriftliche Spezifikation zum spätest sinnvollen Zeitpunkt erstellen

Der spätestmögliche sinnvolle Zeitpunkt ist jener Zeitpunkt, zu dem der Aufwand für das Erstellen und *nachträgliche Ändern* der Spezifikation möglichst klein ist gegenüber dem Aufwand, der mit anderen Kommunikationsformen aufgewendet würde, wenn die Spezifikation nicht schriftlich erstellt wird. Ziel ist immer, mit einer schriftlichen Spezifikation genauso viel Informationsgehalt für die effiziente Erstellung des Systems zwischen den Beteiligten zu transportieren, dass dabei das Risiko und die Kosten über den gesamten Lebenszyklus minimiert werden.

Ein Erstellen der **Spezifikation *vor* diesem Zeitpunkt** führt zu einem unnötigen Mehraufwand in der Dokumentation, z.B. weil sich in der Zwischenzeit schon die Voraussetzungen geändert haben oder weil aufgrund unklarer Vorstellungen noch ein laufender Diskussions- und Änderungsprozess stattfindet.

Ein Erstellen der **Spezifikation *nach* diesem Zeitpunkt** ist aus Informationssicht unnötig, weil in vielen Bereichen die Kommunikation dann schon auf andere Art und Weise stattgefunden hat, die entsprechenden Systemteile schon programmiert sind und damit kein Informationsgewinn durch die Spezifikation erreicht wird. Der Spezifikationsaufwand wäre damit verlorener Aufwand. Trotzdem könnte eine nachträgliche Spezifikation bzw. Dokumentation eventuell aus rechtlicher Sicht erforderlich sein, um z.B. einen vorgeschriebenen Standard oder ein Gesetz einzuhalten oder das Haftungsrisiko zu minimieren.

Um die benötigten Spezifikationsteile zum spätest sinnvollen Zeitpunkt zu erstellen, kann die Testspezifikation als Detailspezifikation genutzt und so Detailanforderungen dann z.B. erst kurz vor Beginn des Umsetzungs-Sprints als Testfälle formuliert werden. Für vertraglich besonders kritische Themen wie z.B.

K.-o.-Kriterien (siehe Abschnitt 7.2) müssen alle relevanten Details, die notwendig sind, um die Machbarkeit der Anforderungen festzustellen, noch vor Vertragsabschluss geklärt sein. Bei größeren Projekten oder wenn mehrere Teams zusammenarbeiten, muss außerdem noch berücksichtigt werden, dass Detailspezifikationen (z.B. bei Schnittstellen) aus einer koordinativen Sicht auch schon zu einem früheren Zeitpunkt sinnvoll sein können, um Reibungsverluste durch abweichendes Vorgehen der Teams zu vermeiden.

Möglichst viele Details in die Testspezifikation verlagern

Oft werden Details, die am Anfang festgelegt wurden, sehr schnell wieder geändert oder gar überflüssig. Der Aufwand in der Anfangsphase des Projekts kann daher reduziert werden, wenn hier keine Details, sondern nur die grundlegenden Ziele und Anforderungen spezifiziert werden.

Da sich Anforderungsspezifikation und Testspezifikation zu einer Gesamtspezifikation ergänzen, ist es sinnvoll, die Details nicht in der Anforderungsspezifikation, sondern in einer Testspezifikation festzuhalten. Tests sind hier nichts anderes als eine Requirements-Spezifikation aus einer etwas anderen Sicht. Modellbasierte oder logische Testfallspezifikationen sind sehr ähnlich zu einer herkömmlichen Requirements-Spezifikation. Beispielsweise ist eine testdatenbasierte konkrete Testfallspezifikation vergleichbar mit Specification by Example (siehe Abschnitt 4.8.1).

Auch in der Testspezifikation können die grundlegenden Requirements-Spezifikationstechniken angewendet werden. Beispielsweise können im Rahmen des Model Based Testing Diagramme und Prozesse spezifiziert und dann durch entsprechende Testsichten und Testdaten ergänzt werden.

Der Vorteil der Testspezifikation gegenüber der herkömmlichen Requirements-Spezifikation ist, dass Testfälle mit einer größeren Wahrscheinlichkeit konsistent gehalten werden, da hier die Abweichungen zum Code bei der Testdurchführung sofort auffallen und dann angepasst werden müssen. Voraussetzung dafür ist, dass die Tests bei jeder Änderung an den dazugehörenden Codeteilen ausgeführt werden. Darüber hinaus kann man durch geschickte Gestaltung der Requirements- und Testspezifikation daraus auch die Benutzerdokumentation (halb-)automatisch erstellen und damit den Aufwand zusätzlich verringern.

Grundprinzip 2: Umsetzungsdetails bleiben draußen!

Nur das spezifizieren, was einen zusätzlichen Informationsgehalt für den Kunden bringt. Das WIE möglichst den Entwicklern überlassen.

Wichtig für eine Anforderungsspezifikation sind jene Punkte, die dem Auftraggeber wichtig sind, sowie die Hintergründe, die zu deren Verständnis erforderlich sind. Schriftlich sollen nur diejenigen Inhalte festgehalten werden, die auch einen Mehrwert und zusätzlichen Informationsgehalt für den Kommunikationsprozess zwischen Kunde und Entwickler bringen.

Das WIE – also Entwicklungs- und Umsetzungsvorgaben, z.B. wie die Datenbank intern aufgebaut sein soll – sollte in der Anforderungsspezifikation des Auftraggebers vermieden werden. Es schränkt die Entwickler nur unnötig ein und
verhindert gute alternative Lösungsansätze. Außerdem kann und will der Kunde
technische Details meist nicht beurteilen.

Grundprinzip 3: Risiko und zeitlicher Abstand zur Umsetzung steuern Detailgrad

**Den Detaillierungsgrad passend zum Haftungsrisiko und potenziellen Wissens-
verlust wählen**

Menschen vergessen in kurzer Zeit sehr viel von dem, was besprochen wird.
Nach fünf Tagen sind nur mehr ca. 25–50 % des Wissens vorhanden [Wikipe-
dia]. Daher ist es notwendig, die wichtigen Dinge schriftlich festzuhalten, um
nachträglich unnötige Probleme oder Diskussionen, wie das denn nun wirklich
vereinbart war, zu vermeiden. Sinnvoll ist es, nicht nur aufzuschreiben, WAS der
Auftraggeber haben möchte, sondern auch das WARUM festzuhalten.

Auch bei Themen, die haftungsrelevant sein können, z.B. Funktionen, die
eine Gefährdung von Personen bewirken oder einen großen finanziellen Schaden
verursachen können, ist es ratsam, die Wünsche und dahinterliegenden Gründe
des Auftraggebers schriftlich festzuhalten. Dies gilt insbesondere dann, wenn aus
Kostengründen sicherheitsrelevante Funktionen oder Schritte geändert, reduziert
oder gar weggelassen werden.

Grundprinzip 4: Effizienz im Requirements Management

Die Beziehungen zwischen Artefakten effizient verwalten!

Abbildung 1–5 auf Seite 14 zeigt, dass in jedem Projekt viele Abhängigkeiten zwischen den Artefakten vorhanden sind. Die Abhängigkeiten bestehen zumindest
zwischen Kundenanforderungen, Testfällen und Code. Zusätzlich kommen je
nach Dokumentationsgrad noch Prozess- und Architekturmodelle oder andere
Artefakte dazu. Neben diesen zwingenden Abhängigkeiten ergeben sich oft auch
Abhängigkeiten innerhalb einer Artefakt-Art, also zwischen verschiedenen
Requirements oder einzelnen Architektur- oder Codeelementen.

Wenn man sich dafür entscheidet, Artefakte und deren Beziehungen zu erstellen und zu verwalten, dann ist es zwingend nötig, bei allen Änderungen auch alle
Abhängigkeiten zu aktualisieren.

> Sobald auch nur eine Änderung in den Beziehungen zwischen Projekt-
> artefakten nicht aktualisiert wurde, ist das gesamte Beziehungsgeflecht
> wertlos, da die Beteiligten nicht mehr darauf vertrauen können, dass
> die gespeicherten Informationen noch gültig sind.

Exkurs: Passende Detailliertheit der Beziehungsdokumentation

Implizit wird durch die oben stehende Aussage der passende Grad der Detailliertheit gesteuert, bis zu dem es sinnvoll ist, die Beziehungen zu verwalten:

Auf sehr **oberflächlicher Ebene** macht es keinen Sinn, weil hier der Informationsgewinn, der in einer konkreten Beziehung steckt, nicht gegeben ist. Zum Beispiel haben die Beteiligten recht wenig davon, wenn sie wissen, dass eine sehr grobe Anforderung (siehe auch Abschnitt 4.1.2) wie »Die Zeiterfassung wird effiziente Erfassungs- und Auswertungsmöglichkeiten für alle Zeitarten bereitstellen« mit der Testspezifikation »Test aller Zeiterfassungsarten« zusammenhängt.

Viel eher würde es einen Nutzen darstellen, wenn die Betroffenen wissen, dass die Story »Als Mitarbeiter möchte ich meine Tagesarbeitszeit und die Pausen erfassen, damit ich ...« mit den Testfällen »Kommt-/Geht-Zeit«, »Pauseneingabe«, »Tagesarbeitsdauerberechnung« und »Interne Arbeitszeitregelungen« zusammenhängt. Damit wissen dann der Entwickler und Tester, was bei einer Änderung an dieser Story neu zu testen ist bzw. welche Testfälle evtl. angepasst werden müssen. Wenn nun noch die dazugehörigen Codestellen verknüpft werden, dann hat auch der Entwickler zusätzliche Infos, die er verwerten kann.

Insgesamt wird der Nutzen in einer Zeitersparnis bestehen, die bei allen Betroffenen erzielt werden kann, indem Fragen, Unklarheiten und zusätzlicher Rechercheaufwand reduziert werden.

Auf zu **detaillierter Ebene** macht das Dokumentieren der Beziehungen jedoch auch keinen Sinn. Der Aufwand für die Erstellung und Pflege der Beziehungsdokumentation steigt hier exponentiell an und kostet dann schnell mehr als der Nutzen, den die detaillierte Dokumentation bringt.

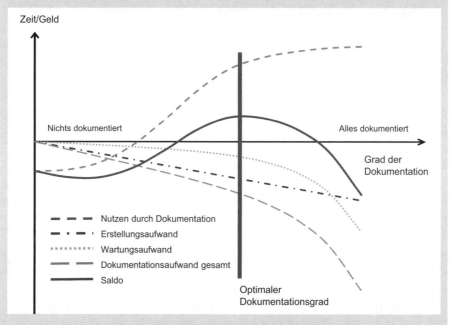

Abb. 1–7   *Nutzen der Dokumentation abhängig vom Detaillierungsgrad*

Die Kosten für die explizite Beziehungsdokumentation steigen exponentiell mit dem Grad der Detailliertheit. Dabei steigt der Erstellungsaufwand ungefähr linear mit dem Umfang der zu dokumentierenden Elemente, der Wartungsaufwand steigt jedoch exponentiell mit zunehmendem Dokumentationsumfang und verursacht so den starken Anstieg der Kosten in der Dokumentation.

Wenn **keine Dokumentation** vorhanden ist, bedeutet das nicht, dass dies nichts kostet. Es werden bei Nichtdokumentation erhöhte Kosten verursacht durch Fragen, Unklarheiten und zusätzlichen Rechercheaufwand, der im Team nötig wird. Ebenso muss berücksichtigt werden, dass das Vergessen und evtl. Wiederherstellen nicht dokumentierter Informationen auch Aufwand verursacht. Diese Aufwände sind in der Grafik als negativer Nutzen dargestellt. Bei Fehlen der Beziehungen zwischen Anforderungen und Testfällen wird zusätzliche Zeit für nicht notwendige Tests verschwendet.

Der **Nutzen** verhält sich leider nicht exponentiell, sondern ist ein Art Hysterese-Funktion (siehe Abb. 1–7). Das heißt, er steigt am Anfang langsam an (sehr geringer Detailgrad bringt wie oben erwähnt kaum einen Nutzen), hat dann einen Bereich, in dem er stark zunimmt, und flacht dann ab einer gewissen Detailliertheit wieder ab, weil durch die stärkere Detailliertheit kaum ein zusätzlicher Zeit- und Informationsgewinn für die Betroffenen erreicht wird und zusätzlich der Aufwand für das Überblicken und Nachvollziehen der vielen Detailzusammenhänge für den Betroffenen auch zu groß wird.

Es gibt daher ein Gesamtoptimum für den Dokumentationsgrad.

Der (zugegeben unscharf formulierte) beste Zeitpunkt, um die weitere Detaillierung der Dokumentation zu beenden, ist aus Sicht des Autors dann gegeben, wenn der Wartungsaufwand für die Beziehungen und abhängigen Artefakte einen Wert von ca. 20 % des Erstellungsaufwands eines Artefakts überschreitet.

Wenn man z. B. eine Anforderung und deren Beziehungen zu anderen Artefakten mit einem Aufwand von einer Stunde erstellt und danach bei einer Änderung für die Anpassung des Requirements inkl. seiner Beziehungen maximal ca. 10–15 Minuten benötigt, wird dies noch angemessen sein. Wenn der Aufwand für die Anpassung des Requirements und seiner Abhängigkeiten in diesem Beispiel deutlich mehr als 15 Minuten in Anspruch nimmt, sollte man darüber nachdenken, ob es nicht besser ist, die Dokumentationstiefe des Requirements und der Beziehungen wieder zu reduzieren.

Jede *nicht* explizit verwaltete Beziehung bedeutet eine Aufwandseinsparung. Andererseits hilft jedoch auch jede explizit dokumentierte Beziehung, Aufwand zu sparen, indem man z. B. schneller und zum Teil sogar automatisiert erkennen kann, welche Codeteile oder Testfälle bei einer Anforderungsänderung anzupassen sind. Eine Möglichkeit der Aufwandsreduktion ist, schon möglichst wenige Beziehungen entstehen zu lassen. Das ist mitunter nicht ganz so einfach. In manchen Unternehmen artet dies dazu aus, dass dann nur mehr die Überschriften bzw. große Gruppen von Requirements verlinkt werden. Zum Beispiel steht dann das Thema »Reporting« mit der Testfallgruppe »Reporting« in Beziehung. Das ist zwar sehr wartungsarm, bringt jedoch praktisch keinen Nutzen mehr und macht daher auch wenig Sinn. Andererseits gelingt es meist nicht, alle Abhängigkeiten vollständig darzustellen, da dann der Wartungsaufwand der Beziehungen den Nutzen übersteigt.

Hier hilft eine pragmatische und risikobasierte Vorgehensweise: Für Hochrisiko-Requirements sollte versucht werden, möglichst alle Abhängigkeiten zu erfassen und darzustellen. Für alle anderen Risikoklassen sollte dies entsprechend reduziert durchgeführt werden, z.B. nur Anforderungen zu Testfällen und Anforderungen zu Quellcode.

Im Bereich der Beziehungsverwaltung gilt der Grundsatz, dass alles, was einfach, automatisch und toolunterstützt verwaltet und gemanagt werden kann, auch einen Mehrnutzen für das Projekt bedeutet. Beziehungen, die manuell gepflegt werden müssen, sind oft inkonsistent und den investierten Aufwand nicht wert. In diese Kategorie fallen Abhängigkeiten, die z.B. mittels Word oder Excel gepflegt werden. Eine Traceability-Matrix als Excel-Dokument oder direkt eingefügte Verweise in Word- oder Excel-Dokumenten stimmen meist nicht und können nur mit unverhältnismäßig großem Aufwand konsistent gehalten werden.

Es ist daher zu empfehlen, alle Projektartefakte strukturiert in passenden Werkzeugen abzulegen, die auch das Beziehungsmanagement zwischen den Artefakten einfach ermöglichen.

> Alle Artefakte und deren Beziehungen sollten in geeigneten datenbankgestützten Werkzeugen verwaltet werden, da dies die Wartung deutlich vereinfacht und eine effiziente Handhabung überhaupt erst möglich macht.

Grundprinzip 5: Änderungen akzeptieren und konsistent umsetzen

Änderungen an Spezifikationen zulassen!

Im Laufe des Projekts ändern sich Anforderungen und eventuell auch Rahmenbedingungen. Lässt man Änderungen zu, ist dies meist mit zusätzlichem Aufwand verbunden. Dies zu ignorieren oder sich dagegenzustellen, hilft leider nicht. Im Gegenteil: Spätestens wenn das Ergebnis dem Auftraggeber präsentiert wird oder das System in Betrieb geht und die Benutzer feststellen, dass es nicht so funktioniert, wie sie sich das vorgestellt haben, werden die Änderungen wieder präsent.

Je später eine Änderung erkannt und umgesetzt wird, desto mehr Aufwand entsteht. Der Versuch, Änderungen nicht zuzulassen, wird meist nicht gelingen bzw. dann zulasten der Beziehung zwischen Auftraggeber und Lieferant gehen. Der Grundsatz kann also nur lauten: Änderungen sind eine gute Sache, wenn wir professionell und effizient mit ihnen umgehen! Solange noch nicht mit der Umsetzung begonnen wurde, sind Änderungen an der Spezifikation ja auch vergleichsweise kostengünstig.

Bei Änderungen alle abhängigen Artefakte konsistent halten

Änderungen sind unvermeidlich. Die Konsequenz daraus ist, dass sie möglichst effizient behandelt werden müssen. Wenn zum Zeitpunkt einer Anforderungsänderung noch nichts programmiert wurde, ist es meist einfach, die Konsistenz herzustellen. Problematisch wird es, wenn Änderungen an schon umgesetzten Teilen erfolgen. Hier wurde schon spezifiziert, programmiert, getestet, eine Benutzerdokumentation erstellt etc. Das bedeutet, dass mit einem nachträglichen Änderungswunsch nicht mehr nur die Spezifikation angepasst werden muss, sondern auch die Architektur, der Code, die Testfälle und die Benutzerdokumentation.

1.6   Umfang des Requirements Engineering – agil vs. klassische Softwareentwicklung

In der klassischen Softwareentwicklung nach V-Modell oder Wasserfall treten die Requirements-Engineering-Aufwände sehr stark konzentriert am Anfang auf und in weiterer Folge wird noch ein gewisser Teil für das Änderungswesen aufgewendet (siehe Abb. 1–8). Insgesamt geht man von einem empfohlenen Aufwandsanteil von 15–20 % des gesamten Projektaufwands aus (in kritischen Projekten auch höher), um das Requirements Engineering auf einem angemessenen Niveau zu betreiben.

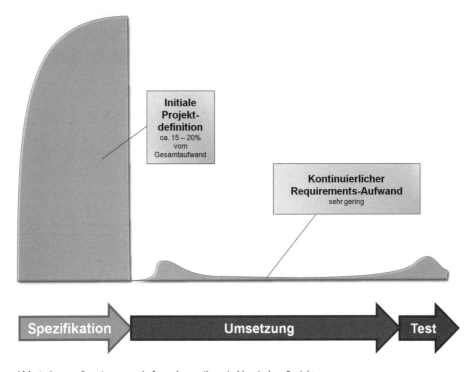

Abb. 1–8   *Requirements-Aufwandsverteilung in klassischen Projekten*

In vielen klassischen Projekten wird diese Empfehlung leider ignoriert und der Aufwand für Requirements Engineering oft auf unter 5 % gedrückt. Das ist eine der Hauptursachen vieler Projektmisserfolge.

In agilen Projekten verteilt sich der Requirements-Aufwand in der Regel anders: Man geht von einer geringfügigen Spitze am Beginn des Projekts für Projektsetup und Definition der groben Anforderungen aus (siehe auch Abschnitt 6.2.4). Oft werden je nach Komplexität und Größe des Vorhabens ein bis drei Startiterationen angesetzt, die zu einem guten Teil für Anforderungsklärung verwendet werden. Um nicht in das klassische Schema »möglichst alles vorab spezifizieren« zu kommen, sollte der initiale Aufwand für Requirements Engineering und Projektsetup bewusst niedrig gehalten werden und einen Anteil von ca. 5– 10 % des Gesamtaufwands nicht übersteigen.[4]

Der restliche Requirements-Aufwand ist über alle folgenden Iterationen gesehen ziemlich gleichverteilt, da in jedem Sprint Definition, Klärung und Änderung von Anforderungen stattfinden (siehe Abb. 1–9). Hier sind sowohl die Analyse und Spezifikation der Anforderungen für den bzw. die kommenden Sprints gemeint als auch die Requirements-Aufwände in der Sprint-Planung sowie die dann im laufenden Sprint selbst stattfindende Kommunikation zwischen Product Owner und Team zur Klärung der vielen auftauchenden Fragen. Es wird geschätzt, dass sich das gesamte Team ca. 10 % seiner Zeit über die gesamte Projektlaufzeit mit der Analyse neuer und geänderter Anforderungen beschäftigt.

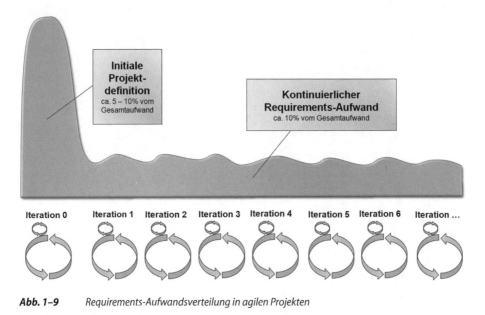

Abb. 1–9   *Requirements-Aufwandsverteilung in agilen Projekten*

4.   Wenn es sich nicht um ein Projekt, sondern um eine kontinuierliche Produktentwicklung handelt, kann man von einer gleichmäßigeren Aufwandsverteilung ausgehen. Jedoch gibt es auch hier Aufwandsspitzen z. B. bei großen Umstellungsvorhaben und Neuentwicklungen.

Auch in agilen Vorgehensweisen kann davon ausgegangen werden, dass man durch die Anfangsiterationen und die kontinuierlichen Aufwände für die Requirements-Themen über die gesamte Projektlaufzeit auf einen Aufwand von ca. 15-20% des Gesamtprojektaufwands kommt. Das ist in etwa gleich oder etwas geringer als in klassischem Vorgehen empfohlen. Der wesentliche Unterschied ist, dass die Aufwände anders verteilt sind und zielgerichtet genau dort anfallen, wo sie den größten Nutzen haben.

2 Requirements-Engineering-Rollen

Ein wesentlicher Erfolgsfaktor für gut laufende Projekte ist die intensive Einbindung von Fachleuten und Nichttechnikern im Requirements Engineering sowie die Kommunikation mit ihnen während des gesamten Projekts. An der Erhebung, Spezifikation und Ausarbeitung von Anforderungen sind immer unterschiedliche Personen im Fachbereich des Kunden und im Team beteiligt. Abbildung 2–1 gibt einen Überblick über die beteiligten Rollen im Kunden- bzw. Fachbereich und im agilen Team.

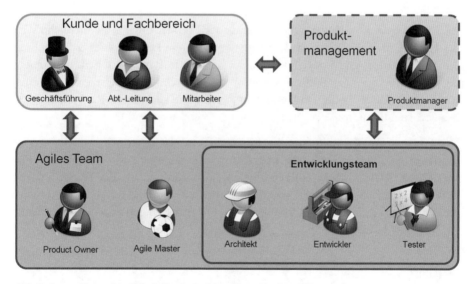

Abb. 2–1   *Unterschiedliche Rollen im Fachbereich und im Entwicklungsteam*

2.1   Product Owner

2.1.1   Der Product Owner als Stellvertreter des Kunden im Team

Der Product Owner (PO) ist für die Anforderungen im Product Backlog und deren Priorisierung verantwortlich. Er schreibt die Anforderungen und trifft als deren »Besitzer« alle inhaltlichen Entscheidungen. Er sorgt dafür, dass ständig ausreichend Requirements bereit für die Umsetzung sind und das Team kontinuierlich arbeiten kann. Vor jedem Sprint legt er die Reihenfolge der Stories im Backlog fest und bereitet diejenigen vor, die im nächsten Sprint umgesetzt werden sollen. Dazu diskutiert er den Inhalt der Story mit dem Team genauer und legt die Akzeptanzkriterien fest.

Ist eine Story fertig umgesetzt, nimmt der Product Owner sie ab. Dies geschieht im Laufe des Sprints, sobald eine Story fertig ist, spätestens jedoch im Review-Meeting. In diesem stellt das Team die fertigen Stories vor, und der Product Owner akzeptiert diese als fertig oder auch nicht, wenn noch Mängel auftauchen. Sieht sich der Product Owner die fertigen Stories schon während des Sprints an und führt Tests durch, so bedeutet dies früheres Feedback und weniger Stress am Ende des Sprints.

Als Kunde bzw. Kundenstellvertreter muss der Product Owner die fachliche Welt des Kunden, dessen Ziele und Bedürfnisse sehr genau kennen. Dies ermöglicht es ihm, Entscheidungen für und im Sinne des Kunden treffen zu können. Dies macht die Kommunikation rund um Anforderungen sehr schnell und effizient. Lediglich wenn der Product Owner ein Detail nicht kennt und somit eine Frage nicht selbst beantworten kann, muss er andere Personen (beim Kunden) fragen.

Der Product Owner sollte ständig für das Team verfügbar sein, um Fragen zu beantworten und Feedback zu geben. Anforderungen werden so spät wie möglich spezifiziert. Viele Entscheidungen zu den Anforderungen müssen dadurch erst kurz vor oder während der Umsetzung getroffen werden. Der Product Owner muss während des gesamten Projekts an den Anforderungen arbeiten und für die Klärung von Fragen da sein.

Beispiel:

In einem plangetriebenen Projekt, beispielsweise zur Erstellung einer Adressverwaltung, würde vor Beginn der Umsetzung exakt beschrieben werden, welche Attribute das Datenobjekt »Adresse« besitzt und welche Datentypen, maximale Länge etc. diese Attribute aufweisen. In agilen Projekten wird vorab lediglich angemerkt, dass es ein Objekt »Adresse« geben soll, eventuell noch ergänzt um die wichtigsten Attribute. Natürlich muss auch in agilen Projekten irgendwann definitiv entschieden werden, welche Attribute das Datenobjekt hat. Dies geschieht hier aber eben nicht schon weit vorher, sondern knapp vor oder während der Umsetzung im Sprint gemeinsam zwischen Entwickler und Product Owner.

Der Product Owner hat in agilen Projekten nicht weniger Arbeit mit der Spezifikation der Anforderungen als in plangetriebenen Projekten. Der Aufwand verlagert sich lediglich von einem großen Block am Beginn des Projekts hin zu laufenden kleinen Spezifikationsaufgaben und Feedbackzyklen während der gesamten Entwicklungszeit. Die ständige Verfügbarkeit des Product Owner ist deshalb ein kritischer Erfolgsfaktor.

2.1.2   Schwierige Ausprägungen von Product Ownern

Der Visionär

Der Visionär ist allen anderen um fünf Schritte voraus. Er denkt in die Zukunft, was man noch alles Tolles machen könnte. Die aktuelle Entwicklung mit ihren Details interessiert ihn dabei nicht. Der Visionär ist begeistert von dem, was er tut, und steckt andere mit seiner Begeisterung an. Er hat den Nutzen des Kunden und das große Ganze im Blick. Das ist in jedem Team sehr wertvoll und motiviert zu Höchstleistungen.

Aufpassen muss man bei einem Product Owner dieses Typs jedoch darauf, dass er auch die Details und Fragen der aktuellen Entwicklung klärt. Es darf nicht passieren, dass diese Detailarbeit zum Team oder zu anderen Personen beim Kunden abgeschoben wird. Hier ist der Agile Master (siehe Abschnitt 2.3) gefragt, dies zu erkennen und den Product Owner immer wieder ins Hier und Jetzt zurückzuholen.

Der Teilzeit-Product-Owner

Der Teilzeit-Product-Owner hat eigentlich ganz anderes zu tun. Oft musste er die Rolle des Product Owner zusätzlich zu seinen normalen Aufgaben im Unternehmen übernehmen. Da der Teilzeit-Product-Owner mit seinem Tagesgeschäft schon ausgelastet ist, hat er kaum Zeit für das Team. Er schafft es gerade noch, z.B. jede zweite Woche einen halben Tag für das grobe Ausarbeiten von Anforderungen aufzuwenden und die wichtigsten Fragen des Teams zu beantworten. Alles andere muss warten. Dass Product Owner zu wenig Zeit haben, ist eines der häufigsten Probleme in agilen Teams und führt zu ernsthaften Schwierigkeiten. Meist liegt die Ursache nicht beim Product Owner selbst, der ja ebenfalls bemüht ist, gute Arbeit zu leisten. Er hat einfach aufgrund seiner Arbeitssituation keine Zeit.

Hier ist der Agile Master gefordert, umgehend eine Lösung gemeinsam mit dem Product Owner und dessen Vorgesetzten zu finden. Fallweise kann ein fähiges Team sicher auch Aufgaben des Product Owner übernehmen, jedoch darf dieser seine Rolle nicht auf Dauer vernachlässigen.

Der Product Owner Proxy

Der Product Owner Proxy sieht sich selbst lediglich als Schnittstelle zum Kunden. Sämtliche Fragen leitet er an diesen weiter und trifft keine Entscheidungen selbst. Die Ursache kann hier mangelndes Fachwissen oder zu wenig Zeit sein. Oft ist dies darin begründet, dass beim Kunden alle »wissenden« Mitarbeiter schon durch andere wichtige Themen überlastet sind und man den am ehesten entbehrlichen Mitarbeiter in das Projekt vorgeschoben hat. Immer wieder trifft man auch auf Product Owner, die zwar gerne entscheiden würden, dies aber nicht dürfen, da sie nicht die nötige Kompetenz und Befugnis haben, Entscheidungen zu treffen.

Der Product Owner Proxy ist zwar nicht ganz so kritisch für den Projekterfolg wie ein zeitlich kaum verfügbarer Product Owner, verringert jedoch die Effizienz des Teams erheblich. Der Agile Master sollte gemeinsam mit dem Product Owner versuchen, die Ursachen für diese Situation zu finden. Ist es fehlendes Fachwissen, kann man mit Schulungen und Workshops helfen, ist es mangelnde Zeit, muss der Product Owner für das Projekt freigestellt werden. Wenn die Product-Owner-Rolle komplett mit der falschen Person besetzt wurde, muss ein rascher Austausch oder sogar Projektstopp diskutiert werden.

2.2   Agiles Entwicklungsteam

2.2.1   Das Entwicklungsteam als Umsetzer und Berater des Product Owner

Das agile Entwicklungsteam setzt die Anforderungen um. Dabei trifft das Team alle die Umsetzung betreffenden Entscheidungen selbstständig. Das Team trägt also für Themen wie Architektur, Technologien, Frameworks, Werkzeuge die volle Verantwortung.

Das Entwicklungsteam prüft und validiert die Anforderungen gemeinsam mit dem Product Owner. Wie in vielen Softwareprojekten üblich, sind auch in agilen Projekten die Entwickler ein wesentliches Element in der Qualitätssicherung der Anforderungen. Gerade Lücken und Widersprüche in den Anforderungen werden oft erst erkannt, wenn der Entwickler tatsächlich den Quellcode dafür schreibt. Spätestens hier wird sichtbar, dass z.B. für eine »IF«-Entscheidung kein »ELSE« spezifiziert ist. Je besser das Team die Welt des Kunden und seine Bedürfnisse kennt, desto besser wird es als zusätzliche Validierungsinstanz wirken können.

Der Product Owner darf sich jedoch nicht darauf verlassen, dass das Team fehlende Teile und Widersprüche in den Anforderungen schon finden wird und er entsprechend weniger Zeit und Energie in die Spezifikation stecken kann. Dies funktioniert nur, solange sehr gute Entwickler im Team sind, die den Fachbereich des Kunden gut kennen und nicht dazu neigen, implizite Annahmen und Entscheidungen zu treffen, ohne sie vorher mit dem Product Owner besprochen zu haben. Sind diese Punkte nicht gegeben, werden unweigerlich Anforderungen falsch oder unvollständig umgesetzt. Nicht immer sind Fehler in Anforderungen erkennbar. Zum Teil werden Lücken auch instinktiv mit Annahmen geschlossen, und der Entwickler kommt gar nicht auf die Idee, nachzufragen.

> Ein wichtiges Prinzip im Requirements Engineering lautet daher, dass der Product Owner alles explizit ausspricht, was ihm wichtig ist. Das Team wiederum fragt so lange nach, bis alle Unklarheiten für die Umsetzung beseitigt sind. Da dies stark von Personen abhängt, ist es wichtig, entsprechende Bewusstseinsbildung zu betreiben.

Hier hilft es, wenn der Agile Master in den Sprint-Planungs-Meetings dieses Problemfeld im Auge behält und das Team dazu anleitet, die Anforderungen schon vor oder spätestens am Beginn des Sprints auf Vollständigkeit, Verständlichkeit, Widerspruchsfreiheit etc. zu prüfen.

Das Team schätzt Größe oder Aufwand der Anforderungen im Backlog. Ein wesentlicher Einflussfaktor auf die Sprint-Planung ist die Größe bzw. der Aufwand für die Umsetzung einer Anforderung. Das Team hat die Aufgabe, für alle Backlog-Elemente die Größe bzw. den Aufwand – je nachdem, welche Art aus Sicht des Teams bzw. im Gesamtkontext gewählt wurde – zu schätzen. Der Product Owner muss diese Schätzung des Teams respektieren und darf nicht beginnen, die Schätzung nach unten zu verhandeln. Wenn sich das Team zu einer geringeren Zahl überreden lässt, sind am Ende Planungsfehler vorprogrammiert.

Das Team ist eine Quelle von kreativen Ideen, was mit wenig Zusatzaufwand noch alles möglich wäre. Als Gruppe von Technologieexperten kennt das Team die Möglichkeiten, die das gewählte Lösungsframework bietet. Oft kommen geniale Ideen aus dem Team, was alles noch basierend auf dem Kontext des Kunden und den technischen Möglichkeiten realisiert werden könnte. In solchen Fällen arbeitet das Team eng mit dem Product Owner zusammen, um die neuen Ideen vorzustellen. Nicht selten entstehen aus solchen Ideen Funktionen, die beim Kunden große Begeisterung hervorrufen, da er sich selbst nicht vorstellen konnte, dass dies auch noch realisiert werden kann.

Das Team berät den Product Owner, wie Anforderungen angepasst werden könnten, um sie doch noch umzusetzen. In vielen Fällen treibt ein kleines Detail an einer Anforderung die Größe bzw. den Aufwand für die Umsetzung extrem in die Höhe. Dies zu analysieren ist Aufgabe des Teams im Zuge der Schätzung. Werden solche Punkte gefunden, berät das Team den Product Owner, wie man die Anforderung abändern müsste, sodass sie mit weniger Aufwand umsetzbar ist. Die letzte Entscheidung hat, wie bei allen inhaltlichen Fragen zu Anforderungen, der Product Owner.

2.2.2 Schwierige Ausprägungen im Entwicklungsteam

Der Supergenaue

Der Supergenaue kann erst mit der Umsetzung starten, wenn er ganz genau weiß, was verlangt wird. Für ihn ist es undenkbar, einfach loszulegen und zu sehen, wo man landet. Bei jedem Meeting fragt er so lange nach, bis niemand mehr Lust hat, mit ihm zu reden. Dies kann so weit gehen, dass er auch von anderen erwartet, dass sie die Themen ebenfalls in diesem Genauigkeitsgrad aufbereiten, den er selbst vorgibt.

Alles perfekt durchzudenken, ist für viele Aspekte in einem Projekt Gold wert, z.B. bei der Architektur, der Qualitätssicherung oder beim Performance-Tuning. Für genau diese Teile des Projekts sollte der Supergenaue federführend eingesetzt werden. Für die Umsetzung von Anforderungen müssen der Supergenaue und der Product Owner mit Unterstützung des Agile Master einen Kompromiss zwischen vollständiger Spezifikation und raschem Vorwärtskommen finden. In der Regel hilft es, dieses Problem anzusprechen und bei allen Beteiligten Verständnis und gegenseitiges Bemühen einzufordern.

Der Hacker

Der Hacker ist das genaue Gegenteil des Supergenauen. Am liebsten würde er nach fünf Minuten Planungsmeeting gleich mit dem Programmieren beginnen. Erlaubt man ihm, ein Notebook ins Meeting mitzunehmen, macht er dies auch schon während des Meetings. Während der Umsetzung will er einfach vorankommen, von Fragen und unvollständigen Anforderungen lässt er sich nicht aufhalten, Lücken füllt er mit aus seiner Sicht vernünftigen Annahmen.

Mut zum Risiko und sich auch mal trauen, mit wenig Informationen zu starten, kann gerade in agilen Projekten sehr wertvoll sein. Nur selten sind Anforderungen so weit ausspezifiziert, dass man wirklich alle Details absehen kann. Dies ist für den Hacker kein Problem. Problematisch wird es, wenn er falsche Annahmen trifft und die Umsetzung dann nichts mehr mit dem zu tun hat, was der Kunde tatsächlich braucht. Dies erkennt ein aktiver Product Owner durch die zahlreichen Feedbackzyklen meist recht schnell. Hier heißt es, gemeinsam mit dem Agile Master gegenzusteuern und mit dem Hacker vorab genauer durchzusprechen, was gefordert ist. Eine gute »Definition of Ready« ist ebenfalls sehr wertvoll. Laufendes Anschauen der Umsetzung und viel Feedback helfen, Probleme zu vermeiden.

2.3   Agile Master[1]

2.3.1   Der Agile Master als Coach und Problemlöser

Der Agile Master ist für den agilen Prozess verantwortlich. Er achtet darauf, dass die gemeinsam festgelegten Regeln eingehalten werden, und stößt Anpassungen des Prozesses an. Er schützt das Team vor Störungen von außen und kümmert sich darum, dass es effizient und effektiv arbeiten kann. Der Agile Master sieht sich idealerweise als ein Moderator bzw. Coach und nicht als weisungsbefugter Manager. Er ähnelt bezüglich seines Aufgabenfokus einem operativen Prozess- und Qualitätsmanager in herkömmlichen Organisationen. Seine Kernaufgabe liegt darin, dem Team zu helfen, erfolgreich zu arbeiten. Keinesfalls ist der Agile Master verantwortlich für inhaltliche Themen. Dies ist Aufgabe des Product Owner.

Im Requirements Engineering kümmert sich der Agile Master um die Optimierung der Abläufe. Fachlich oder technisch hat der Agile Master im Requirements Engineering keine Aufgaben. Da er kein Projektleiter ist, ist er weder für den Inhalt noch für die erfolgreiche Umsetzung der Anforderungen verantwortlich. Bei allen Meetings und während des Sprints achtet er darauf, dass alle vereinbarten Prozessschritte eingehalten werden und fordert dies gegebenenfalls ein. Er sorgt dafür, dass der Product Owner seinen Aufgaben nachkommt, Anforderungen spezifiziert und für das Team da ist. Er stellt sicher, dass das Team eng mit dem Product Owner zusammenarbeitet, bezüglich der Anforderungen ausreichend kommuniziert, diese hinterfragt und laufend umsetzt. Falls das Team mit einem Aspekt des Requirements Engineering nicht zufrieden ist, hilft der Agile Master als Prozessberater dem Team, dies zu verbessern.

Der Agile Master räumt Hindernisse aus dem Weg und schützt das Team. Im Anforderungsmanagement treten immer wieder Hindernisse auf. Es kann zum Beispiel sein, dass der Product Owner zu wenig Zeit hat, Termine kollidieren, Arbeitsmittel wie Flipcharts, Prototyping- oder Modellierungstools fehlen und Ähnliches mehr. Der Agile Master notiert diese Hindernisse im Daily Standup Meeting und beseitigt sie. Neben dem Ausräumen von Hindernissen hat der Agile Master die Aufgabe, das Team vor Änderungen an den für den aktuellen Sprint festgelegten Anforderungen oder neuen Anforderungen während des laufenden Sprints zu schützen. In diesem Punkt muss er auch vom Product Owner Disziplin einfordern und Änderungen und neue Anforderungen bis zum nächsten Sprint zurückstellen.

---

1.   Der Begriff »Agile Master« wird in [Leffingwell 2011] am Rande erwähnt. Aus Sicht der Autoren ist dies ein guter Überbegriff und wir greifen dies daher im Zusammenhang mit dem Requirements Engineering auf und definieren ihn hiermit genauer.

Der Agile Master ist Coach und Psychologe für das Team. Neben den rein formalen Prozessaspekten schaut der Agile Master auch auf das Klima im Team. Gibt es Konflikte, so löst er diese umgehend und aktiv. Er sorgt dafür, dass die Kommunikation offen und reibungslos verläuft, und unterstützt im Umgang mit schwierigen Situationen.

2.3.2   Schwierige Ausprägungen von Agile Master

Der geheime Projektleiter

Der geheime Projektleiter weiß zwar, dass er in einem agilen Team arbeitet, insgeheim sieht er aber die ganze agile Vorgehensweise sehr kritisch. Er findet alles chaotisch und unstrukturiert. Die erste kleine Schwierigkeit nimmt er zum Anlass, das Ruder an sich zu reißen und endlich Führung und Linie ins Team zu bringen. Von nun an fühlt er sich verantwortlich für den Fortschritt und treibt das Team vor sich her. Werden Entscheidungen nicht schnell genug vom Team getroffen, so entscheidet eben er. Oft waren geheime Projektleiter vor ihrer Rolle als Agile Master Projektleiter in klassischen Projekten.

Der geheime Projektleiter nimmt seine Rolle sehr ernst und möchte einen wertvollen Beitrag zum Projekterfolg leisten. Diese Energie sollte für das Projekt auch genutzt werden. Dennoch verletzt er durch sein Verhalten wichtige agile Prinzipien, indem er z. B. verhindert, dass sich das Team selbst organisieren kann. Dies muss so schnell wie möglich angesprochen und gelöst werden. Der Agile Master ist kein Projektleiter, sondern ein Moderator, der das Team zu Entscheidungen motiviert und es schlussendlich zum Projekterfolg begleitet, aber nicht führt.

Die agile Mimose

Die Mimose zieht sich beim leisesten Windhauch sofort zurück. Sobald es im Projekt zu Konflikten kommt, zieht sich ein solcher Agile Master zurück, anstatt die Probleme aktiv anzugehen. Die Mimose möchte von allen gemocht werden und niemandem zu nahe treten. Wenn es in einer Besprechung etwas lauter wird und ein Problem zu eskalieren droht, sitzt die Mimose machtlos da und weiß nicht, was sie sagen soll. Insgeheim hofft sie, dass der Streit einfach von selbst wieder aufhört. Dadurch stauen sich Konflikte auf sachlicher und persönlicher Ebene auf und brechen im ungünstigsten Moment wie ein Sturm über das Team herein.

Harmonie ist in jedem Team wichtig. Der Agile Master muss darauf achten, eine harmonische und von Respekt geprägte Grundhaltung im Team aufrechtzuerhalten. Dennoch muss er Probleme und Konflikte aktiv angehen und einer Lösung zuführen. Tut er dies nicht, so muss dies sofort angesprochen werden. Nur zum Teil kann ein solches Defizit des Agile Master vom Team ausgeglichen werden.

2.4 Tester

2.4.1 Der Tester als Prüfer und Qualitätsberater

Der Tester ist von Anfang an im Projekt dabei. Der Tester kann ein Mitglied des Teams oder in einem eigenen Testteam ausgelagert sein. Auch in agilen Vorgehensweisen kann es sinnvoll sein, ein eigenes Testteam zu bilden z. B. für übergeordnete Aspekte wie Integrations- und Systemtests. In jedem Fall ist es wichtig, den Tester von Beginn an einzubinden. Anforderungen sind die zentrale Grundlage für die Prüfung der Richtigkeit der Umsetzung, daher muss der Tester diese sehr genau kennen. Dies erreicht man am leichtesten, wenn der Tester von Beginn an bei allen Meetings dabei ist.

Der Tester prüft Anforderungen vor der Umsetzung. Im Zuge dieser Vorbereitungsarbeiten der Sprint-Planung beleuchtet der Tester die Anforderungen vor allem im Hinblick auf Verständlichkeit und Testbarkeit. Gerade Tester sind meist sehr gut darin ausgebildet, Fehler zu erkennen und Widersprüche aufzudecken. Diese Fähigkeit ist auch sehr nützlich für die Erstellung von Anforderungen. Zusätzlich unterstützt der Tester den Product Owner bei der Definition der Akzeptanzkriterien, die ja die Basis für die Tests und Abnahme der Anforderungen sind.

Der Tester bringt den Bereich Testen und Qualitätssicherung in die Aufwandsschätzung ein. Bei der Schätzung müssen alle Aspekte berücksichtigt werden, die die Größe und den Aufwand beeinflussen. Dazu gehören auch alle Aufgaben rund ums Testen. Der Tester steuert hier sein Know-how bei und berücksichtigt die Testplanung, Testautomatisierung und Testausführung für jede Anforderung. Es kann z. B. bei sicherheitskritischen Anforderungen durchaus vorkommen, dass das Testen mehr Aufwand verursacht als die eigentliche Umsetzung der Anforderung.

Der Tester prüft die korrekte Umsetzung der Anforderungen. Ist eine Anforderung fertig programmiert, prüft der Tester, ob die festgeschriebene Anforderung korrekt umgesetzt wurde. Quelle für die Prüfung ist hierbei die Anforderung selbst und die definierten Akzeptanzkriterien. In agilen Projekten ist durch die kurzen Iterationen ein hoher Automatisierungsgrad von Tests erforderlich, entsprechend automatisiert auch der Tester – wo immer sinnvoll möglich – alle von ihm durchgeführten Tests zur Prüfung der Anforderungen.

2.4.2 Schwierige Ausprägungen von Testern

Der Perfektionist

Der Perfektionist duldet keinerlei Fehler oder Unschärfen. Alles muss exakt spezifiziert, exakt umgesetzt und bis ins Kleinste getestet sein. Es geht ja schließlich darum, perfekte Qualität abzuliefern. Gerade mit den zu Beginn noch sehr groben Anforderungen hat er große Probleme.

Qualität ist in allen Projekten sehr wichtig, daher ist ein Perfektionist als Tester im Team zwar schwierig, aber möglicherweise auch ein großer Vorteil. Wiederum ist es der Agile Master, der einen möglichen Konflikt erkennen und gegensteuern muss.

2.5 Architekt

2.5.1 Der Architekt als Berater für das Gesamtsystem

Im Idealfall ist der Architekt Teil des agilen Teams. Es ist jedoch abhängig von der Größe der Organisation bzw. des Produkts eventuell erforderlich, einen teamübergreifenden Architekten zu definieren.

Der Architekt entwickelt eine Gesamtarchitektur, die alle bekannten Anforderungen abdeckt. Zu Beginn der Implementierungsarbeiten wird eine möglichst gute und flexible Architektur entworfen, die zumindest die für die nächsten Iterationen vorgesehenen Anforderungen abdeckt. Je aufwendiger und kostspieliger ein späteres Refactoring ist, desto mehr Aufwand sollte auch in die Planung einer tragfähigen Architektur investiert werden. In manchen Fällen ist es wirtschaftlich gar nicht mehr vertretbar, in späteren Iterationen große Umbauarbeiten an der Architektur durchzuführen. Architekt, Product Owner und Entwickler im Team arbeiten eng zusammen, um eine optimale Architektur zu finden.

Der Architekt berät den Product Owner, welche Änderungen an den Anforderungen die Architektur vereinfachen und dadurch den Aufwand senken könnten. Ähnlich wie das Entwicklungsteam berät auch der Architekt den Product Owner, welche Details an einer Anforderung die Komplexität der Architektur erhöhen und wie diese Details abgeändert werden könnten, um Komplexität und Aufwand zu reduzieren. Die letzte Entscheidung liegt natürlich wieder beim Product Owner.

Der Architekt entscheidet, welche fertigen Komponenten und Patterns für die Umsetzung der Anforderungen zum Einsatz kommen. Die Verwendung von fertigen Komponenten und Patterns kann den Aufwand in der Implementierung deutlich senken. Der Architekt verwaltet den Pool an Komponenten und Patterns und entscheidet, welche für die Umsetzung der Stories zum Einsatz kommen und welche neu entwickelt oder zugekauft werden müssen. Der Architekt sorgt auch gemeinsam mit dem Team für eine angemessene Wiederverwendbarkeit von Komponenten und Patterns.

Der Architekt schätzt ab, welche Auswirkungen eine Anforderung auf die bestehende Gesamtarchitektur hat. Kommen zu einem bestehenden System neue Anforderungen dazu, so prüft der Architekt, wie diese am besten in der bestehenden Architektur umgesetzt werden können und ob Änderungen an der Architektur notwendig sind. Gemeinsam mit dem Team lässt er dieses Wissen dann in die Größen- bzw. Aufwandsschätzung der Anforderungen einfließen.

2.5.2   Schwierige Ausprägungen von Architekten

Der Generalisierer

Der Generalisierer sucht für alles eine allgemeine Lösung, in die auch zukünftig sicher oder zumindest vielleicht irgendwann kommende Anforderungen schon miteingeplant sind. Auch für das spezifischste Kundenproblem wird eine allgemeine Lösung gesucht, es könnte ja sein, dass man das irgendwann doch einmal umstellen muss oder für einen anderen Kunden brauchen könnte. Der Generalisierer argumentiert dabei, dass man oft mit nur wenig Mehraufwand eine allgemeine Lösung umsetzen könne und sich dann in der Zukunft viel Aufwand sparen würde. Dies ist grundsätzlich richtig, allerdings zeigt die Praxis oft, dass entweder eine Notwendigkeit zur erneuten Verwendung nie eintritt oder die realisierte generelle Lösung doch nicht so bei einem neuen Kunden verwendet werden kann.

Der Generalisierer kann sehr wertvoll sein, da er hilft, sich auf kommende Änderungen vorzubereiten und diese mit möglichst wenig Aufwand umzusetzen. Dennoch ist hier eine sehr intensive Abstimmung mit dem Product Owner darüber notwendig, wo diese Generalisierung sinnvoll ist und wo nicht.

2.6   Produktmanager[2]

Abbildung 2–2 zeigt, wie die Organisation aussehen kann, wenn mehrere Produkte von unterschiedlichen Teams entwickelt werden:

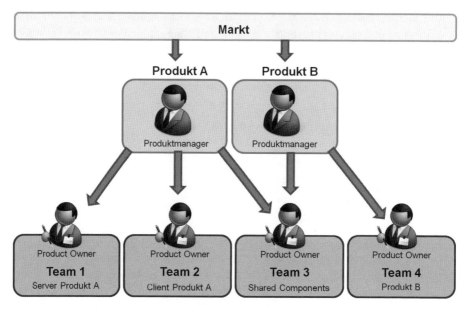

Abb. 2–2   *Die Rolle »Produktmanagement«*

2.6.1   Der Produktmanager als Dirigent mehrerer Teams

Der Produktmanager ist für ein gesamtes Produkt verantwortlich, das von mehreren Teams umgesetzt wird. Die Rolle des Produktmanagers ist immer dann sinnvoll, wenn mehrere Teams an einem Produkt arbeiten (siehe Abb. 2–2). Der Produktmanager ist dabei nicht Teil eines agilen Teams. Er definiert die Features und Top-Level-Anforderungen an ein Produkt. In sehr kleinen Unternehmen, Projekten oder Produktentwicklungen, die mit nur einem einzigen Team arbeiten, wird die Produktmanager- und Product-Owner-Rolle oft von ein und derselben Person wahrgenommen.

Der Produktmanager verwaltet das teamübergreifende Backlog für das Produkt. Der Produktmanager definiert die Features für das Produkt im globalen Product Backlog. Diese Features werden von mehreren Teams gemeinsam umgesetzt und von den jeweiligen Product Ownern der Teams in Stories heruntergebrochen. Bei

---

2.   In manchen Organisationen wird diese Rolle auch als »Produkt-Marketing-Manager« bezeichnet und auch von einer Person aus dem Marketing besetzt. Dies drückt dann schon im Namen sehr stark den extern orientierten Fokus aus.

der Verwaltung des globalen Backlogs hat der Produktmanager dieselben Kom-
petenzen und Aufgaben, wie sie der Product Owner für das Backlog des Teams hat.

Der Produktmanager ist nach außen hin ausgerichtet. Während der Product
Owner bei größeren Teamstrukturen eng mit dem agilen Team integriert und eher
nach innen orientiert ist, ist der Produktmanager klar nach außen, zum Markt
oder externen Kunden hin ausgerichtet. Er hat einen guten Überblick über den
Markt und die Richtungen, in die sich dieser entwickelt. Er kennt die externen
Kunden, deren Wünsche und Bedürfnisse und ist viel auf Messen und direkt bei
Kunden unterwegs. Der Produktmanager kennt auch die Konkurrenz sehr gut
und hat immer ein Auge darauf, was die Marktbegleiter tun.

Der Produktmanager plant Releases. Eine zentrale Aufgabe des Produktmanagers
ist die Planung von Releases für sein Produkt. Basierend auf den Marktbedürfnis-
sen und den Wünschen der Kunden legt er fest, welche Features und groben
Anforderungen in den nächsten Releases umgesetzt werden sollen. Gemeinsam
mit den Product Ownern stimmt er dann diese Wünsche mit den Möglichkeiten
der Teams ab und erstellt eine Release-Roadmap.

**Der Produktmanager arbeitet laufend mit den Product Ownern der Teams
zusammen.** Immer wieder ändern sich die Anforderungen des Marktes, die Wünsche der Kunden und die Prioritäten der bereits geplanten Features und Anforderungen. Der Produktmanager nimmt diese Wünsche und Änderungen auf und
stimmt sie mit den Product Ownern ab.

2.6.2   Schwierige Ausprägungen von Produktmanagern

Der »Über den Zaun Werfer«

Der »Über den Zaun Werfer« sieht sich als Auftraggeber und Chef für die Teams.
Er sagt, was er möchte, und geht dann davon aus, dass das so gemacht wird. Am
liebsten wäre es ihm, wenn das Team erst mit dem fertigen Produkt wieder zu ihm
kommt. Ständige Rückfragen und gemeinsames Arbeiten am Produkt sind für ihn
unnötig und zeugen nur davon, dass die Entwicklungsmannschaft nicht genug
Weitblick und Verständnis für das Produkt hat. Der »Über den Zaun Werfer«
nimmt seine Rolle sehr ernst. Er bringt dem Entwicklungsteam viel Vertrauen
entgegen und lässt ihm viele Freiheiten, die Details der Lösung zu gestalten. Dies
ist eine gute Grundlage für eine erfolgreiche Zusammenarbeit.

Meist erkennt der Product Owner als Erster, dass die Anforderungen, die er
vom Produktmanager erhält, nicht verwendbar sind und er sehr viel Arbeit investieren muss, um sie so zu formulieren, dass das Team damit arbeiten kann.
Gemeinsam mit dem Agile Master sollte der Product Owner versuchen, dem Produktmanager klarzumachen, dass es mehr braucht als zwei visionäre Sätze zu
Beginn, um ein Feature gut implementieren zu können. Die Schnittstelle zwischen

Product Owner und Produktmanager muss klar definiert werden. Ebenso die Prozesse, wie die Anforderungen gemeinsam erarbeitet werden und welche Qualitätskriterien sie erfüllen müssen.

Der »Technisch gebildete Produktmanager«

Der technisch gebildete Produktmanager hat eine technische Ausbildung mit starkem Softwarefokus hinter sich. Auch wenn diese evtl. schon viele Jahre zurückliegt, so fühlt er sich doch berufen, sich auch um technische Details zu kümmern oder sich in technische Entscheidungen einzumischen, die eigentlich das Entwicklungsteam treffen soll. Er tut dies meist nicht böswillig, sondern möchte sein Wissen in die anstehende Umsetzung einbringen.

Diese Situation wird vom Team, den zugeordneten POs und dem Agile Master wahrscheinlich schnell erkannt. Gerade bei größeren Projekten ist diese übergeordnete Produktmanager-Rolle jedoch von Personen besetzt, die in der Unternehmenshierarchie möglicherweise recht weit oben stehen. Einem »technischen Manager« klarzumachen, dass er sich nicht zu sehr in die technischen Vorgaben einmischen soll, ist sicherlich ein sensibles Thema. Auch hier sollten sowohl die zugeordneten Product Owner als auch der Agile Master zusammenarbeiten und passende Rahmenbedingungen für das Team schaffen.

3 Qualität von Requirements

Anforderungen sind die Basis für die Planung, die Architektur, die Umsetzung und die Qualitätssicherung in agilen Projekten. Sie sind das Fundament, auf dem alles andere aufbaut. Daher müssen die Anforderungen eine dem Verwendungszweck angemessene Qualität aufweisen.

Jede Anforderung sollte vor Beginn des Sprints, in dem die geplante Umsetzung durchgeführt werden soll, anhand entsprechend definierter Qualitätskriterien geprüft und finalisiert werden, damit sie in das Backlog des folgenden Umsetzungs-Sprints aufgenommen werden kann.

3.1 Qualitätskriterien für Requirements

Bevor die Anforderungen vom Team geschätzt und geplant werden können, muss sichergestellt sein, dass sie verständlich, vollständig und detailliert genug beschrieben sind. Dies ist Aufgabe des Product Owner. Neben der Verständlichkeit, Vollständigkeit und Detailliertheit gibt es im Requirements Engineering eine Reihe von weiteren Qualitätskriterien, die erfüllt sein müssen, sowie Techniken zu deren Überprüfung. Diese können helfen, Missverständnisse zwischen Team und Product Owner von vornherein zu vermeiden und die Effizienz weiter zu steigern.

Werden Qualitätskriterien für Requirements definiert, so sollten diese auch in die »Definition of Ready« (DoR) aufgenommen werden (siehe Abschnitt 3.3).

3.1.1 Qualitätskriterien nach IEEE 830-1998 und IREB

Qualitätskriterien sind unter anderem in IEEE 830-1998 oder von IREB [IREB CPRE FL 2012] definiert:

▧ **Verständlich und eindeutig:**
Alle Anforderungen müssen spätestens vor der Schätzung in einem Zustand sein, dass jeder im Team sie versteht. Sie müssen auch so eindeutig beschrieben sein, dass es keine unterschiedlichen Interpretationen über den Inhalt der Anforderung gibt. Hier kann es helfen, bestimmte mehrdeutige Worte und Satzkonstrukte zu vermeiden:

- Universalquantoren (»alle«, »jeder«, »nichts«, »immer« etc.)
- Passive Formulierungen
- Konjunktive und relativierende Formulierungen (»meistens«, »manchmal«, »sollte«, »dürfte«)

Auch der Detaillierungsgrad hat einen Einfluss auf die Verständlichkeit. Generell gilt, je näher der Umsetzungszeitpunkt rückt, desto detaillierter und klarer muss beschrieben werden.

Vollständig und angemessen:
Um Vollständigkeit zu erlangen, müssen alle Anforderungen aller relevanten Stakeholder gesammelt werden. Damit keine Stakeholder übersehen werden, ist im Vorfeld eine Stakeholder-Analyse sinnvoll (siehe Abschnitt 4.1.4).

Angemessenheit ist relativ schwierig zu erlangen, weil es subjektiv sehr unterschiedlich sein kann, ob eine Anforderung angemessen ist. Der Administrator könnte beispielsweise aus Sicherheitsgründen verlangen, dass vor jedem wichtigen Schritt in der Software eine Prüfung der Identität des Benutzers erfolgen muss. Aus Sicht des Benutzers ist dies lästig bei der Bedienung und er würde sich ein Single Sign-on nur beim Starten der Software wünschen. Beide haben im Grunde Recht. Was eventuell für den einen Stakeholder wichtig ist, ist für den anderen reine Zeit- und Geldverschwendung.

Abgestimmt:
Wenn der Product Owner nicht der einzige Stakeholder ist, ist er alleine meist nicht in der Lage, eine Anforderung korrekt und vollständig zu beschreiben. Daher muss er die Anforderungen mit allen relevanten Stakeholdern abstimmen. Möglichkeiten dazu sind beispielsweise in Review-Meetings, im Sprint-Planungs-Meeting, aber auch jederzeit bei Bedarf vor dem Umsetzungs-Sprint der jeweiligen Anforderungen.

Gültig und aktuell:
Anforderungen können sich laufend ändern. Vor jeder Iteration muss daher der Product Owner neu prüfen, ob alle Anforderungen den aktuellen Stand der Kundenwünsche widerspiegeln und noch gültig sind.

Realisierbar:
Mit Anforderungen, die nicht umsetzbar sind, sollte sich das Team gar nicht weiter beschäftigen. Diese Anforderungen sollten durch den »DoR-Filter« (siehe Abschnitt 3.3) gar nicht erst in den Umsetzungs-Sprint gelangen. Gegebenenfalls muss die Umsetzbarkeit durch eine Machbarkeitsanalyse geprüft werden (siehe Abschnitt 5.1).

Bewertet:
Für die Release- und Iterationsplanung muss jede Anforderung bewertet sein (siehe Kap. 5). Ein wichtiges Eingangskriterium in den Umsetzungs-Sprint ist die Bewertung, ob das Requirement die DoR erfüllt.

▓ **Korrekt:**
Eine Anforderung ist dann korrekt, wenn sie die *tatsächlichen* Bedürfnisse der Stakeholder widerspiegelt.

▓ **Konsistent:**
Die Anforderungen sollen in sich und über alle Anforderungen hinweg konsistent, also widerspruchsfrei sein.

Da das Product Backlog lediglich die noch offenen Anforderungen enthält und somit keine Gesamtspezifikation existiert, kann mit dem Backlog alleine die Widerspruchsfreiheit nicht geprüft werden. Des Weiteren ist der Detaillierungsgrad weiter in der Zukunft liegender Anforderungen recht grob und diese damit kaum auf Konsistenz prüfbar. Die Prüfung auf Konsistenz wird daher durch den Product Owner und das Team gemeinsam durchgeführt. Durch die enge Zusammenarbeit zwischen Product Owner (fachlich) und Team (technisch) erfolgen ein ständiger Austausch und ein ständiges Prüfen, ob die gerade in Umsetzung befindlichen Stories auch mit dem bisher Erreichten zusammenpassen. Bei der Konsistenzprüfung werden nicht nur die spezifizierten Anforderungen berücksichtigt, sondern auch das implizite Wissen in den Köpfen von Product Owner und Team über die noch ungenau spezifizierten Anforderungen im Backlog sowie über bereits fertige Softwareteile.

▓ **Prüfbar:**
Jede Anforderung, die in einen Umsetzungs-Sprint aufgenommen wird, muss so beschrieben sein, dass am fertigen Produktinkrement geprüft werden kann, ob sie auch richtig umgesetzt wurde. Die Kriterien sollten vor der jeweiligen Iteration definiert werden durch:

- Akzeptanzkriterien zu jeder Anforderung,
- Definition of Done und
- idealerweise Testfälle (siehe Abschnitt 4.8.2) oder konkrete Beispiele (siehe Abschnitt 4.8.1).

Zumindest Akzeptanzkriterien und Definition of Done müssen immer vorhanden sein.

Wenn eine nachhaltig qualitätsorientierte Entwicklung angestrebt wird, kann nur dringend empfohlen werden, die Prinzipien des testgetriebenen Vorgehens zu berücksichtigen und die Definition von passenden Testfällen als verbindliches Kriterium für die Umsetzungsfreigabe einer Anforderung festzulegen.

Dabei geht es nicht darum, dass alle theoretisch denkbaren Abnahmekriterien und Testfälle vorab schon festgelegt werden. Es geht hier um diejenigen Testfälle, die das prüfen, was dem Kunden wichtig ist (z.B. ob die Funktion auch den korrekten Wert liefert), und das, was nach der Erfahrung guter Tester auch ohne expliziten Kundenwunsch sinnvollerweise getestet werden sollte (z.B. grenzwertige Eingaben, die erfahrungsgemäß oft zu Fehlern führen, oder risikoreiche Eigenschaften oder Anwendungen der Anforderung, auch wenn sie nicht unmittelbar im Anwenderfokus stehen).

> *Es gilt in der Softwareentwicklung der Grundsatz:*
> *Solange man für eine Anforderung nicht genau weiß, wie man sie später*
> *abnehmen und testen wird, ist sie nicht reif für die Umsetzung!*

Beispiel für nicht prüfbare Anforderungsdefinition:

Ein Stakeholder hat als grobe Anforderung definiert: »Als Mitarbeiter möchte ich meine Zeiten erfassen können.«

Er wird dann vom Product Owner gefragt, wie er das testen und abnehmen möchte.

Wenn als Antwort kommt: »Weiß ich nicht«, dann kann es sein, dass der Stakeholder noch keine Zeit hatte, sich detailliertere Gedanken zu machen. Der Product Owner sollte hier so lange nachfragen bzw. Testfälle mit dem Stakeholder festlegen, bis diesem klar ist, was er eigentlich möchte.

Der andere Fall ist, dass der Stakeholder bewusst nicht genau spezifizieren möchte, ganz nach dem Motto: »Ist mir egal, ich habe keine Zeit darüber nachzudenken, liefern Sie mir eine brauchbare Lösung!« Dies ist ein kritischer Fall für den Product Owner. Damit es nachträglich nicht zu Ärger kommt, muss der Product Owner dem Stakeholder klarmachen, dass er bei dieser ungenauen Anforderungsspezifikation am Ende dann auch die Abnahme nicht verweigern kann, wenn die Mitarbeiter nur *irgendwie* die Zeiten erfassen können, dies jedoch gar nicht seinen Vorstellungen entspricht.

Verfolgbar:

Das Kriterium Verfolgbarkeit (Traceability) definiert die Verknüpfung von Anforderungen mit anderen Artefakten, wie z. B. Zielen, Architekturmodellen, Testfällen, Quellcode, Normen und externen Artefakten.

Diese Verweise zu anderen Artefakten können nur mit einem professionellen Anforderungsmanagement- bzw. ALM-Werkzeug sinnvoll verwalten werden (siehe auch Grundprinzip 4 in Abschnitt 1.5).

Zusätzlich zu den Qualitätskriterien in IEEE 830-1998 und IREB können noch weitere Eigenschaften als Kriterien definiert werden:

Relevante Stakeholder:

Vor allem für den Product Owner ist es wichtig zu wissen, welche Kunden und Stakeholder an einer Anforderung interessiert sind bzw. diese definiert haben. Es sollte für jede Anforderung klar sein:

- Wer hat sich diese Anforderung gewünscht?
- Wer trifft letztlich die Entscheidung bei fachlichen Fragen?
- Wer nimmt die Story ab?
- Wer soll zusätzlich informiert werden bzw. ist betroffen?
- Wer ist die Zielgruppe für die Anforderung?

Da es möglich und auch oft üblich ist, dass Anforderungen stellvertretend von jemand anderem formuliert werden, sollte bei jeder Anforderung noch der sogenannte »Anforderungsprovider« – also derjenige, der diese Anforderung explizit gefordert hat – angegeben werden, damit man bei Fragen weiß, an wen man sich wenden kann. Anstelle von Gruppenbezeichnungen (z.B. »Team A«, »die IT«, »Abteilung X«) sollten immer konkrete Namen (z.B. »Hans Mair«, »Franz Schmidt«) angegeben werden, damit der Stakeholder bzw. Anforderungsprovider »greifbar« bleibt. Weitere Informationen zu Stakeholdern sind auch in Abschnitt 4.1.4 zu finden.

Identifizierbarkeit:
Die Referenzierung einer Anforderung wird enorm erleichtert, wenn diese eine eindeutige ID hat. Im einfachsten Fall ist dies eine Nummer, es können aber auch beliebig strukturierte Kennzeichnungen verwendet werden.

Wichtig dabei ist nur, dass die Kennzeichnung innerhalb des Bereichs, in dem referenziert werden soll (z.B. Taskboard, gesamtes Backlog, gesamte Produktentwicklung mit allen Artefakten oder auch gesamtes Unternehmen oder weltweit), eindeutig ist.

3.1.2 INVEST-Qualitätskriterien

Speziell für die Beurteilung der Qualität von User Stories hat sich ein Set von Qualitätskriterien herauskristallisiert, die unter dem Akronym INVEST bekannt geworden sind [Leffingwell 2011]:

Independent:
Die Stories sind unabhängig voneinander. Jede Story kann als eigenständiges Paket geschätzt, geplant und umgesetzt werden.

Negotiable:
Die Stories sind verhandelbar (und verhandelt). Sie stellen keinen fixen Vertrag dar. Stellt sich im Zuge der Umsetzung heraus, dass ein Detail anders einfacher oder benutzerfreundlicher umgesetzt werden kann, so wird dies mit dem Product Owner abgestimmt und dann geändert.

Valuable:
Jede Story muss einen erkennbaren Wert für den Kunden liefern.

Estimatable:
Der Aufwand für die Story ist zumindest relativ schätzbar (und geschätzt). Dies ist notwendig, um die Story planen zu können.

Small:
Jede Story muss innerhalb einer einzigen Iteration umsetzbar sein. Sie sollte daher, je nach Sprint-Länge, eine Größe von maximal fünf Umsetzungstagen haben (siehe auch Abschnitt 4.3.2).

Testable:
Für jede Story sind klare Kriterien festgelegt, wann sie fertig ist. Diese Kriterien sind in den Akzeptanzkriterien bei der Story selbst und in der »Definition of Done« festgeschrieben.

3.2 Definition of Done (DoD)

Immer wieder kommt es in Softwareprojekten zu Fehlern und Unmut, weil nicht klar geregelt ist, wann etwas wirklich »fertig« ist. Für einen Entwickler ist eine Anforderung vielleicht schon fertig, wenn er den Code geschrieben und erfolgreich kompiliert hat. Sieht sich dann der Product Owner die umgesetzte Funktion am Testsystem an, stellt er oft fest, dass noch viele Fehler vorhanden sind und Benutzbarkeit kaum gegeben ist. Für den Product Owner ist die Funktion erst fertig, wenn sie fehlerfrei einsetzbar und für den Anwender gut bedienbar ist. Aus solchen unterschiedlichen Sichtweisen resultieren in vielen Projekten Probleme und Unstimmigkeiten im Team. Ursache ist dabei eine fehlende explizite, für alle verbindliche und klare Definition, wann etwas »fertig« ist.

Die einfachste Lösung für dieses Problem ist eine explizite Definition, wann ein Backlog Item auf »fertig« gesetzt werden darf. Ken Schwaber und Jeff Sutherland schlagen dazu eine »Definition of Done« (DoD) vor, damit alle »ein gemeinsames Verständnis haben, was es bedeutet, wenn eine Arbeit abgeschlossen ist [Schwaber & Sutherland 2013].

Die »Definition of Done« ist eine Checkliste mit zwei Sichten:

Die **Produktsicht** umfasst alle Eigenschaften, die ein umgesetztes Backlog Item erfüllen muss.

Die **Prozesssicht** definiert alle Tätigkeiten, die dabei erledigt sein müssen.

Bei der Planung der Iterationen und der Schätzung der Backlog Items muss das Team nicht nur die reine Programmierung berücksichtigen, sondern die gesamte Abarbeitung der DoD.

Eine DoD ist nicht nur zur Bewertung der Fertigstellung eines einzelnen Backlog-Eintrags sinnvoll, sondern kann auf mehreren Ebenen angewendet werden, wie beispielsweise:

DoD für eine Anforderung (Story oder anderes Backlog Item)

DoD für einen Sprint:
Diese ist anforderungsübergreifend und bezieht sich auf das gesamte Sprint Backlog und alle sonst relevanten Artefakte und Tätigkeiten. Die Bewertung erfolgt am Ende eines Sprints.

▨ **DoD für ein Release** (Auslieferung an den Kunden):
Diese ist anforderungsübergreifend über mehrere Iterationen für eine tatsächlich ausgelieferte Version des Systems. Die Bewertung erfolgt nach der tatsächlichen Auslieferung an den Kunden.

Je nach Umfeld, Anwendungsbereich oder Zielgruppe können weitere DoD-Ebenen oder zusätzliche Granularität sinnvoll sein:

▨ **DoD für die Codierung:**
z. B. Kriterien, die definieren, wann ein Programmierer mit dem Code fertig ist und in die Quellcodeverwaltung einchecken darf, oder Forderungen bezüglich Unit-Test-Abdeckung, Codedokumentation, Codereview etc.

▨ **DoD für Design/Architektur:**
z. B. eine Checkliste für Systemdesign, Architekturkriterien, Testbarkeit, Wartbarkeit etc.

▨ **DoD für die Testdurchführung:**
z. B. Anforderungen an die Tests oder Testendekriterien, die definieren, wann man zu testen aufhört.

▨ **DoD für den Rollout:**
z. B. eine Checkliste für Verteilung, Inbetriebnahme, Konfiguration etc.

Der Vorteil bei der Aufteilung der DoD auf mehrere Checklisten besteht darin, dass bei der Durchführung nicht mehr eine sehr lange Checkliste herangezogen wird, unter der dann alle im Team stöhnen und die dann eventuell aufgrund der Länge nur oberflächlich oder lückenhaft durchgegangen wird. Der Aufwand wird vielmehr auf mehrere kleine Schritte aufgeteilt.

Bei der Aufnahme von Kriterien in die DoD sollte darauf geachtet werden, dass diese »SMART« sind:

▨ **Spezifisch:**
Die DoD-Kriterien sollen eindeutig und so präzise wie möglich definiert sein und nicht vage.

▨ **Messbar:**
Die Kriterien müssen messbar bzw. testbar sein.

▨ **Akzeptiert:**
Die DoD-Kriterien müssen angemessen sein und von den Betroffenen akzeptiert werden.

▨ **Realistisch:**
Die Einhaltung bzw. Erreichung muss möglich sein.

▨ **Terminierbar:**
Es muss klar sein, wie getestet und abgenommen wird.

Es kann auch sein, dass einzelne DoD-Elemente nicht für jede Anforderung angewendet werden. So ist es möglicherweise sinnvoll, je nach Risiko einer Anforderung unterschiedliche DoD-Kriterien zu haben.

Damit man in die DoD nicht zu wenig, aber auch nicht zu viele oder vielleicht sogar unsinnige Kriterien aufnimmt, sollte man sich vorab bei der Erstellung der DoD schon intensiv Gedanken machen. Unterstützt werden kann dies durch ein sogenanntes »Done Thinking Grid«[1]. Dies ist eine Technik, mit der oft auf einem Board Ideen zu sinnvollen Done-Kriterien gesammelt werden (siehe Abb. 3–1). Zur Strukturierung können evtl. schon Themenbereiche und Ebenen vorgegeben werden (z. B. als »Swimlanes«):

- Requirements/Tasks
- Architektur/Design/Coding
- Testing
- Sprint/Release/Rollout-Prozess/Tools

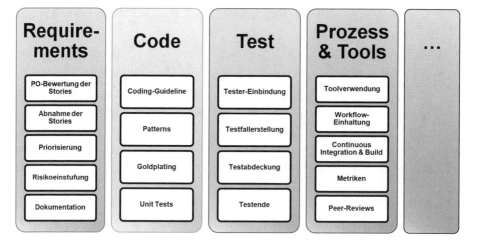

Abb. 3–1   *Beispiel für ein »Done Thinking Grid«*

Die in der Literatur und im Internet oft unklare Begriffsdefinition der DoD kann dazu verleiten, DoDs zu oberflächlich oder ungeeignet zu erstellen. Es werden oft zu einfache Beispiele für DoDs genannt (siehe Abb. 3–2):

---

1.   Quelle: *http://www.scrumalliance.org/community/articles/2008/september/definition-of-done-a-reference.*

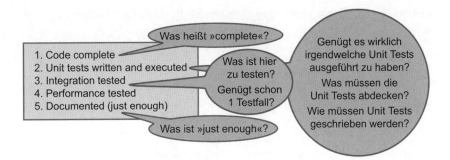

Abb. 3–2 *Schlechtes Beispiel für eine DoD*

Diese oberflächlichen Beispiele führen in der Praxis zu dem Problem, dass unterschiedliche Entwickler bzw. Teams und der Kunde dies unterschiedlich interpretieren. Das Team meint eventuell, dass es fertig ist – tatsächlich sind dann aber noch viele Fragen offen, wenn der Kunde zur Abnahme hinzugezogen wird.

DoDs sollten nur Qualitätskriterien an die Prozessdurchführung und allgemeine Qualitätskriterien für die Produkterstellung enthalten. Sie sollen keine Testfallbeschreibungen oder inhaltlichen Abnahmekriterien beinhalten oder diese ersetzen. Ebenso sollten Kriterien, die spezifisch zu einer Anforderung gehören, in deren Akzeptanzkriterien aufgenommen werden und nur übergreifende Kriterien in die DoD. Tests und inhaltliche Anforderungen jeglicher Art sollten also in den jeweiligen Anforderungs- und Testartefakten definiert werden.

> Für eine einfache und klare Anwendung der Definition of Done sollte vermieden werden, Testfälle und DoD-Kriterien zu vermischen! Die DoD soll ausschließlich qualitative Kriterien und keine inhaltlichen Anforderungskriterien an das zu erstellende System oder einzelne Artefakte enthalten!

Folgende Tipps helfen auch dabei, DoDs passend zu erstellen:

- Ein einziger DoD-Eintrag ist in den meisten Fällen zu wenig!
- Jedes Artefakt durchläuft verschiedene Phasen/Ebenen. Es sollte daher eine DoD-Checkliste für jede dieser Phasen/Ebenen geben.
- »Think twice«: Nach dem ersten DoD-Entwurf sollten man nach einer gewissen Zeit selbst noch einmal darüber nachdenken und die DoD von anderen Personen reviewen lassen.
- Keine universelle Themenbreite für die Kriterien in der DoD zulassen: Das Management könnte z.B. Zeit- und Kostenkriterien hineinreklamieren wie »Das Feature muss in 5 Tagen programmiert sein« oder »Das Release darf max. 18.000,– Euro kosten«. Der Product Owner könnte funktionale Kriterien mit aufnehmen wollen wie z.B. »Feature A muss in folgender Form reali-

siert sein: …«. Diese Kriterien sollten nicht in die DoD, sondern in Planungs-
oder Spezifikationsdokumenten definiert werden.

Die Tabellen 3–1 bis 3–3 zeigen beispielhaft einige Kriterien als Anregungen für
Inhalte von DoDs unterschiedlicher Phasen/Ebenen:

DoD-Kriterien für Story-Fertigstellung
▪ Ist die Anforderung (aus Sicht des Product Owner) vollständig implementiert? ▪ Sind die Bedürfnisse der Anwender abgedeckt? ▪ Ist die Benutzbarkeit gegeben und als brauchbar bewertet?
Manuelle Abnahmetestfälle wurden mindestens einmal ausgeführt mit ▪ Positivtests des gewünschten Verhaltens und ▪ Negativtests des Verhaltens im Fehlerfall und bei Falscheingaben.
▪ Sind Unit Tests gemäß Testkonzept erstellt und erfolgreich durchlaufen?
▪ Wurden automatisierte Schnittstellen und GUI-Tests gemäß Testkonzept erstellt und erfolgreich durchlaufen?
▪ Wurden Tests mit produktivnahen Testdaten durchgeführt?
…

Tab. 3–1   *Beispiel-Checkliste (Auszug) für eine DoD zur Story-Fertigstellung*

DoD-Kriterien für Sprint-Ende
▪ Alle für den Sprint festgelegten User Stories sind im Status »Done«.
▪ Alle für den Sprint festgelegten User Stories durch den Kunden wurden einem Abnahmetest unterzogen.
▪ Integrations- und Systemtests wurden gemäß DoD »Integrations- und Systemtestkriterien« erfolgreich durchgeführt.
▪ In den Tests wurden keine Fehler der Klasse 1 und 2 gefunden und max. 5 Fehler der Klasse 3.
▪ Alle Tests für User Stories der Kritikalität 1 wurden automatisiert.
▪ Gesamter Quellcode ist eingecheckt.
▪ Erfolgreicher Build des Gesamtsystems wurde durchgeführt. ▪ Die neuen Teile arbeiten fehlerfrei mit bestehenden Modulen zusammen.
▪ Codereview für die neuen Teile wurde positiv durchgeführt.
Die notwendigen Dokumentationen wurden erstellt bzw. angepasst: ▪ Benutzerhandbuch ▪ Konfigurations- und Parameterdokumentation ▪ Installations- und Administrationshandbuch ▪ Architekturdokumentation ▪ Quellcodedokumentation ▪ What's-new-Liste ▪ Behobene Fehlerliste ▪ Sonstige relevante Dokumentation
…

Tab. 3–2   *Beispiel-Checkliste (Auszug) für eine DoD zum Sprint-Ende*

DoD-Kriterien für Codereview
▪ Coding-Guidelines sind komplett eingehalten.
▪ Es wurden keine Anti-Patterns verwendet.
▪ Fehlerbehandlung wurde gemäß Richtlinie umgesetzt.
▪ Die angestrebte Kapselung bzw. Abhängigkeiten wurden erreicht.
▪ Code und Architektur wurden als »testbar« durch den Tester eingestuft.
▪ Es sind keine nicht geforderten Funktionen umgesetzt (»Goldplating«).
▪ Unit Tests und Testabdeckung gemäß Vorgaben wurden eingehalten.
▪ Inline-Codedokumentation für nicht selbsterklärenden Code wurde erstellt.
...

Tab. 3–3   *Beispiel-Checkliste (Auszug) für eine DoD zur Codereview-Durchführung*

DoDs sollten so in den Prozess integriert sein, dass sie eingehalten werden müssen, z.B. durch ...

- Vier-Augen-Prinzip in verschiedenen Prozessphasen,
- Pair Programming (einer programmiert, der andere prüft),
- unternehmensweiten Prozessverantwortlichen, der übergreifende DoD-Einhaltung prüft,
- projektbegleitenden Quality-Manager, der DoD-Einhaltung in einem spezifischen Projekt prüft,
- Einbau von DoD-Checklisten in Tools,
- Verwendung eines Workflow-Tools, wodurch DoDs direkt in die Prozesssteuerung integriert werden.

Diese Prüfung und (Selbst-)Kontrolle bei der DoD-Umsetzung ist wichtig, da die Überprüfung viel Aufwand bedeuten kann, und damit zu rechnen ist, dass die Durchführungsdisziplin bei fehlender Prozessabsicherung und Prüfung nachlässt. Damit DoDs auch gelebt werden, ist es wichtig, diese *vor* Projektbeginn unter Einbeziehung aller relevanten Beteiligten zu definieren. Im Laufe des Projekts hinterfragt das Team die DoDs in den Retrospektiven immer wieder kritisch und passt sie bei Bedarf weiter an. Der Agile Master sollte in jedem Fall ein Auge auf die Einhaltung und laufende Verbesserung der DoD haben.

> Ziel ist es, kontinuierlich besser zu werden und die Qualitätsansprüche in den DoDs laufend anzuheben!

3.3　Definition of Ready (DoR)

Eine Voraussetzung für die Erstellung eines Produktinkrements ist, dass die dazu eingeplanten Anforderungen bereit für die Umsetzung sind.

　　Welche Qualitätskriterien (siehe Abschnitte 3.1.1 und 3.1.2) eine Anforderung tatsächlich erfüllen muss und welche Analysen durchgeführt sein müssen, damit sie als »bereit für die Umsetzung« bezeichnet werden darf, wird in einer »Definition of Ready« (DoR) festgelegt. Analog zur DoD werden darin diejenigen Kriterien explizit sichtbar gemacht, die eine Anforderung erfüllen muss, bevor sie für die Umsetzung in der nächsten Iteration akzeptiert wird. Die Definition of Ready wird, wie die DoD, zwischen Product Owner und Team vereinbart.

> *Die DoR ist eine Liste mit Kriterien für die Aufnahme eines Product-Backlog-Elements in das Sprint Backlog. Sie dient der Freigabe der Spezifikation für die Umsetzung.*

Wie bei der DoD kann es auch bei der DoR sein, dass einzelne Kriterien nicht für jede Anforderung angewendet werden müssen. So ist es möglicherweise sinnvoll, für unterschiedliche Risikoklassen von Anforderungen auch unterschiedliche DoR-Kriterien anzuwenden.

Tabelle 3–4 zeigt ein Beispiel für eine Definition of Ready:

Prüfpunkt	Risiko
Ist die Anforderung vollständig beschrieben?	
Sind UI-Masken ausreichend beschrieben?	H, M
▪ Grafischer Maskenentwurf/Skizze	
▪ Mögliche Aktionen	
▪ Angezeigte Daten	
▪ Regeln	
▪ Berechtigungen zur Anzeige/Bearbeitung	
Sind die externen Systemschnittstellen ausreichend beschrieben?	H, M, L
▪ Datenobjekte und Felder inkl. möglicher Feldwerte	
▪ Austauschformat	
▪ Austauschprozess	
▪ Erwartete Datenmengen	
▪ Fehlerbehandlung	
Sind Berichte ausreichend beschrieben?	H
▪ Grafischer Entwurf/Skizze	
▪ Angezeigte Daten	
▪ Berechtigungen zur Anzeige	
Sind nicht funktionale Anforderungen definiert und geprüft?	H, M
Ist die Story verständlich und eindeutig formuliert?	H, M, L
Werden keine Universalquantoren, Konjunktive, Passivkonstruktionen und Relativierungen verwendet? Wird die Satzschablone für User Stories eingehalten (»Als ROLLE möchte ich AKTION, um NUTZEN«)?	

→

Prüfpunkt	Risiko
Ist die Story bewertet?	H, M, L
▦ Herrscht Übereinstimmung bei allen Stakeholdern, dass die Story wichtig für das Produkt ist? ▦ Sind Priorität, Business Value und Risiko bestimmt?	
Sind die relevanten Akzeptanzkriterien definiert?	H, M, L
Manche Akzeptanzkriterien ergeben sich erst im Zuge der Umsetzung, die wesentlichen müssen aber schon vorher definiert sein.	
Sind die Risiken für die Story identifiziert und bewertet?	H, M, L
▦ Sind die Risiken in einer Risikoliste dokumentiert? ▦ Sind für Risiken mit Wert > 15 Maßnahmen definiert? Wurden Risiken mit Wert > 20 an die Geschäftsführung gemeldet?	
Wird die Story vom Tester als »testbar« eingestuft?	H, M, L
Sind Testfälle erstellt?	H, M
Basierend auf den Akzeptanzkriterien muss ein Testplan für die Prüfung der Story erstellt werden.	
Wurde überlegt, wer die Story abnimmt und wie das Team sie demonstrieren kann?	H, M, L
Oft wird eine Story nicht vom Product Owner, sondern vom Kunden abgenommen. In diesem Fall muss dies vorher geplant werden.	
Ist das Entwicklungssystem bereit für die Story?	H, M, L
Kann aus personeller, technischer und Infrastruktursicht mit der Umsetzung der Story begonnen werden?	
Erfüllt die Story die INVEST-Kriterien?	H, M, L
Sind alle Abhängigkeiten[a] identifiziert?	H
Abhängigkeiten können die Umsetzung einer Story verzögern und die Prüfung erschweren.	
...	

a.   Dies widerspricht eigentlich dem INVEST-Kriterium »independent«. In der Praxis kann es jedoch vorkommen, dass Stories nicht ganz unabhängig sind. In diesem Fall sollten dann die Abhängigkeiten angegeben sein.

Tab. 3–4   *Beispiel für eine DoR- Checkliste (H = High, M = Middle, L = Low)*

Die DoR kann über den Projektverlauf angepasst und sogar kleiner werden, wenn sich das Team, der Product Owner und die Stakeholder »eingeschwungen« haben und die Zusammenarbeit so gut funktioniert, dass auch ohne laufendes Durchgehen einer Checkliste die Qualitätskriterien selbstständig eingehalten werden.

Oft genügt es, wenn die DoR als Checkliste beim Taskboard ausliegt. Die Stories werden dann in der Iterationsplanung gemeinsam bewertet und bei Erfüllung der Kriterien in das Sprint Backlog aufgenommen. Die DoR-Bewertungen werden in diesem Fall typischerweise nicht niedergeschrieben. Durch das Aufnehmen der Story in das Sprint Backlog ist implizit dokumentiert, dass sich das ganze Team einig war, dass die Kriterien auch erfüllt sind.

In manchen Fällen, wie z. B. bei sicherheitskritischer Software oder anderen haftungsrelevante Umgebungen, kann es notwendig sein, die DoR-Durchführung nachvollziehbar zu dokumentieren. Um die DoR hier effizient und nachvollziehbar durchführen zu können, ist es sinnvoll, dies toolunterstützt zu machen z. B. in einem entsprechenden Requirements-Management-Werkzeug oder einem elektronischen Taskboard.

Aufpassen muss man bei der DoR, dass diese nicht als Ausrede verwendet wird, um Diskussionen über User Stories vom Entwickler-Team fern zu halten, was dann genau den agilen Grundsätzen widersprechen würde.

3.4   Review von Requirements

Reviews sind eine Technik zur meist manuellen Überprüfung von Arbeitsergebnissen. Sie sind eine der effizientesten qualitätssichernden Maßnahmen. Mit Reviews werden gemäß dem »Fail Fast«-Prinzip Fehler frühzeitig gefunden, bevor nachfolgende Arbeitsschritte auf einem fehlerhaften Arbeitsergebnis aufbauen und sich Fehler fortpflanzen. Dies senkt die Kosten für Entwicklung und Fehlerbehebung.

Nach IEEE 1028 dienen Reviews der »Bewertung eines Produkts oder eines Projektstatus. Sie dienen dazu, Diskrepanzen zu den geplanten Ergebnissen aufzudecken und Verbesserungspotenziale zu identifizieren« [IEEE 2008].

Bei einem Review bittet der Autor eines Artefakts, zum Beispiel einer Anforderung, einen oder mehrere Prüfer, das Artefakt auf definierte Aspekte hin zu prüfen und ihm die Ergebnisse, z. B. Mängel, Fragen und Fehler, zu übermitteln. Die Korrektur der gefundenen Mängel ist wiederum Aufgabe des Autors.

Reviews können von einer sehr informellen Stellungnahme bis hin zu hoch formalen Inspektionen durchgeführt werden [IREB CPRE FL 2012]. In agilen Projekten sind vor allem informelle Reviews gut einsetzbar und erfolgen typischerweise zu bestimmten Zeitpunkten:

Review beim Einfügen ins Backlog

Fügt der Product Owner eine Anforderung ins Backlog ein, so muss er die Anforderung zumindest grob beschreiben und priorisieren und sollte die Anforderungen auch einem Review unterziehen.

Zeitpunkt	Jederzeit im Projekt, wenn neue Anforderungen ins Backlog kommen oder bestehende Anforderungen sich ändern.
Ziele	Anforderungen haben ein Qualitätsniveau, sodass sie grob geschätzt und priorisiert werden können.
Prüfobjekte	Neue/geänderte Anforderungen im Product Backlog
Prüfkriterien	▪ Verständlichkeit ▪ Angemessene Detailliertheit ▪ Vollständigkeit ▪ Angemessene Einstufung (Risiko, Priorität, …) ▪ etc.
Prüfer	Einzelne Teammitglieder oder Stakeholder

Review im oder vor der Sprint-Planung

In der Sprint-Planung legt das Team fest, welche Anforderungen im kommenden Sprint umgesetzt werden. Um dies tun zu können, müssen die Anforderungen verständlich, vollständig und ausreichend detailliert sein (siehe auch Abschnitt 3.3).

Das Team bespricht oft direkt in der Sprint-Planung die Anforderungen, klärt Fragen und arbeitet die Anforderungen so weit aus, dass sie geschätzt werden können und der Sprint geplant werden kann. Dies ist ein informeller Review. Erfahrungsgemäß ist das Sprint-Planungs-Meeting jedoch oft zu kurz, um alle auftauchenden Fragen in dieser Zeit zu klären.

Es empfiehlt sich daher, die Prüfung (Review) und Verfeinerung der Anforderungen schon vorher mit den dafür relevanten Stakeholdern in Form von Backlog-Verfeinerungsmeetings durchzuführen. Damit wird vermieden, dass Stakeholder erst im Sprint-Planungs-Meeting zum ersten Mal zu den Anforderungen Stellung nehmen können und dann eventuell eine umfangreiche Diskussion der Anforderungen im Meeting stattfindet.

Zeitpunkt	In den Tagen vor dem Sprint-Planungs-Meeting oder in Einzelfällen auch im Meeting
Ziele	Anforderungen entsprechen den definierten Qualitätskriterien und den Wünschen des Kunden, bevor sie in den Umsetzungs-Sprint gehen.
Prüfobjekte	Alle Anforderungen, die für die Umsetzung im nächsten Sprint infrage kommen
Kriterien	Alle Kriterien in der »Definition of Ready«, insbesondere: ▪ Verständlichkeit ▪ Korrektheit ▪ Machbarkeit ▪ Ausreichende Detailliertheit ▪ Vollständigkeit ▪ etc.
Prüfer	Team und relevante Stakeholder

Review im oder vor dem Sprint-Review-Meeting

Im Sprint-Review-Meeting am Ende eines Sprints bewertet das Team mit dem Product Owner und den Stakeholdern die im Sprint umgesetzten Anforderungen. Wenn möglich werden die Ergebnisse vom Team vorgeführt. Gemeinsam passen alle das Product Backlog an, sodass es die möglichen Backlog-Einträge für den kommenden Sprint enthält.

Der Product Owner nimmt die umgesetzten Anforderungen spätestens in diesem Meeting formal ab. Die eigentliche Prüfung, ob alles fertig gemäß der Definition of Done ist (siehe Abschnitt 3.2), sollte wenn möglich schon früher erfolgen, da die Zeit im Review-Meeting für eine vollständige Prüfung meist nicht ausreicht.

Zeitpunkt	Sobald eine Anforderung fertig umgesetzt ist, spätestens im Sprint-Review-Meeting
Ziele	Prüfen, ob die Anforderungen richtig umgesetzt sind
Prüfobjekte	Fertig umgesetzte Anforderungen
Kriterien	■ Kriterien aus der »Definition of Done« ■ Akzeptanzkriterien der Anforderungen ■ evtl. definierte Testfälle
Prüfer	Product Owner, Kunde und evtl. relevante Stakeholder

Sonstige Reviews im Projektverlauf

Reviews können und sollen im Projektverlauf nicht nur zu den oben beschriebenen Zeitpunkten, sondern jederzeit dann durchgeführt werden, wenn es Bedarf dazu gibt und die Anwendung dieser qualitätssichernden Technik sinnvoll erscheint.

4 Requirements-Ermittlung und Dokumentation

Die in den nachfolgenden Abschnitten beschriebenen Techniken und Methoden zur Ermittlung[1] und Dokumentation von Anforderungen sind bewusst in mehreren Blöcken zusammengefasst und in einer Reihenfolge angeführt, die ihrer Verwendung bei einer Vorgehensweise vom Groben ins Detail entspricht.

Die Verfeinerung von Anforderungen erfolgt in fünf Ebenen:

- **Übergeordnete Sicht und Kontext**
  (Abschnitt 4.1 »Übergeordnete Artefakte«)

- **Prozesse**
  (Abschnitt 4.2 »Geschäftsprozesse und Systemverhalten«)

- **Funktionen und nicht funktionale Anforderungen**
  (Abschnitt 4.3 »Funktionale und nicht funktionale Sicht«)

- **Gestaltung des User Interface**
  (Abschnitt 4.4 »Benutzerschnittstelle«)

- **Technische Anforderungen**
  (Abschnitt 4.5 »Systemschnittstelle« und Abschnitt 4.6 »Entwicklersicht«)

In einem Projekt ist es meist zielführend, in dieser Reihenfolge vorzugehen, da eine zu frühe und oft in einer Phase noch nicht notwendige Festlegung auf Details den möglichen Lösungsraum zu stark einschränkt. Dies ist auch die gute Herangehensweise, um sich nicht schon am Anfang durch eine zu starke Detailsicht zu »zerfransen« oder den Projektfokus zu verlieren.

In der Praxis können und sollen die Techniken und Methoden nach Bedarf an jeder beliebigen Stelle und zu jedem beliebigen Zeitpunkt im Entstehungsprozess angewendet werden, und zwar so, wie es für die jeweilige Situation am effektivsten ist. Erfahrungsgemäß sind zusätzlich zum erstmaligen Durchlauf durch die genannten Spezifikationsebenen zumindest ein bis zwei Iterationen über die Ebe-

---

1. Das Thema »Anforderungsermittlung« wird nur implizit in einzelnen Stellen im Text angesprochen. Für allgemein gebräuchliche Techniken und Methoden zur Anforderungsermittlung wie Brainstorming, Interviews etc. wird hier auf die einschlägige Literatur, z.B. [Pohl & Rupp 2009], verwiesen.

nen Prozesse, Funktionen und User Interface erforderlich, um die Requirements vollständig und konsistent zu erhalten.

Welche Beschreibungsebene soll man nun für eine von einem Stakeholder genannte Anforderung wählen? Soll man z.B. die Anforderung »Tagesarbeitszeit buchen« als Prozessschritt, als Szenario, als User Story oder Use Case oder schon als GUI-Element spezifizieren? Es gibt hier keine eindeutige Regel, denn dies hängt von der Komplexität des Systems ab und zusätzlich auch davon, welche Bedeutung das Element im Gesamtkontext des Systems hat.

Nachfolgend sind für diese Fragestellung zwei kleine Beispiele und Möglichkeiten zur Spezifikation beschrieben:

Situation A: ERP-Systemimplementierung

Das ERP-System besteht aus vielen Modulen, von denen die Zeiterfassung nur ein kleines ist. Es gibt viele übergeordnete Business-Prozesse, in denen das Requirement »Tagesarbeitszeit buchen« als eines von Tausenden anderen Requirements vorkommt. Die »Zeiterfassung« wird als untergeordneter, unkritischer Systemteil eingestuft.

In diesem Fall wäre es empfehlenswert, das Requirement »Tagesarbeitszeit buchen« als Schritt in einem Subprozess oder Szenario zu modellieren. Eine weitere Verfeinerung vor der Implementierung wird in diesem Fall wahrscheinlich nicht durchgeführt, sondern die Details dieses »kleinen« Punkts den Entwicklern überlassen.

Situation B: Zeiterfassungssystem-Implementierung

In einem Zeiterfassungssystem als einziges zu implementierende System gibt es einige wenige Business-Prozesse. Die Anforderung »Tagesarbeitszeit buchen« ist dabei eine Kernfunktion.

In diesem Fall wird »Tagesarbeitszeit buchen« sogar ein Hauptprozess oder Hauptszenario sein und grafisch modelliert werden. Des Weiteren wird man sich hier auch noch Gedanken darüber machen, wie denn die Details dieser Funktion aussehen und auch schon die Maskengestaltung zumindest grob vorgeben.

4.1 Übergeordnete Artefakte

4.1.1 Vision und Goals (Ziele)

Definition	Die **Vision** (lat. visio, »sehen«) ist als kreatives Wunschbild eine sehr allgemeine, oft noch unkonkrete Darstellung dessen, was erreicht werden soll. **Goal (Ziel)** ist ein künftig angestrebter definierter Zustand. Ziele sind konkreter gefasst und sollen klar messbar formuliert sein.
Anwendung	Vision und Ziele werden verwendet, um die strategische Ausrichtung und die groben Leitlinien des zu entwickelnden Produkts oder einer übergreifenden Produktlinie oder Produktportfolios zu beschreiben. Visionen und Ziele sind Requirements-Engineering-Artefakte auf höchster Ebene (oberste Requirements), wobei auf dieser Ebene oft nur grobe Aussagen möglich sind, die dann in tieferen Ebenen in detailliertere Sichten aufgeteilt werden.
Mitwirkende	Projektentscheider auf Business-Ebene (z. B. Geschäftsführer, CEO, Portfoliomanager)
Eigenschaften	■ Oberste Ebene ■ Sehr grobe, übergreifende Aussagen ■ Inhaltliche Anforderungssicht und planende Sicht manchmal gemischt ■ **Wichtig als Leitplanken für alle untergeordneten Ebenen** ■ In jedem Projekt erforderlich ■ Anzahl: Eine Vision und ca. 3-7 übergeordnete Ziele, die sich jeder Projektbeteiligte merken kann
Testbarkeit	■ Vision: nein ■ Ziele sollten prüfbar oder zumindest bei der Abnahme nachvollziehbar formuliert sein
Zeitpunkt	**Projektstart,** nach Bedarf zwischendurch Anpassung
Vorlaufzeit bis Umsetzung	Wenige Monate bis ein Jahr **Hinweis:** Längere Zeiträume als ein Jahr sind meist nicht sinnvoll. Hier empfiehlt es sich, das Vorhaben in kleinere Einheiten aufzuteilen, die binnen max. einem Jahr zur Umsetzung gelangen können.
Hinweise	Vision und Ziele eignen sich sehr gut, um ein sogenanntes »Elevator Statement[a]«– also eine kurze knackige Aussage über Inhalt und Zweck des Vorhabens – zu verfassen. **Tipp:** Erstellen Sie ein Plakat oder veröffentlichen Sie die Vision und Ziele auf der Startseite der Projekt-Website, um sie laufend präsent zu haben.

a. Als »Elevator Statement« oder auch »Elevator Pitch« («Aufzugsgespräch«) werden kurze, informative Darstellungen einer Idee, eines Vorhabens, einer Leistung oder auch eines Produkts bezeichnet. Die Bezeichnung kommt daher, dass die Darstellung so effektiv erfolgen soll, dass die Aussage innerhalb einer Aufzugfahrt (also in ca. 30-45 Sekunden) formuliert werden kann.

> *Visionen und Ziele sind die »Leitplanken« für das Projekt und alle weiteren Requirements.*

Bei Vision und Zielen kann man zwischen verschiedenen Sichtweisen, z.B. technische Sicht, Geschäftssicht, unterscheiden. Die technische Sichtweise berücksichtigt Aspekte, die meist produktbezogen sind, wie z.B. Technologie, Architektur, Wartbarkeit, oder Betriebsinfrastruktur. Die Geschäftssicht betrachtet primär die Organisation, Prozesse und wirtschaftlichen Aspekte.

Beispiele für Visionen:

Technische Vision:
»Mit der neuen Softwarelösung für die Arbeitszeiterfassung werden wir technologisch gegenüber unserem direkten Mitbewerb führend sein.«

Wirtschaftliche Vision:
»Die Nutzer können durch den Einsatz des Systems die Produktivität im Bereich Zeiterfassung vervielfachen.«

Beispiele für Ziele:

Technisches Ziel:
»Bis Ende des nächsten Jahres ist das neue System auf Microsoft Windows und iOS verfügbar.«

Wirtschaftliches Ziel:
»Durch die Ablöse der papierbasierten Zeiterfassung werden die Aufwände für die Zeiterfassung und monatliche Analyse und Auswertung der Daten um mindestens 50% reduziert.«

Vision und Ziele beziehen sich in der Formulierung immer auf das Gesamtsystem bzw. Gesamtvorhaben und nicht auf einzelne Aspekte oder Teile des zu erstellenden Systems. In Vision und Zielen können organisatorische, zeitliche, finanzielle, qualitative und funktionale Aspekte enthalten sein. Eine Trennung ist auf dieser Ebene noch nicht so wichtig. Viel wichtiger ist, dass die wesentlichen Ziele dargestellt und an alle Stakeholder klar kommuniziert werden. Eine saubere Aufteilung in eine inhaltliche Sicht (Prozesse, Funktionen, Qualitätseigenschaften etc.) und eine Managementsicht (Projektorganisation, Aufwand, Aufgabenplanung etc.) soll dann auf den untergeordneten Ebenen erfolgen.

Vision und Ziele für das aktuelle Vorhaben sind normalerweise abgeleitet aus einer übergeordneten Vision und Zielen, wie z.B. Business-Vision und -Ziele, Geschäftsstrategie etc., können aber auch durch persönliche Vision und Ziele maßgeblicher Stakeholder beeinflusst werden. Sie sind wichtig, um allen Beteiligten und insbesondere auch dem Entwicklungsteam deutlich zu machen, worauf bei dem Vorhaben besonders Wert gelegt wird und was die wichtigsten Bedürfnisse und Anliegen des Auftraggebers sind. Außerdem können hier eventuell auch schon Vorgaben für grundlegende Architektur und Designentscheidungen abgeleitet oder in eine bestimmte Richtung gelenkt werden.

Jedes weitere inhaltliche Requirement und jeder Managementaspekt im weiteren Projektverlauf soll implizit oder explizit gegen die definierte Vision und Ziele geprüft werden. Vision und Ziele müssen daher sehr sorgfältig formuliert werden.

Wichtig ist jedoch, dass auch Vision und Ziele nicht als in Stein gemeißelte Gebote gesehen werden. Die Projektsituation oder die Sichtweise des Auftraggebers kann sich durchaus ändern und auch die Vision und Ziele können angepasst werden. Dabei ist zu beachten, dass bei einer Änderung der obersten Vision und Ziele alle untergeordneten Requirements und auch der Zusammenhang mit der übergeordneten Vision und Zielen neu geprüft werden muss. Dies kann bei komplexen Systemen mit viel Aufwand verbunden sein und dazu führen, dass viel bereits getane Arbeit umsonst gemacht wurde.

> Da es sich hier um sehr zentrale und übergeordnete Elemente für das gesamte Vorhaben handelt, sollte die Visions- und Zielformulierung wohl überlegt sein und – soweit dies möglich ist – auch durch Reviews und Diskussionen mit den Stakeholdern möglichst frühzeitig abgesichert werden.

> **Es muss den Entscheidungsträgern klar sein, dass Änderungen an zentralen Projektgrundlagen oder Zielen – vor allem dann, wenn sie massive Auswirkungen auf die technische Architektur des Systems haben – mit sehr hohen Kosten verbunden sind!**

Beispiele für gravierende Zieländerung:

Geändertes technisches Ziel:
»Bis Ende des nächsten Jahres wird das neue System auf Microsoft Windows und iOS **sowie auf Android, Windows Phone und Linux** verfügbar sein.«

Eine Vision kann durchaus auch »visionär« sein und muss nicht immer klar messbar formuliert sein. Sie soll vielmehr auch einen motivierenden Charakter haben. Aus der oft allgemein und unkonkret angegebenen Vision leiten sich dann konkrete Ziele ab. Diese sollen im Gegensatz zur Vision SMART formuliert sein [Wikipedia]:

S	Spezifisch	Ziele müssen eindeutig definiert sein (nicht vage, sondern so präzise wie möglich).
M	Messbar	Ziele müssen messbar oder zumindest überprüfbar sein (Messbarkeitskriterien).
A	Akzeptiert	Ziele müssen von den Empfängern akzeptiert werden (auch: angemessen, attraktiv, ausführbar oder anspruchsvoll).
R	Realistisch	Ziele müssen erreichbar sein.
T	Terminierbar	Zu jedem Ziel gehört eine klare Terminvorgabe, bis wann das Ziel erreicht sein muss.

Es sollten nicht mehr als fünf bis sieben übergeordnete Ziele formuliert werden. Wenn es notwendig erscheint, kann auch abstrahiert und mehrere Ziele zu einer übergeordneten Vision bzw. Ziel zusammengefasst werden.

Abschließend zeigt Abbildung 4–1 noch ein Überblick über die Zusammenhänge:

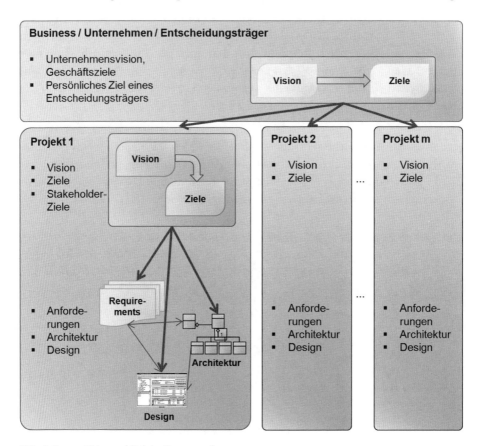

Abb. 4–1   *Vision und Ziele im Zusammenhang*

4.1.2 Epics

Definition	Im Rahmen der agilen Vorgehensweisen wird als **Epic** (das, gr. »Epos«, »Geschichte«, »Erzählung, »Prosa«) eine große, übergeordnete Anforderung bezeichnet, von der dann in weiterer Folge User Stories abgeleitet werden.
Anwendung	Epics sind grobe übergeordnete Requirements bzw. Stichworte für Requirements. In diesen Bereichen sollen ausschließlich inhaltliche Aspekte beschrieben werden. Aus Epics werden in nachfolgenden Verfeinerungen untergeordnete Epics, User Stories oder andere Requirements-Artefakte abgeleitet.
Mitwirkende	▪ Programm-/Portfoliomanager ▪ Produktmanager ▪ Product Owner ▪ Systemarchitekt
Eigenschaften	▪ Spezifikationsebene(n) unterhalb der Vision bzw. Ziele und oberhalb der User Stories ▪ Umsetzung innerhalb einer Umsetzungsiteration bzw. eines Sprints nicht möglich ▪ Ausschließlich inhaltliche Anforderungssicht ▪ Evtl. auch nur Stichworte/Merker für spätere Verfeinerung ▪ Kostenschätzung sehr grob oder noch gar nicht möglich
Testbarkeit	Bedingt
Zeitpunkt	Laufend, vor den Umsetzungsiterationen, Schwerpunkt am Anfang des Projekts
Vorlaufzeit bis Umsetzung	Mehrere Wochen bis zu Monate

Da in der Requirements-Spezifikation nicht alle Anforderungen gleich detailliert erhoben werden können, ist es notwendig, für alle Granularitätsstufen entsprechende Techniken der Spezifikation bereitzustellen. Epics sind eine Möglichkeit der Spezifikation für noch unklare oder sehr grobe Anforderungen. Sie eigenen sich auch dazu, Ideen und Themen festzuhalten, von denen man noch nicht genau weiß, ob man sie einmal umsetzen wird.

Epics werden selten nach dem gebräuchlichen User-Story-Schema formuliert: »*Als <Benutzerrolle> möchte ich <Aktion>, sodass <Ziel, Grund, Nutzen>*«. Sie können eventuell auch nur Stichworte sein, die eine Idee repräsentieren, die dann in weiteren Iterationen noch verfeinert wird. Beispiele für Epics: »Mobile Endgeräte« oder »Alle Endgeräte unterstützen«.

Epics können zwar ins Product Backlog übernommen werden, jedoch nicht direkt in das Sprint Backlog, da sie bezüglich Inhalt und Aufwand zu unklar und meist zu groß für die Umsetzung im Sprint sind. Natürlich können und sollen Epics auch priorisiert werden, da sie ein wichtiges Element beispielsweise für die Releaseplanung sind (siehe Abschnitt 6.2.3). Wenn ein Epic von Beginn an eine sehr hohe Priorität hat und unmittelbar umgesetzt werden soll, muss rechtzeitig vor dem nächsten Sprint-Planungs-Meeting eine Verfeinerung und Ableitung detaillierter User Stories vorgenommen werden oder das Epic muss niedriger priorisiert werden, da es in der unpräzisen Form nicht in das nächste Sprint Backlog übernommen werden kann.

Je näher ein Epic der Realisierung kommt, desto wichtiger ist es, aus dem Epic dann auch konkrete Requirements, z.B. in Form von User Stories, abzuleiten, die in die Iteration eingeplant und umgesetzt werden können.

Man kann zur Systematisierung der Spezifikation bzw. des Backlogs auch verschiedene Arten von Epics unterscheiden:

Business Epics

Business Epics beschreiben fachliche Anforderungen aus der Geschäftswelt. Sie können organisations- oder prozessübergreifend sein. Business Epics betreffen oft mehrere Produkte bzw. beziehen sich auf mehrere Organisationseinheiten. Diese groben Anforderungen sind üblicherweise aus den Geschäftszielen und der Vision abgeleitet.

> **Beispiel für ein Business Epic:**
>
> »Die Zeiterfassung wird effiziente Erfassungs- und Auswertungsmöglichkeiten für alle Zeitarten (Tagesarbeitszeit, Fehlzeiten etc.) bereitstellen.«

Dieses Epic wurde aus der wirtschaftlichen Vision: »Die Nutzer können durch den Einsatz des Systems die Produktivität im Bereich Zeiterfassung vervielfachen« abgeleitet.

> **Beispiel für ein Business Epic:**
>
> »Die Zeiterfassung ist mit dem Rechnungswesensystem und dem Projektmanagementsystem integriert.«

Dieses Epic wirkt sich dahingehend aus, dass der Zeiterfassungs- und Auswertungsprozess auf zwei weitere Systeme ausgeweitet wird. Die Prozesse müssen in weiterer Folge übergreifend über alle involvierten Systeme betrachtet werden, um die passenden Requirements ableiten zu können.

Architectural Epics

Architectural Epics sind umfangreiche oder weitreichende technische Vorhaben oder Anforderungen, die produktübergreifend sein können und wesentliche Architekturfragen betreffen.

Beispiel für ein Architectural Epic:

»Die neue Softwarelösung für die Arbeitszeiterfassung wird auf allen Typen von Endgeräten zur Verfügung stehen und wir werden damit technologisch führend sein.«

Eine Auswirkung dieses Epics könnte sein, dass eine andere Programmiersprache oder ein anderes Programmierframework verwendet werden muss, um alle geforderten Endgeräte möglichst effizient und ohne Mehrfachprogrammierung abdecken zu können.

Eigenschaften von Epics

Da Epics Anforderungen auf hoher Ebene sind, sollten sie entsprechend strukturiert beschrieben werden. Nachfolgend ist ein Vorschlag angegeben, wie ergänzend zu der oben formulierten rein inhaltlichen Beschreibung ein Epic mit weiteren Attributen ergänzt werden kann:

- **Titel**
  Kurz und knackig den Inhalt auf den Punkt gebracht
- **Ziel/Grund/Wert für den Kunden**
  Was wollen wir erreichen? Warum benötigen wir das überhaupt? Beschreibung, was der Kunde davon für einen Nutzen hat.
- **Beschreibung**
  Kurze, aber aussagekräftige Beschreibung des Gewünschten
- **Epic-Art (optional)**
  Gegebenenfalls kann man das Epic einer bestimmten Art zuordnen wie Business Epic, Architectural Epic, Non-functional Epic etc.
- **Requirements-Provider**
  Wer wünscht sich das?
- **Zuständiger Product Owner**
  Wer ist für die weitere Spezifikation und Steuerung der Umsetzung verantwortlich?
- **Gewünschter Fertigstellungstermin/Priorität (optional)**
  Wenn ein spezieller Terminwunsch oder eine Notwendigkeit der Realisierung bis zu einem bestimmten Zeitpunkt besteht, dann kann ein Termin angegeben werden. Dadurch kann eine Gewichtung oder Reihenfolge zwischen mehreren Epics erfolgen.

▪ **Grobe Aufwandsschätzung (optional) + mögliche Abweichungsbandbreite**
Soweit sich der Aufwand abschätzen lässt, kann hier schon ein grober Richtwert angegeben werden. Andernfalls sind evtl. weitere Detailüberlegungen oder Untersuchungen zur Ermittlung des ungefähren Aufwands nötig. Hier sollten keine Fantasiezahlen stehen, sondern nur dann ein Aufwand angegeben werden, wenn dies auch mit einer hinreichenden Genauigkeit geschätzt werden kann.

▪ **Anmerkungen (optional)**
Themenspeicher, was alles noch notierenswert erscheint.

Beispiel für ein attributiertes Epic:

Titel:	Arbeitszeiterfassung auf mobilen Endgeräten
Ziel:	Vorsprung gegenüber dem Mitbewerb ausbauen, mehr Flexibilität beim Einsatz der Zeiterfassung
Beschreibung:	»Die neue Softwarelösung für die Arbeitszeiterfassung wird auf allen Typen von Endgeräten zur Verfügung stehen und wir werden damit technologisch führend sein.«
Art:	Architectural Epic
Provider:	Herr Huber, Leiter Marketing
Product Owner:	Herr Schmidt
Priorität :	Mittel
Termin:	Zur Herbst-Fachmesse
Aufwand:	noch nicht schätzbar
Anmerkungen/To-do-Liste:	

- Spike zur Ermittlung von technischer Machbarkeit und Aufwand
- Zielgruppenanalyse

Epics können auch in einem übergeordneten Backlog, je nach Organisationsform z. B. Programm-Backlog, Product Line Backlog, Portfolio-Backlog, gesammelt und von dort nach Bedarf in untergeordnete Backlogs verschoben werden.

Um von den Epics in weiteren Iterationen zu verfeinerten Requirements, z. B. User Stories, zu kommen, kann man sich verschiedener Techniken bedienen. Eine gute Sammlung an Techniken zur Verfeinerung von Epics ist in [Wirdemann 2011] ab Seite 111ff. zu finden. Hier wird unter anderem beschrieben, welche Techniken man zum Schneiden (= Aufteilen) von Epics und User Stories anwenden kann. Im Einzelnen sind dies:

- Vertikales Schneiden nach fachlicher Funktion
- Schneiden nach Daten
- Schneiden nach Aufwand
- Schneiden nach Forschungsanteilen
- Schneiden nach Qualität
- Schneiden nach Benutzerrolle
- Schneiden nach Akzeptanzkriterien
- Schneiden nach technischen Voraussetzungen
- Schneiden nach Team, das die Umsetzung machen soll

Natürlich kann es auch Epics geben, die keine direkt funktional umzusetzenden Themen beschreiben z.B. ein Epic »Usability erhöhen« oder »Performance verbessern« oder »Security«. Dies sind wichtige Dinge, die nicht vergessen werden dürfen und die typischerweise auch einen großen Einfluss auf die funktionalen Anforderungen haben. In Abschnitt 4.3.3 wird darauf näher eingegangen.

Abbildung 4–2 zeigt die Zusammenhänge der Epics mit anderen Artefakten.

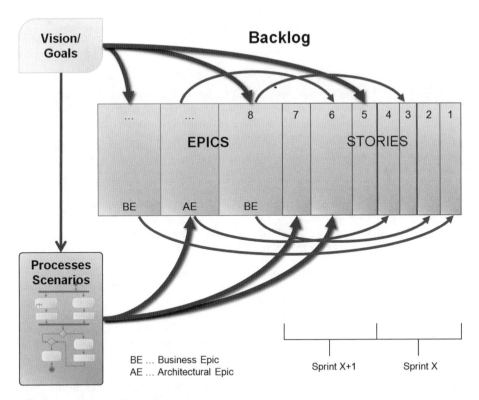

Abb. 4–2   *Epics im Zusammenhang*

4.1.3 Systemkontext

Definition	Der **Systemkontext** ist »der Teil einer Systemumgebung, der relevant ist für das Verständnis des Systems und seiner Anforderungen« [IREB Glossar 2012].
Anwendung	Der Systemkontext ist wichtig, um die Zusammenhänge zwischen dem zu realisierenden System und seiner Umgebung zu beschreiben. Aus diesen Zusammenhängen ergeben sich dann in weiterer Folge Schnittstellendefinitionen und Anforderungen. Der Systemkontext leitet sich aus der Stakeholder-Analyse, den übergeordneten Zielen und Anforderungen (z.B. Epics) und auch der übergeordneten Prozessanalyse ab. Modelliert und dargestellt wird der Systemkontext im Kontextdiagramm.
Mitwirkende	▪ Programm/Portfoliomanager ▪ Produktmanager ▪ Product Owner ▪ Übergeordneter Systemarchitekt
Eigenschaften	▪ Spezifikationsebene unterhalb der Vision/Ziele, Epics und übergeordneten Business-Prozesse ▪ Strukturorientierte und schnittstellenorientierte Sicht auf das System ▪ Kostenschätzung meist noch nicht sinnvoll möglich ▪ Zur Umsetzung werden aus der Kontextdarstellung detailliertere Schnittstellenanforderungen abgeleitet.
Testbarkeit	Bedingt: Das Vorhandensein von Schnittstellen kann geprüft werden, Inhalte nicht.
Zeitpunkt	Primär vor und in den ersten Iterationen zur groben Modellierung des Systems und um den Gesamtzusammenhang besser zu verstehen. Danach laufend Erweiterung und Verfeinerung in den Umsetzungsiterationen vor dem Start der Programmierung (z.B. in der Sprint-Planung).
Vorlaufzeit bis Umsetzung	Mehrere Wochen bis zu Monate
Hinweise	Beim Systemkontextdiagramm [Balzert 1998] stehen die Schnittstellen und Datenflüsse des umzusetzenden Systems mit seiner Umwelt im Mittelpunkt (Außensicht). In Abschnitt 4.2.2 wird das Use-Case-Diagramm beschrieben. In der Praxis kommt es immer wieder vor, dass das Use-Case-Diagramm auch als Systemkontextdiagramm verwendet wird. Das Use-Case-Diagramm beschreibt zwar auch Interaktionen des Systems mit seiner Umgebung (Akteure, Rollen oder andere Systeme), allerdings ist der Fokus hier primär auf die Use Cases *innerhalb* des Systems gerichtet und nicht auf die Schnittstellen. Es ist daher meist besser, zur Beschreibung des Systemkontexts ein explizites Systemkontextdiagramm zu verwenden und das Use-Case-Diagramm zur Beschreibung des Systemverhaltens einzusetzen.

Im Sinne der Requirements-Spezifikation betrachten wir beim Systemkontext die Struktur- bzw. Architektursicht. Der Systemkontext ist im Requirements-Spezifikationsprozess ein sehr wichtiges Element, um den Überblick und die Zusammenhänge darzustellen und die Brücke zur Systemarchitektur zu schlagen.

> Das Systemkontextdiagramm ist der Einstieg in die Architektur des zu erstellenden Systems und wird im Rahmen der Systemkontextanalyse erstellt.

Wie kommt man nun zu einem passenden Systemkontextdiagramm? Die Ausgangsbasis können die Ziele und Epics, die grobe Prozessdarstellung sowie eine ergänzende Stakeholder-Analyse sein. Man ermittelt aufgrund der in den Zielen und Epics und den einzelnen Schritten der Prozessdarstellung genannten Fremdsysteme und evtl. durch ergänzende Befragung der vom System betroffenen Stakeholder, welche anderen Systeme in welcher Weise mit dem umzusetzenden System in Beziehung stehen. Bei dieser Befragung notiert man am besten auch gleich Stichworte zu den über die Schnittstelle übertragenen Daten.

Beispiel zur Systemkontextanalyse:

Ergebnisse aus dem Brainstorming im Rahmen der Kontextanalyse (in Klammer stehen die Stichworte zu den übertragenen Daten):

Fremdsysteme rund um die Zeiterfassung:

- Projekt-/Releaseplanungssystem (Planungsdaten-Update)
- E-Mail-System (relevante Infos an den Vorgesetzten)
- Personalverwaltung (Urlaubsdaten)
- Mobile Endgeräte (Zeiterfassungsdaten)

Aus diesem Brainstorming wird ein entsprechendes Kontextdiagramm bzw. eine Schnittstellendarstellung erstellt (siehe Abb. 4–3):

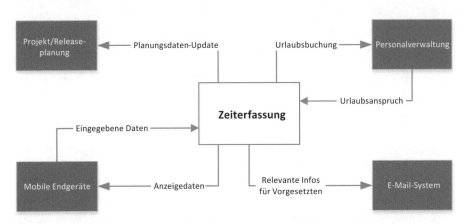

Abb. 4–3 Systemkontextdiagramm für das Zeiterfassungssystem

4.1.4   Stakeholder

Definition	»Ein **Stakeholder** ist eine Person oder Organisation, die einen direkten oder indirekten Einfluss auf die Systemanforderungen hat. Indirekter Einfluss[a] ist, wenn die Person oder Organisation durch das System beeinflusst wird« [IREB Glossar 2012].
Anwendung	Stakeholder sind die wichtigste Quelle für Requirements. Es ist daher enorm wichtig, die Stakeholder vollständig zu kennen. Stakeholder-Analysen sollen möglichst bald am Anfang eines Projekts durchgeführt und dann nach Bedarf zwischendurch aktualisiert werden. Stakeholder-Listen sollen möglichst umfassend sein. Es sollte darauf geachtet werden, dass kein wichtiger Stakeholder und dessen Sichtweise unberücksichtigt bleibt.
Mitwirkende	▣ Programm-/Portfoliomanager ▣ Produktmanager ▣ Product Owner
Eigenschaften	▣ Stakeholder-Analyse und Befragung ist wichtig, um alle Sichtweisen und Anforderungen zu erhalten. ▣ Personen- und Organisationssicht
Zeitpunkt	Bei Projektstart, primär vor und in den ersten Iterationen, danach bei Bedarf Anpassungen

a.   Die Autoren sehen den Begriff »indirekter Einfluss« hier etwas weiter als [IREB Glossar 2012]. Es kann durchaus auch indirekter Einfluss sein, wenn es sich z. B. um Anwender von angebundenen Fremdsystemen handelt.

Das Identifizieren der Stakeholder ist eine Schlüsselaktivität des Requirements Engineering. Werden Stakeholder übersehen, fehlen deren Anforderungen. Es kann passieren, dass dies dann nachträglich große Änderungen nach sich zieht. Schlimmstenfalls kann ein unbrauchbares System entwickelt werden, wenn die übersehenen Stakeholder erst nach der Einführung bekannt werden und das System für diese Stakeholder nicht geeignet ist.

Es gibt im Wesentlichen **zwei Gruppen von Stakeholdern** [Leffingwell 2011]:

1.   **Stakeholder, die Wünsche (Anforderungen) haben**
     (Requirements-Provider oder System-Stakeholder)
     Zu dieser Gruppe sind typischerweise alle Auftraggeber, Kunden oder Benutzerrollen zu zählen wie z. B. Entscheider beim Auftraggeber, Endbenutzer in verschiedenen Ausprägungen, Fachexperten, Berater des Auftraggebers.
     Dabei ist zu beachten, dass dies sowohl extern als auch intern zu sehen ist. So wird in einem Softwarehaus, das ein Standardprodukt für den weltweiten Consumer-Markt schreibt, das interne Marketing, ein interner Fachspezialist oder Produktmanager evtl. stellvertretend im eigenen Haus die Anforderungen für die Endbenutzer formulieren.

2. **Stakeholder, die Rahmenbedingungen vorgeben
   (Constraint-Provider oder Projekt-Stakeholder)**
   Zu dieser Gruppe gehören typischerweise viele Rollen beim Softwareersteller, bei externen Organisationen oder auch beim Auftraggeber, die nicht direkt Systemanforderungen vorgeben, wie z.B. Architekt, Entwickler, Tester, Behörden, Security-Spezialisten, IT des Auftraggebers, Einkauf, Marketing, Verkauf.

   Diese Gruppen definieren keine Anforderungen, sondern prüfen die Anforderungen auf Realisierbarkeit, Testbarkeit oder andere Eigenschaften oder geben Rahmenbedingungen vor wie z.B. Programmiersprache, System-umgebung, Budget und Zeiträume.

In jedem Fall ist es wichtig, dass keine relevanten Stakeholder oder Stakeholder-Gruppen vergessen werden. Für Stakeholder-Gruppen, vor allem wenn kein persönlicher Repräsentant vorhanden ist, kann als Hilfsmittel eine Persona definiert werden. Bei der Stakeholder-Analyse und Anforderungserhebung sollten jeweils alle dafür relevanten Stakeholder einbezogen werden.

Wie kommt man nun zu einer möglichst vollständigen Stakeholder-Liste? Grundlage für die Ermittlung der Stakeholder sind die Ziele des Projekts, System-grenzen, Kontext und Anwendungsbereich.

In diesem Rahmen kann man sich folgende Fragen stellen:

1. **Stakeholder, die Anforderungen an das System haben
   (Requirements-Provider oder System-Stakeholder):**
   - Wer liefert den fachlichen Input für die Erstellung bzw. Konfiguration des Systems?
   - Wer gibt die Projektvision vor?
   - Wer gibt die inhaltlichen Ziele vor?
   - Wer macht Vorgaben hinsichtlich der Qualitätseigenschaften (Usability, Performance, Security, Zuverlässigkeit etc.)?
   - Wer benutzt das System (unterschiedliche Benutzergruppen)?
   - Wer verwendet die Artefakte, die durch die Systembenutzung erstellt werden?
   - Wer liefert Artefakte, die für die Systembenutzung benötigt werden?
   - Wer wartet, betreut und betreibt das System?
   - Wer kann/darf/soll sonst noch Anforderungen an das System stellen?
   - Welche anderen Systeme interagieren mit dem System?
     (Für diese anderen Systeme dieselben Fragen wie zum eigenen System stellen.)

2. Stakeholder, die Rahmenbedingungen vorgeben
    (Constraint-Provider oder Projekt-Stakeholder):

    *   Wer definiert den groben Rahmen für das Projekt bzw. die Entwicklung?
    *   Wer trifft Entscheidungen?
    *   Wer stellt Anforderungen an den Projektablauf?
    *   Wer kümmert sich um die Kommunikation und Beziehung zu Kunden und Lieferanten?
    *   Wer definiert, wann das System an den Kunden ausgeliefert werden darf?
    *   Wer gibt den finanziellen und zeitlichen Rahmen vor?
    *   Wer sind die Projektmentoren bzw. Unterstützer (bzw. evtl. auch die Gegner)?
    *   Wer ist für die Entwicklungsprozesse und deren Einhaltung zuständig?
    *   Wer kann/soll/darf/muss sonst noch Randbedingungen vorgeben?

Aus der Beantwortung dieser oder ähnlicher Fragen ergibt sich die Stakeholder-Liste, die zur Anforderungserhebung als Ausgangsbasis verwendet werden kann (siehe Tab. 4–1). Sie kann aber auch für das Projektmanagement und die Projekt-kommunikation eine gute Übersicht sein, wenn man jeweils noch ein paar Eckdaten von Ansprechpartnern der jeweiligen Stakeholder-Gruppen dazuschreibt (z. B. E-Mail und Telefonnummer der Stakeholder-Repräsentanten).

ID	Stakeholder-Bezeichnung[a]	Organisation	Stakeholder-Kontaktperson/Repräsentant	Erreichbarkeit
1	AG Geschäftsführer	Auftraggeberfirma	Sigi Sorgsam	chef@kunde.com +49 333 43214320
2	Product Owner	Auftraggeberfirma	Karl Kümmerer	kk@kunde.com +49 333 4321321
3	Entwickler	Good Code GmbH	Peter Programmer	pp@goodcode.com +44 123 456789
4	Support	Good Code GmbH	Herbert Hilfsbereit	hh@goodcode.com +44 123 999999
5	Testmanager	Software Quality Lab	Johannes Bergsmann	johannes.bergsmann @software-quality-lab.com +43 676 840072 420
6	Benutzergruppe Pensionisten	Privatnutzer weltweit	Persona: Willi Wunderlich	–
7	Benutzergruppe Jugendliche	Privatnutzer weltweit	Persona: Lucy Lässig	juju@goodcode.com +44 123 4321342

a. Der Begriff »Stakeholder« wird hier sowohl für eine einzelne Person verwendet als auch für eine spezifische Gruppe von Personen wie z. B. »Pensionisten« oder »Entwickler«.

Tab. 4–1   *Beispiel für Stakeholder-Liste*

Hinweis: In der Stakeholder-Liste sollten auch die definierten Personas erfasst werden, da diese symbolische Stellvertreter für Stakeholder-Gruppen sind, die in der Stakeholder-Analyse nicht übersehen werden dürfen. Wenn eine konkrete Person vom Kunden oder Lieferanten die Vertretung für eine Persona übernimmt, so können für Auskünfte auch deren Kontaktdaten entsprechend eingetragen werden.

4.1.5 Personas

Definition	Eine **Persona** (lat. Maske) ist ein Modell aus dem Bereich der Mensch-Computer-Interaktion. Die Persona stellt einen Prototyp für eine Gruppe von Nutzern dar, mit konkret ausgeprägten Eigenschaften und einem konkreten Nutzungsverhalten [Wikipedia]. Eine Persona ist keine reale, sondern eine hypothetische Person, die die Ziele, Verhaltensweisen und Eigenschaften einer Benutzergruppe verkörpert.
Anwendung	Personas sind Quellen für Requirements. Im Gegensatz zu konkreten Stakeholdern werden die Requirements hier jedoch nicht aus einer Befragung, sondern durch Analyse und Hineinversetzen in die Repräsentantenrolle der jeweiligen Persona ermittelt.
Mitwirkende	▣ Programm-/Portfoliomanager ▣ Produktmanager ▣ Product Owner
Eigenschaften	▣ Personen- und Organisationssicht ▣ Durch Hineinversetzen in Personas werden Anforderungen gefunden.
Zeitpunkt	Im Rahmen der Stakeholder-Analyse und im Rahmen von Usability-Analysen

Personas sind Repräsentanten von Benutzergruppen, die ausführlich portraitiert werden. Bei der Erstellung von Personas sollten einige einfache Grundregeln beachtet werden:

▣ Gute Personas sind nicht »durchschnittlich«, sondern repräsentieren eine spezifische Ausprägung, die auch verschiedene Auswirkungen auf die Systemgestaltung haben soll.

▣ Der Mehrwert von Personas liegt in der Qualität der beschriebenen Eigenschaften.

▣ Personas sind keine Marktsegmente, sondern Repräsentanten einer Stakeholder-Gruppe.

▣ Nicht alle Stakeholder-Gruppen müssen durch Personas charakterisiert werden.

Personas eignen sich sehr gut, um spezielle Ausprägungen von Stakeholdern oder schlecht greifbare Stakeholder zu berücksichtigen und in den Diskussionen der Anforderungen nicht zu vergessen.

Eigenschaften, die bei der Erstellung von Personas angegeben werden können, sind z. B.:

- Name, Alter, Geschlecht, Bild (auch als Skizze oder Porträt möglich)
- Beruf, Funktion, Verantwortlichkeit und Aufgaben
- Fachliche Ausbildung, Wissen und Fähigkeiten, Computerkenntnisse
- Verhaltensmuster und Vorgehensweisen
- Ziele für das neue System, Erwartungen an eine neue Lösung
- Werte, Ängste, Sehnsüchte, Vorlieben
- Kenntnisse über Vorgängersysteme, Konkurrenzprodukte
- Mögliche Zitate aus Interviews
- Ein Tagen im Leben von ...

Für die Beschreibung kann ein »Steckbrief« wie in Tabelle 4–2 verwendet werden:

Lucy Lässig	
Repräsentant für:	Benutzergruppe Jugendliche
Alter:	17
Land:	Deutschland
Soziales Leben:	Viele Freunde, vor allem über Facebook, viel im Chat, Wochenende in der Disco und bei Freunden privat
Arbeitsleben:	bislang nur kleinere Ferienarbeiten (3–6 Wochen)
IT-Erfahrungen:	Apple-User (iPad, iPhone, MacBook), Social-Media-Plattformen, Webdesign, Grafikprogramme, Office-Programme, keine Programmiererfahrung
Zeit am Computer pro Tag:	2–4 Stunden
Ausbildung und Fähigkeiten:	Derzeit noch in der Schule (Schwerpunkt Grafik- und Designausbildung)
Erwartungen an die neue Software:	Hält das System für ein notwendiges Übel und eigentlich für überflüssig. Muss über Web, iPad und iPhone bedienbar sein, und zwar einfach und ohne viel Zeitverlust.

Tab. 4–2   *Beispiel/Vorlage für »Steckbrief« einer Persona*

4.2   Geschäftsprozesse und Systemverhalten

4.2.1   Prozesse

Definition	Ein **Prozess** ist nach [ISO 9000 2005] definiert als »Satz von in Wechsel-beziehung oder Wechselwirkung stehenden Tätigkeiten, der Eingaben in Ergebnisse umwandelt«. Ein **Geschäftsprozess**, auch Unternehmensprozess oder Business-Prozess genannt, besteht aus einer Anzahl von Aktivitäten, die durchgeführt werden, um die Wünsche eines Kunden zu befriedigen [Balzert 1998].
Anwendung	Prozesse stellen die Zusammenhänge zwischen Requirements (z.B. User Stories) dar. Sie sind wichtig, um die Benutzungsabläufe zu beschreiben. Sie zeigen, in welches fachliche Umfeld das zu entwickelnde System eingebettet ist. Prozesse beschreiben also, was die Anwender in ihrem fachlichen Alltag machen. Diese Fachprozesse gilt es nun, mit Software zu unterstützen. Aus den Abläufen ergeben sich Subprozesse und Requirements (z.B. Epics und User Stories). Prozesse auf hoher Ebene können gleichwertig zu Epics spezi-fiziert werden oder auch von Epics abgeleitet werden.
Mitwirkende	▪ Programm-/Portfoliomanager ▪ Produktmanager ▪ Product Owner ▪ Business-Prozess-Manager/-Owner ▪ Evtl. übergeordneter Testmanager
Eigenschaften	▪ Spezifikationsebene(n) unterhalb Vision/Ziele und evtl. Epics, oberhalb oder auch parallel zu Epics und oberhalb von User Stories ▪ Prozess- und ablauforientierte Sicht ▪ Kostenschätzung je nach Ebene grob oder schon detailliert möglich ▪ Zur Umsetzung werden aus den Prozessen und Szenarien dann detailliertere Requirements abgeleitet wie z.B. User Stories.
Testbarkeit	Ja, grobe Testabläufe
Zeitpunkt	Primär vor und in den ersten Iterationen zur groben Modellierung des Systems, danach laufend Erweiterungen und Verfeinerungen in den Umsetzungsiterationen vor dem Start der Programmierung (z.B. in der Sprint-Planung)
Vorlaufzeit bis Umsetzung	Mehrere Wochen bis zu Monate
Hinweise	Im Rahmen der Verfeinerungen können Prozesse in weitere Subprozesse aufgeteilt werden.

Im Sinne der Requirements-Spezifikation betrachten wir bei Prozessen typischer-weise die Geschäftssicht. Wenn in diesem Zusammenhang das Wort »Prozess« verwendet wird, ist daher ein Geschäftsprozess gemeint. Ein **Geschäftsprozess** ist eine Folge von Aktivitäten, die schrittweise ausgeführt werden, um ein geschäftli-ches Ziel zu erreichen. Sinnvoll ist es daher, in den Prozessdiskussionen und -defi-nitionen immer auch die Ziele und Vision und die evtl. davon schon abgeleiteten Epics zu beachten und die Prozesse daran auszurichten.

Prozesse sind im Requirements-Spezifikationsprozess ein sehr wichtiges Mittel für die effektive Kommunikation, da die Beschreibung von Abläufen, evtl. auch in der Variante des »Storytelling« (siehe Anhang B), eine natürliche und effektive Art und Weise ist, wie der Benutzerbedarf erläutert werden kann.

> **Geschäftsprozesse sind der Einstieg in die Modellierung und das Design des gesamten zu erstellenden Systems.**

Wie kommt man nun zu passenden Prozessen? Die Ausgangsbasis für die Ermittlung der Prozesse sind die Vision, die Ziele, die Stakeholder und bereits definierte Epics. Als typische Techniken zur Ermittlung der Prozesse kommen primär Interviews, Beobachtung, Analyse vorhandener Dokumente oder die gemeinsame Erarbeitung von Prozessen in Workshops zur Anwendung.

Es sollte nicht nur ein einziger Prozess analysiert und beschrieben werden. In den meisten Fällen gibt es folgende Arten von Prozessen, die beschrieben werden sollten:

- **Hauptprozess (Normalfall, Standardfall, Erfolgsfall):**
  Oft deckt dieser Prozess den überwiegenden Teil des Geschäfts oder der Vorfälle ab. Mit diesem Prozess soll in der Spezifikation begonnen werden.

- **Negativ-Prozess (Fehlerfall):**
  Der Negativ-Prozess beschreibt einen Ablauf, bei dem das Geschäftsziel nicht erreicht wird. Dies kann ein bewusst in Kauf genommener und vorab bekannter Fehlerfall sein oder aber auch die Vorgehensweise bei noch unbekannten Fehlern, wenn der Prozess aus irgendwelchen unbekannten Gründen vom Normalfall abweicht und dies im Prozess erkannt werden kann. Wichtig: Prozessvarianten und Spezialfälle sind keine Negativ-Prozesse, da sie – wenn auch auf Umwegen – das Geschäftsziel immer erreichen.

- **Prozessvarianten (Spezialfall, Sonderfall):**
  Prozessvarianten und Spezialfälle beschreiben die vorab bekannten Abläufe, die ebenfalls der Erreichung des Geschäftsziels in dieser speziellen Situation dienen, jedoch keine Negativ-Prozesse sind und auch nicht dem normalen Ablauf folgen.

> **Jedes System unterstützt Prozesse. Prozessbeschreibungen sind daher eines der besten Mittel, um die Anwendersicht zu beschreiben. Es ist empfehlenswert und auch notwendig, Prozesse zu spezifizieren.**

Tipps für die Spezifikation von Prozessen:

- Mit einem Hauptprozess starten
- Start- und Endpunkt des Prozesses sowie Ergebnisse und Zielsetzungen klären
- Beteiligte Personen und Systeme identifizieren
- Den Prozess so übersichtlich wie möglich halten. Bei Abläufen mit mehr als 7–10 Teilschritten sollte in Subprozesse aufgeteilt werden.
- Verschiedene Betrachtungsebenen einnehmen (Stakeholder) und sich der Ebene der Prozessmodellierung bewusst sein (ist es eine kleine abgeschlossene Aktion, ein Subprozess, Business-Prozess, ein systemübergreifender Prozess etc.)
- Varianten und Spezialfälle berücksichtigen
- Negativ-Prozesse nicht vergessen

Ein textuell beschriebener Prozess mit all seinen Varianten und Negativ-Fällen ist meist schlecht lesbar und schwierig zu verstehen. Besser ist es, einen Prozess grafisch durch ein Prozessdiagramm zu visualisieren und bei Bedarf durch erklärenden Text zu ergänzen (siehe Beispiele weiter unten).

> *Prozesse sollen wann immer möglich grafisch modelliert werden!*

Für die Prozessmodellierung kann folgende Vorgehensweise empfohlen werden, um zielgerichtet zu passenden Prozessmodellen zu kommen:

- **Schritt 1:**
  Brainstorming zu den übergeordneten Prozessen
  Es werden hier nur Prozessthemen gesammelt, ohne auf Sonderfälle einzugehen. Ausgangsbasis dafür sind die Vision, Ziele und Epics. Je nach Systemgröße können die groben Prozessbezeichnungen auch den Charakter von Epics oder User Stories annehmen. Das ist an sich kein Problem und sollte nicht zu Verwirrung führen. Wichtig ist nur, dass man im Verlauf des Projekts die gewählte Strukturierungstiefe und Requirements-Ebene beibehält.

- **Schritt 2:**
  Aus dem Brainstorming einen zu modellierenden Prozess auswählen und die **groben Prozessschritte (Normalfall) ermitteln**. Danach die Prozessschritte der weiteren Prozesse grob beschreiben.
  Hier sollten ebenfalls noch keine Sonderfälle berücksichtigt und nicht zu detailliert modelliert werden. Es geht hier noch darum, einen breiten Überblick über die Systemprozesse zu bekommen.

- **Schritt 3:**
  Erste **grafische Modellierung der Prozesse**
  Diese ersten Modelle sollten nur die wichtigsten Schritte des Normalfalles darstellen. Wenn im ersten Schritt sehr viele Prozesse ermittelt wurden, dann ist es sinnvoll, diese zu priorisieren und zunächst nur mit den wichtigsten zu

beginnen. »*Keep it simple!*« *Empfehlenswert ist eventuell auch der Einsatz der Swimlane-Technik (siehe Anhang B) im Prozessdiagramm, um die Zusammenhänge zwischen den einzelnen Systemen und Rollen über den Prozessablauf sichtbar zu machen.*

Schritt 4:

Brainstorming zu Normalfall, Varianten und Sonderfällen

Primär werden hier Stichworte bzw. Überschriften gesammelt, ohne auf die einzelnen Prozessschritte im Detail einzugehen.

Schritt 5:

Strukturierung des Normalfalls und der Varianten in einzelne Prozessschritte und Aktivitäten

In diesem Schritt bietet sich an, eine erste Sammlung von User Stories anzulegen, die in diesem Prozess stattfinden. Als Methode können Kärtchen (z. B. Story Cards) verwendet werden, auf die jeweils ein Prozessschritt geschrieben wird.

Schritt 6:

Grafische Modellierung des gesamten Prozessablauf

Je nach Komplexität der Prozesse können hier der Normalfall und alle Varianten im Prozessdiagramm dargestellt werden, um die Zusammenhänge deutlich zu machen. Oder aber die Varianten werden in eigenen Prozessdiagrammen dargestellt.

Schritt 7:

Die Prozesse könnten hier weiter verfeinert werden. Es ist jedoch nicht effizient, die Prozesse schon am Anfang zu sehr im Detail zu spezifizieren, da man sich dabei leicht mit Varianten, Fehlerfällen und diversen Prozessverknüpfungen und Subprozessen verzettelt.

Nach einer ersten grafischen Modellierung auf hoher Ebene sollte in der nächsten Spezifikationsiteration zunächst der Systemkontext abgegrenzt und die funktionale Sicht durch User Stories verbreitert werden.

Beispiel zur Vorbereitung einer grafischen Prozessmodellierung:

Schritt 1:

Brainstorming zu groben Business-Prozessen

- »Zeiten erfassen«
- »Monatsbericht für den Mitarbeiter erstellen«
- »Controlling-Auswertung für Personalmanagement erstellen«

Schritt 2:

Business-Prozess grob modellieren

Prozess »Zeiten erfassen«

- Prozessschritt 1: »Tagesarbeitszeit und Projektzeit erfassen«
- Prozessschritt 2: »Planungsdaten anpassen«

$\rightarrow$

Schritt 3:
Erste grobe grafische Modellierung des Prozesses

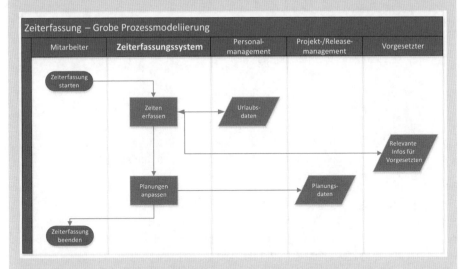

Abb. 4–4 *Grobe Prozessmodellierung*

Die Swimlane-Technik zeigt, mit welchen Fremdsystemen und Rollen das Zeiterfassungssystem in Beziehung steht (siehe Abb. 4–4).

Schritt 4:
Brainstorming zu Normalfall und Varianten

- Normalfall: »Tagesarbeitszeit und Projektzeit erfassen«
- Variante: »Fehlzeit erfassen«
- Variante: »Urlaub erfassen«

Schritt 5:
Normalfall und Varianten in einzelne Schritte strukturieren (Kärtchentechnik)

Normalfall »Tagesarbeitszeit und Projektzeit erfassen«:

> (**Hinweis:** Die Zahlen in den Abbildungen sind die eindeutigen Kennzeichnungen dieser Elemente in einem Ablaufdiagramm. Als Darstellungssymbole wurden die Definitionen aus der DIN 66001 gewählt, die für die Prozessdarstellung sehr verbreitet sind: Rechtecke sind Aktivitäten im Prozess und Parallelogramme stellen Daten dar.)

- Tagesarbeitszeit buchen

- Tagesarbeitszeit auf Projektzeiten zuordnen

Projektzeiten
zuordnen
(30)

→

■ gegebenenfalls relevante Infos an Vorgesetzten mailen

■ Projekt-/Releaseplanungen anpassen

Variante »Urlaub erfassen«

■ Urlaub eintragen unter Berücksichtigung der Urlaubsdaten aus HR
■ gegebenenfalls relevante Infos an Vorgesetzten mailen
■ Projekt-/Releaseplanungen anpassen

Variante »Fehlzeit erfassen«

■ Fehlzeiten eintragen
■ gegebenenfalls relevante Infos an Vorgesetzten mailen
■ Projekt-/Releaseplanungen anpassen

Schritt 6:
Grafische Modellierung des Prozessablaufs

In der vorherigen Brainstorming-Phase hat sich gezeigt, dass es zwei gemeinsame Elemente in jeder Prozessvariante gibt («E-Mail senden« und »Planungen anpassen«). Dies wurde in der Prozessmodellierung durch einen Container (Box in der Mitte) gelöst, in dem die Prozessvarianten dargestellt sind und aus dem dann die gemeinsamen Schritte erfolgen.

In einem Modellierungs-Workshop ist es einfacher, wenn der Prozess nicht gleich mit einem Modellierungstool modelliert wird, sondern die Kärtchen auf ein Flipchart oder eine mit großem Papier behängte Pinnwand gesteckt werden. Dies fokussiert die Teilnehmer auf den Inhalt und man ist nicht durch diverse Tool-Features abgelenkt.

→

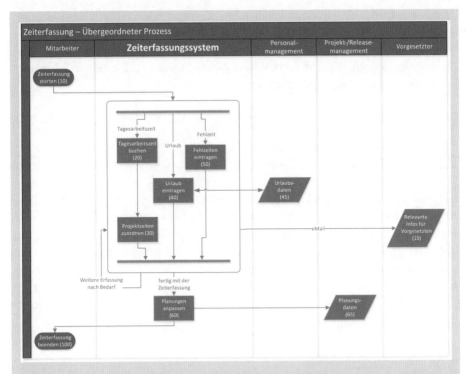

Abb. 4–5   *Grafische Modellierung des Prozessablaufs*

In diesem Beispiel wurden aufgrund der Überschaubarkeit alle Varianten in einem Diagramm dargestellt.

Im Diagramm in Abbildung 4–5 wurden die einzelnen Prozessschritte in Zehnerschritten nummeriert, sodass nachträglich noch das Einfügen von Zwischennummern möglich ist. Alternativ dazu ist es auch möglich, in jedem Diagramm einen eindeutigen textuellen Bezeichner für jedes Element zu finden und über diesen Namen zu referenzieren. Das hat den Vorteil, dass die Referenzen dann auch »sprechend« sind und man nicht nur die Nummer sieht.

Anmerkung: In modellbasierten Spezifikationstools entfällt die eindeutige Kennzeichnung der Elemente für die Referenzierung, da dies typischerweise automatisch durch das Tool übernommen wird.

Hinweise und Anmerkungen: Bei der grafischen Prozessmodellierung könnte man in einem einzigen Prozessdiagramm den Normalfall und alle Sonderfälle gleichzeitig darstellen. Dies ist in der Praxis nur bedingt sinnvoll, nämlich wenn die Komplexität eines Prozesses nicht besonders groß ist oder eine wenn große Komplexität eventuell auch besonders betont werden soll. Wenn es mehrere Varianten oder Sonderfälle eines Prozesses gibt, ist es normalerweise besser, den Normalfall sowie die einzelnen Sonderfälle als eigene Modelle darzustellen.

Es empfiehlt sich, bei der Prozessdarstellung ein möglichst kleines Set an leicht verständlichen Darstellungselementen zu verwenden. Die Praxis zeigt, dass

Prozessmodelle ohne weitere Erläuterungen meist nicht ausreichend sind. Es sollte daher die Prozessspezifikation zum einfacheren Verständnis mit dem Prozessmodell begonnen werden. Parallel dazu werden bei auftauchenden Unklarheiten bzw. Fragen oder für Aktivitäten, die nicht selbsterklärend sind, beschreibende Texte als Ergänzung hinzugefügt.

> *Für Prozessmodelle sollen wenige und leicht verständliche Darstellungselemente verwendet und die Modelle bei Bedarf zur Vermeidung von Unklarheiten durch Textspezifikationen ergänzt werden!*

Entsprechend aufbereitete Prozessmodelle können auch direkt in eine Workflow-Engine importiert und dort ausgeführt werden. Dies erfordert, dass sie in einer maschinenlesbaren Notation erstellt wurden (z. B. BPMN). In der Praxis hat sich aber gezeigt, dass derartige Prozessmodelle, die maschineninterpretierbar gestaltet werden, durch die notwendige Darstellung jeglicher Details, Ausnahmesituationen, Fehlerszenarien etc. so komplex sind, dass eine Lesbarkeit nicht mehr gegeben ist.

Abschließend werden der Überblick und die Zusammenhänge der Artefakte rund um Prozesse dargestellt (siehe Abb. 4–6):

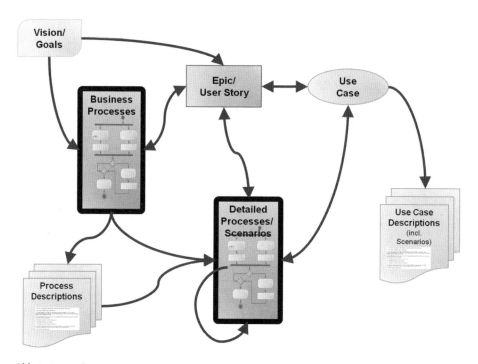

Abb. 4–6   *Prozesse im Zusammenhang*

- Business-Prozesse werden aus Vision und Zielen oder übergeordneten Epics bzw. User Stories unter Berücksichtigung der Stakeholder-Sichten abgeleitet.
- Prozesse können durch Prozessbeschreibungen detailliert beschrieben werden.
- Komplexere Prozesse können in Subprozesse weiter unterteilt werden.
- Subprozesse werden wiederum durch User Stories oder weitere Unterteilung in Subprozesse verfeinert und beschrieben.
- Aus den Prozessen können wiederum neue Epics und User Stories abgeleitet werden.

4.2.2 Use Cases

Definition	Ein **Use Case** beschreibt die Interaktion mit dem System bzw. das Verhalten des Systems nach außen. In der Use-Case-Beschreibung wird dieses Verhalten bzw. die zur Erledigung einer bestimmten Aufgabe notwendigen Detailschritte näher beschrieben.
Anwendung	Use Cases eignen sich hervorragend zur detaillierten Beschreibung der Abläufe innerhalb einer User Story[a]. Sie beschreiben das Verhalten eines Systems aus Benutzersicht.
	Use Cases erfüllen mehrere Aspekte aus Sicht des Requirements Engineering: Als Use-Case-Diagramm sind sie Strukturierungs- und Kommunikationstechnik auf einer hohen Ebene. Als Use-Case-Beschreibung (siehe Abschnitt 4.2.3) sind sie detaillierte Ablauf- und Requirements-Spezifikationen.
Mitwirkende	<ul><li>Product Owner</li><li>Business-Prozess-Owner</li><li>Fachbereichsmitarbeiter</li><li>Key User</li><li>Evtl. übergeordneter Systemarchitekt</li><li>Evtl. übergeordneter Testmanager</li></ul>
Eigenschaften	<ul><li>Beschreiben Interaktionen mit dem System</li><li>Systemverhalten (Ablauf-/Aktivitätenbeschreibung) aus Benutzersicht</li><li>Spezifikationsebene(n) unterhalb der User Stories</li><li>Oberhalb von Detailspezifikation wie Use-Case-Beschreibungen bzw. Szenarien, User Interface oder Datenstrukturbeschreibungen</li><li>Gut als Strukturierungstechnik geeignet</li><li>Aufwandsschätzung je nach Detailliertheit grob oder mit guter Genauigkeit möglich</li></ul>
Testbarkeit	Ja
Zeitpunkt	Laufend vor der ersten Umsetzungsiteration,
	Verfeinerung in den Umsetzungsiterationen vor dem Start der Programmierung (z.B. in der Sprint-Planung)
Vorlaufzeit bis Umsetzung	Tage bis Wochen

a. Den Autoren ist bewusst, dass es verschiedene andere Anwendungsmöglichkeiten von Use Cases gibt. Der Einsatz zur Detailspezifikation von User Stories wird jedoch empfohlen, da sie aus Sicht der Autoren in agilen Projekten den größten Nutzen bringt.

Bei den Use Cases muss man zwei grundlegende Beschreibungstechniken unterscheiden:

Use-Case-Diagramm

Das **Use-Case-Diagramm** ist eine einfache grafische Notation zur Darstellung mehrerer Use Cases im Systemkontext (siehe Abb. 4–7).

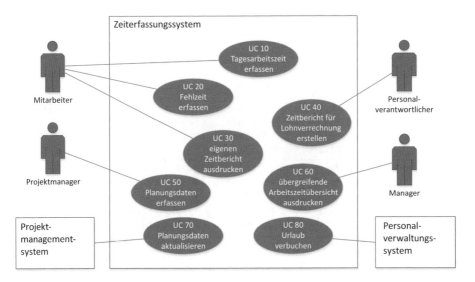

Abb. 4–7   *Use-Case-Diagramm – Beispiel für Zeiterfassung*

Das Use-Case-Diagramm besteht aus folgenden Elementen:

▦ **System:**
   Ein Rechteck mit der Bezeichnung des Systems. Dies stellt das zu betrachtende System dar.

▦ **Akteure:**
   In der Abbildung als Personensymbole dargestellt. Sehr oft handelt es sich dabei auch um personenbezogene Rollen. Es kann jedoch auch ein Fremdsystem oder eine Organisationseinheit als Akteur angegeben werden. In diesem Fall wählt man dann ein anderes Symbol, z.B. ein kleines Rechteck mit der Fremdsystembezeichnung.

▦ **Use Cases:**
   Die einzelnen Use Cases werden als Ellipsen dargestellt. Jeder Use Case sollte mit einer eindeutigen Nummer und mit einer sprechenden Bezeichnung versehen werden.

▒ **Verbindungen:**
Verbindungen werden als Linien dargestellt. Einfache Linien ohne besondere Kennzeichen verbinden die Akteure außerhalb des Systems mit einem oder mehreren Use Cases. Zwischen Use Cases sind speziell gekennzeichnete Verbindungen möglich (z.B. Extend und Include), auf die jedoch in diesem Buch nicht näher eingegangen wird. Es ist empfehlenswert, diese speziellen Beziehungen im Rahmen der Requirements-Spezifikation nicht zu verwenden, da gerade Mitarbeiter aus den Fachbereichen durch solche speziellen Elemente meist mehr verwirrt werden, als sie Klarheit in die Darstellung bringen.

Zweck des Use-Case-Diagramms ist es, auf einfache und leicht verständliche Weise darzustellen, wie die Umwelt mit dem System interagieren kann. Das Use-Case-Diagramm ist daher auch eine Form von Kontextdiagramm, jedoch mit einem klaren Fokus auf dem Verhalten des Systems. Man könnte das Use-Case-Diagramm auch als grafisches Inhaltsverzeichnis der Use Cases sehen.

> Ein Use Case in einem Use-Case-Diagramm sollte immer in der Form »<Substantiv> <Verb/Prozesswort>« (z.B. »Arbeitszeit erfassen«) oder »<Verb/Prozesswort> <Substantiv>« (»Buche Urlaub«) geschrieben werden.

Eine Orientierung bei der Use-Case-Formulierung an der Formulierungsschablone macht einen Use Case leicht lesbar und es wird dadurch auch klar, was gemacht wird, womit und in Bezug auf was es gemacht wird. Empfehlenswert ist auch die eindeutige Nummerierung der Elemente im Diagramm.

Use-Case-Beschreibung

Die **Use-Case-Beschreibung** ist eine textuelle Beschreibung des Use Case. Sie kann teilweise sehr umfangreich und komplex werden. Es gibt in der Literatur (vgl. [Adolph & Bramble 2003], [Alexander & Maiden 2004], [Cockburn 2001]) und im Web (vgl. [Wikipedia]) diverse Beschreibungs- und Strukturierungs-Patterns für Use Cases, die sich etabliert haben. Die nachfolgende Struktur in Tabelle 4–3 kann als Pattern zur Beschreibung von Use Cases verwendet werden:

Use-Case-ID	Eindeutige Nummer des Use Case
Use-Case-Name	Name des Use Case
User Story	ID der User Story, die dieser Use Case beschreibt
Ziel (Kundennutzen)	Hauptziel bzw. Kundennutzen, das durch den Use Case erreicht werden soll
Kategorien	Einordnung des Use Case in ein Klassifikationsschema (z.B. Detailliertheitsgrad, Sichtweise). Kann je nach Projektart definiert werden.

→

Vorbedingung	Was muss vor Beginn des Ablaufs zutreffen?
Nachbedingung	Was muss nach Ende des Ablaufs zutreffen?
Akteure	Initiiert den Use Case oder ist involviert
Trigger	Alles, was den Use Case auslöst
Standardszenario	Standardablauf (Liste von Schritt-Nr., Aktion) Einfache Satzstruktur (ähnlich User Story)
Erweiterungsszenarien	Erweiterungen zum Standardablauf (Erweiterungsbedingung und Schritte)
Beinhaltet Use Case	Use Cases, die von diesem Use Case verwendet werden. Im Diagramm müssen dann auch entsprechende Verbindungen zu diesen Use Cases eingezeichnet sein.
Risiko	Wie hoch wird das Risiko für das Unternehmen bzw. den Kunden eingeschätzt, wenn dieser Use Case nicht korrekt funktioniert? Einstufungen z.B. kritisch, hoch, mittel, niedrig.
Priorität	Wie wichtig ist der Use Case für den Kunden? Einstufungen z.B. hoch, mittel, niedrig.
Etc.	Diverse weitere Attribute nach Bedarf

Tab. 4–3   *Template zur Beschreibung von Use Cases*

Hinweis: Bei den zusätzlichen Attributen soll darauf geachtet werden, dass es sich um inhaltliche Attribute aus Sicht des Benutzers handelt. Requirements-Management-Attribute wie z.B. Priorität und Fertigstellungsdatum können dann direkt beim Use Case angeführt werden, wenn diese durch ein passendes Requirements-Management-System verwaltet werden. Wenn die Use Cases in einem Textsystem beschrieben werden (was hier jedoch nicht empfohlen wird), sollten die inhaltlichen von den Managementattributen klar getrennt sein und z.B. in einem eigenen Tabellenblatt angeführt werden.

Beispiel einer typischen Beschreibung eines Use Case:

Use-Case-ID	20
Use-Case-Name	Fehlzeiten erfassen
User Story	106 (»Als Benutzer möchte ich meine Fehlzeiten erfassen können«)
Ziel	Jeder Mitarbeiter soll möglichst einfach und schnell seine Fehlzeiten eintragen können.
Kategorien	▣ Subprozess ▣ Benutzereingabe
Vorbedingung	▣ Fehlzeitarten sind angelegt ▣ Benutzer ist angemeldet ▣ Mailsystem ist angebunden ▣ Personalverwaltungssystem, Releaseplanung sind angebunden

→

Nachbedingung	■ Fehlzeiten sind in der Zeitdatenbank erfasst ■ Urlaubsanspruch im Personalverwaltungssystem aktualisiert ■ Releaseplanung aktualisiert ■ E-Mail wurde verschickt (Sonderfall)
Akteure	Mitarbeiter (jeder)
Trigger	Benutzer möchte Fehlzeiten erfassen
Standardszenario	Standardablauf »Urlaub eintragen«: 1. Benutzer startet Fehlzeiterfassung 2. Benutzer wählt Art der Fehlzeit »Urlaub« aus (Fehlzeitarten siehe »Personalverwaltungssystem XY.xslx«) 3. Benutzer gibt Urlaubstage ein 4. System ruft Anspruch aus Personalverwaltungssystem ab 5. Benutzer genehmigt Urlaub 6. System setzt Anspruch im Personalverwaltungssystem neu 7. System aktualisiert Releaseplanung im Projektmanagementsystem 8. Benutzer beendet Fehlzeiterfassung
Erweiterungsszenarien	Variante »Arztbesuch«: Wenn in Punkt 2. des Standardablaufs als Fehlzeitart »Arztbesuch« gewählt wird: 1. Benutzer erfasst Arztbesuchszeiten 2. Gehe zu Punkt 7. Sonderfall »Sonstige Fehlzeit«: Wenn in Punkt 2. des Standardablaufs als Fehlzeitart »Sonstiges« gewählt wird: 1. Benutzer erfasst Fehlzeiten 2. System schickt E-Mail an den Vorgesetzten 3. Gehe zu Punkt 7. (siehe auch Abschnitt 4.2.3)
Beinhaltet Use Case	Keine
Risiko	Hoch (Lohnverrechnung erfolgt evtl. falsch)
Priorität	Hoch (Kernfunktionalität der Zeiterfassung)
Anmerkungen	Keine

Die rein textuelle Beschreibung von Szenarien in der Use-Case-Beschreibung ist nicht geeignet, um umfangreichere Zusammenhänge und Prozesse übersichtlich darzustellen! Szenarien sollten daher wenn möglich grafisch visualisiert werden (ein Beispiel dazu ist in Abschnitt 4.2.3 zu finden).

> Die Szenarien in Use-Case-Beschreibungen sollten vorzugsweise mit Prozessdiagrammen visualisiert werden.

Die Use-Case-Szenarien sollten aber im Use-Case-Template (siehe Tab. 4–3) grundsätzlich mit einer sprechenden Bezeichnung angeführt werden, damit man hier beim Lesen schon einen gewissen Überblick erhält. Dies kann ggf. auch durch ein kurzes »Abstract« (wenige Textzeilen) des Szenarios ergänzt werden.

Wie kommt man zu passenden Use Cases? Ausgangspunkt ist eine User Story mit Akzeptanzkriterien. Für diese wird in einem oder mehreren Use Cases beschrieben, wie die Akteure die in der User Story beschriebene Funktion Schritt für Schritt anwenden. Der Use Case soll also zeigen, wie die Funktion in der Praxis eingesetzt wird und wie dabei die Akteure mit dem System interagieren.

Abhängig vom Projektumfeld und Bedarf der Anwender werden die Use Cases z.B. mit der oben angegebenen Schablone weiter detailliert. Da die Use Cases sowohl vom Kunden als auch von den Entwicklern verstanden werden sollen, ist es wichtig, dass auch immer Vertreter dieser Gruppen bei der Erstellung dabei sind. Es wird empfohlen, dass zumindest ein Entwickler, eine Person mit guten Fachkenntnissen und eine Person mit Kenntnis der bisher verwendeten Systemanwendung, sofern ein bestehendes System abgelöst wird, beteiligt wird.

Typische Fallen im Zusammenhang mit Use Cases:

▪ **Die Use-Case-Bezeichnung wird nur als Substantiv und ohne Zeitwort (Verb) formuliert.** Es kommen Bezeichnungen vor wie »Urlaubsverwaltung«, »Plandatenerfassung«, »Ausdruck« etc. Hier fehlt die Verhaltensbeschreibung. Es ist daher oft nicht klar, was das System nun mit den genannten Subjekten machen soll. Soll z.B. etwas mit der »Urlaubsverwaltung« als Substantiv passieren, wie »Urlaubsverwaltung auswerten«, oder wurden Zeitwort und Hauptwort einfach nur substantiviert, sodass eigentlich gemeint wäre »Urlaub verwalten«?

▪ **Use Cases werden nur als Zeitwort (Verb) und ohne Substantive formuliert.** Es kommen manchmal Bezeichnungen vor wie »verwalten«, »erfassen«, »ausdrucken« etc. Hier ist jedoch oft nicht klar, auf was sich dies bezieht. Daher sollte unbedingt auch das Substantiv angegeben werden.

▪ **Das Use-Case-Diagramm wird als Ablaufmodell »missbraucht«.** In einem Use-Case-Diagramm können keine Abläufe dargestellt werden. Die Linien zwischen den Use Cases stellen eine strukturelle Verbindung zwischen den Use Cases dar und keinen Ablauf! Wenn Abläufe dargestellt werden sollen, müssen dazu andere Diagrammtypen wie z.B. das UML-Aktivitätsdiagramm oder UML-Zustandsübergangsdiagramm oder ganz einfache beliebige Prozessdiagramme verwendet werden.

▪ **Business-Use-Cases und System-Use-Cases werden vermischt.** Es sollte darauf geachtet werden, dass im Sinne der kundenorientierten Spezifikation möglichst keine technischen System-Use-Cases, die das »Wie setzt mein System diesen Business-Use-Case um?« beschreiben, auf Ebene der Benutzerspezifikation dokumentiert werden. Hier sollten primär die an den Benutzerzielen und -prozessen orientierten Business-Use-Cases beschrieben werden.

▓ **Use Cases stellen das Verhalten des Systems zu detailliert dar.** Wenn man beim detaillierten Beschreiben der Szenarien des Use Case bemerkt, dass dieser Ablauf zu detailliert oder komplex wird, kann es sinnvoll sein, Teile des Use Case bzw. des Use-Case-Szenarios in einen eigenen Use Case auszulagern und die Komplexität dadurch zu reduzieren, um zu gewährleisten, dass Use Cases nur das wesentliche Verhalten des Systems darstellen.

▓ **Es werden (falsche) Beziehungen zwischen Use Cases dargestellt.** Es können z. B. nicht zwei Use Cases durch eine einfache Linie verbunden werden. Zwischen zwei Use Cases kann es nur eine »Includes«- oder eine »Extends«-Beziehung geben.

▓ **Das System wird bei der Beschreibung der Szenarien vergessen.** Bei benutzerfokussierten Szenarien könnte eine Auflistung wie folgt geschrieben werden:

1. Art der Fehlzeit »Urlaub« auswählen
2. Gewünschte Urlaubstage eingeben
3. Urlaubsgenehmigung durchführen

In diesem Fall ist nicht klar, für was das System eigentlich zuständig ist bzw. wer welchen Schritt ausführt. Typischerweise werden einige Systemschritte auch komplett übersehen. Es sollte daher immer geprüft werden, ob nicht nur die externen Akteure in der Ablaufbeschreibung vorkommen, sondern auch das System. So könnte z. B. das Szenario von oben wie folgt erweitert werden:

1. Der Benutzer wählt die Art der Fehlzeit »Urlaub« aus.
2. Der Benutzer gibt die gewünschten Urlaubstage ein.
3. Das System ruft den Urlaubsanspruch aus dem Personalverwaltungssystem ab.
4. Der Benutzer genehmigt den Urlaub.
5. Das System setzt dem Urlaubsanspruch im Personalverwaltungssystem neu.

Gleiches kann natürlich auch umgekehrt passieren, dass nur Systemschritte angeführt werden und die Benutzeraktionen fehlen. Hier ist umgekehrt sinngemäß vorzugehen, um dies zu vermeiden.

> Use-Case-Diagramm und Use-Case-Beschreibung ergänzen sich harmonisch zu einer umfassenden Beschreibung des Systemverhaltens.

Im Sinne der Requirements-Spezifikation betrachten wir bei Use Cases ebenso wie bei den Prozessen die Ablaufsicht. Jedoch erfolgt bei Use Cases die Beschreibung auf einer detaillierteren Ebene. Es werden nicht die übergeordneten Abläufe aus einer fachlichen Sicht beschrieben, sondern es wird dargestellt, wie der Anwender mit dem System interagiert. Eine weitere Verfeinerung erfolgt dann durch die unterschiedlichen Szenarien (siehe Abschnitt 4.2.3) eines Use Case.

Use Cases und Use-Case-Beschreibungen unterstützen die effektive Kommunikation im Requirements Engineering, da die Beschreibung von Abläufen eine wirksame Art und Weise ist, wie Benutzerbedarf dargestellt und erläutert werden kann.

4.2.3   Use-Case-Szenario

Definition	Ein **Scenario** ist ein spezifischer Weg durch einen Use Case oder eine Instanz bei der Ausführung eines Use Case [Wiegers 2005].
Anwendung	Szenarien sind Detailabläufe eines Use Case und stellen die Zusammenhänge zwischen Requirements auf einer detaillierteren Ebene dar. Sie sind wichtig, um die Benutzungs- und Systemabläufe bzw. das Systemverhalten zu beschreiben. Aus diesen Abläufen ergeben sich dann Requirements oder bei komplexen Systemen auch weitere Subabläufe.
Mitwirkende	▪ Product Owner ▪ Fachbereichsmitarbeiter ▪ Key User ▪ »Das Team« ▪ Evtl. Systemarchitekt
Eigenschaften	▪ Spezifikationsebene(n) unterhalb bzw. innerhalb der Use Cases ▪ Ablauforientierte Anforderungssicht ▪ Gute Technik für eine Spezifikation von Systemverhalten auf einer detaillierteren Ebene ▪ Kostenschätzung je nach Ebene schon detailliert möglich
Testbarkeit	Ja
Zeitpunkt	Laufend vor der Umsetzungsiteration, vor dem Start der Programmierung (z.B. in der Sprint-Planung)
Vorlaufzeit bis Umsetzung	Stunden bis Tage
Hinweise	Im Rahmen von Verfeinerungen können Szenarien in weitere Subszenarien aufgeteilt werden.

Im Sinne der Requirements-Spezifikation betrachten wir bei Szenarien die Ablaufsicht auf einer detaillierteren Ebene.

Szenarien sind die Abläufe auf einer detaillierten Beschreibungsebene innerhalb eines Use Case (siehe auch Abschnitt 4.2.2). Szenarien dienen der effektiven Kommunikation von Requirements, da das Erzählen von Geschichten (»Storytelling«, siehe Anhang B) eine natürliche und wirksame Art und Weise ist, wie der Benutzerbedarf erläutert werden kann. Der Zweck von Szenarien ist es, eine Situation in der Interaktion zwischen Mensch und System typischerweise als Folge von Schritten zu beschreiben [Alexander & Maiden 2004].

Wie kommt man nun zu passenden Szenarien? Ausgangsbasis für die Ermittlung der Szenarien sind die übergeordneten User Stories und Use Cases sowie natürlich die betroffenen Stakeholder. Als typische Techniken zur Ermittlung der Szenarien kommen wie bei den Prozessen primär Interviews, Beobachtung, Analyse vorhandener Dokumente oder die gemeinsame Erarbeitung von Szenarien in Workshops zur Anwendung.

Es sollte nicht nur ein einziges Szenario analysiert und beschrieben werden. In den meisten Fällen gibt es folgende Arten von Szenarien, die beschrieben werden sollten:

- **Hauptszenario** (Normalablauf, Standardablauf)
- **Negativ-Szenarien** (Fehlerfall)
- **Szenariovarianten** (Spezialfall, Sonderfall)

Die Definition dieser Arten von Szenarien folgt dem Schema der Arten von Prozessen (siehe Abschnitt 4.2.1).

> *Jedes System hat Szenarien. Szenariobeschreibungen sind ein wichtiges Mittel, um die Anwendersicht zu beschreiben. Es ist daher empfehlenswert und meist auch notwendig, Szenarien zu spezifizieren.*

Tipps für die Spezifikation von Szenarien:

- Mit einem Normalfall starten.
- Das Szenario so übersichtlich wie möglich halten. Bei Abläufen mit mehr als zehn Aktivitäten bzw. Teilschritten sollte in Subszenarien aufgeteilt werden.
- Verschiedene Betrachtungsebenen einnehmen (Stakeholder) und sich der Ebene der Modellierung bewusst sein. Szenarien sind meist Teilprozesse eines übergeordneten Business-Prozesses, können aber auch selbst wieder aus Subszenarien, Szenariogruppierungen etc. bestehen, die evtl. ebenfalls modelliert werden müssen.
- Varianten und Spezialfälle berücksichtigen
- Negativ-Sichtweise nicht vergessen

Ein textuell beschriebenes Szenario mit all seinen Varianten und Negativfällen ist meist schlecht lesbar und schlecht verständlich. Besser ist es, genau wie bei den Prozessen, ein Szenario grafisch durch ein Prozessdiagramm zu visualisieren und bei Bedarf durch erklärenden Text zu ergänzen.

Nachfolgend nochmals die Szenarien aus dem Use Case »Fehlzeiten erfassen aus Abschnitt 4.2.2:

Standardszenario	Standardablauf »Urlaub eintragen«:
	1. Benutzer startet Fehlzeiterfassung
	2. Benutzer wählt Art der Fehlzeit »Urlaub« aus (Fehlzeitarten siehe »Personalverwaltungssystem XY.xslx«)
	3. Benutzer gibt Urlaubstage ein
	4. System ruft Anspruch aus Personalverwaltungssystem ab
	5. Benutzer genehmigt Urlaub
	6. System setzt Anspruch im Personalverwaltungssystem neu
	7. System aktualisiert Releaseplanung im Projektmanagementsystem
	8. Benutzer beendet Fehlzeiterfassung
Erweiterungs-szenarien	Variante »Arztbesuch«:
	Wenn in Punkt 2. des Standardablaufs als Fehlzeitart »Arztbesuch« gewählt wird:
	1. Benutzer erfasst Arztbesuchszeiten
	2. Gehe zu Punkt 7.
	Sonderfall »Sonstige Fehlzeit«:
	Wenn in Punkt 2. des Standardablaufs als Fehlzeitart »Sonstiges« gewählt wird:
	1. Benutzer erfasst Fehlzeiten
	2. System schickt E-Mail an den Vorgesetzten
	3. Gehe zu Punkt 7.

In einer detaillierteren Form können noch weitere Beschreibungselemente wie Vorbedingungen, Nachbedingungen etc. hinzugefügt werden, bis ein vollständiger Use Case entsteht (siehe auch Abschnitt 4.2.2).

Aus der oben angeführten textbasierten Szenariospezifikation ist zwar erkennbar, dass es verschiedene Sondersituationen des Ablaufs gibt. Die Komplexität der Abläufe ist jedoch nicht sichtbar. Außerdem wird bei der textbasierten Prozessbeschreibung das »Goto«-Statement, das schon seit Jahrzehnten aus der objektorientierten und strukturierten Programmierung verbannt ist, hier wieder eingeführt (»Gehe zu Punkt x«)!

Nachfolgend ist daher ein **Beispiel** für einen Use Case angeführt, bei dem die Szenarien, die oben angeführt sind, auch **grafisch visualisiert** werden (siehe Abb. 4–8 bis 4–10):

Use-Case-ID	20
Use-Case-Name	Fehlzeiten erfassen
User Story	106 (»Als Benutzer möchte ich meine Fehlzeiten erfassen können«)
Ziel	Jeder Mitarbeiter soll möglichst einfach und schnell seine Fehlzeiten jeglicher Art eintragen können.
Kategorie(n)	▥ Subprozess ▥ Benutzereingabe
Vorbedingung	▥ Fehlzeitarten müssen angelegt sein ▥ Benutzer muss angemeldet sein ▥ Mailsystem muss angebunden sein ▥ Personalverwaltungssystem muss angebunden sein ▥ Releaseplanung muss angebunden sein
Nachbedingung	▥ Fehlzeiten sind in der Zeitdatenbank erfasst ▥ Urlaubsanspruch im Personalverwaltungssystem aktualisiert ▥ Releaseplanung aktualisiert ▥ E-Mail wurde verschickt (Sonderfall)
Akteur(e)	Mitarbeiter (jeder)
Trigger	Benutzer möchte Fehlzeit erfassen
Standardszenario	**Standardablauf – Urlaub eintragen:** Der Urlaub wird erfasst, eine Prüfung des Anspruchs wird durchgeführt und alle angebundenen Systeme, für die diese Information relevant ist, werden nach der Genehmigung aktualisiert.
Erweiterungs-szenarien	**Variante – Arztbesuch:** ▥ Fehlzeitart »Arztbesuch« wurde ausgewählt. ▥ Keine spezielle Prüfung und Aktualisierung. **Sonderfall – Sonstige Fehlzeit:** ▥ Fehlzeitart »Sonstiges« wurde gewählt. ▥ Keine spezielle Prüfung und Aktualisierung. ▥ Info-Mail an den Vorgesetzten.
Beinhaltet UC	Keine
Risiko	Hoch (Lohnverrechnung erfolgt evtl. falsch)
Priorität	Hoch (Kernfunktionalität der Zeiterfassung)

Szenario-Standardablauf: Urlaub eintragen:

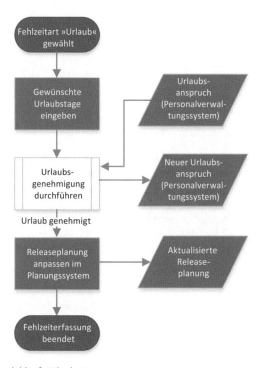

Abb. 4–8   *Standardablauf »Urlaub eintragen«*

Die Urlaubsgenehmigung wurde hier nur im »Gut-Fall« als Sub-Szenario darge-stellt. Die genaue Beschreibung wäre in einem eigenen Use Case »Urlaubsgeneh-migung durchführen« angegeben.

Szenariovariante – »Arztbesuch«

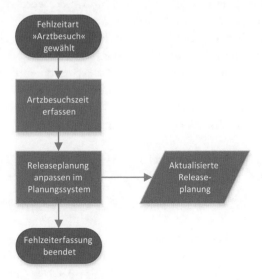

Abb. 4–9 *Szenariovariante »Arztbesuch«*

Szenario-Sonderfall – »Sonstige Fehlzeit«

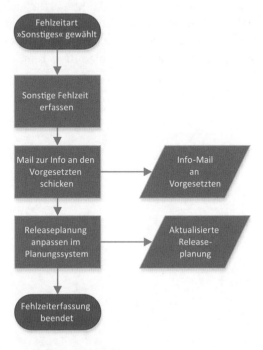

Abb. 4–10 *Szenario-Sonderfall »Sonstige Fehlzeit«*

Da es eine Ausnahme ist, wenn ein Mitarbeiter eine »Sonstige Fehlzeit« einträgt, soll darüber der Vorgesetzte in einer E-Mail informiert werden, wobei die Daten der Fehlzeitbuchung in der E-Mail mitgeschickt werden.

Im oben angegebenen Beispiel ist ersichtlich, dass bei der grafischen Modellierung der einzelnen Szenarien die Komplexität und auch die Schnittstellen deutlicher aufgezeigt werden als in der reinen Textbeschreibung. Es wird auf den ersten Blick klar, dass es Schnittstellen zu anderen Systemen gibt (Mailsystem, Personalverwaltungssystem, Releaseplanung) und dass auch eine erhöhte Komplexität im Standardablauf vorliegt (Subszenario »Urlaubsgenehmigung«).

> *Use-Case-Szenarien sollten wie andere Abläufe grafisch modelliert werden, damit die Schnittstellen und Abhängigkeiten leichter erkennbar sind!*

Wenn jedes Szenario eines Use Case einzeln grafisch modelliert wird, so ist dies evtl. für die Beschreibung der einzelnen Abläufe durchaus zielführend und übersichtlich. Jedoch kommt die gesamte Komplexität des Use Case dadurch eventuell zu wenig zur Geltung. Außerdem kann es sein, dass wie in dem Beispiel gezeigt, durchaus Redundanzen in den Szenarien auftauchen können (z.B. kommt die Aktivität »Releaseplanung anpassen« in allen Szenarien vor).

Wenn man also die Gesamtkomplexität, die Abhängigkeiten und die Schnittstellen eines Use Case noch deutlicher visualisieren und eventuell auch Redundanzen in der Darstellung vermeiden möchte, kann man mehrere oder auch alle Szenarien eines Use Case in einem einzigen Ablaufdiagramm visualisieren:

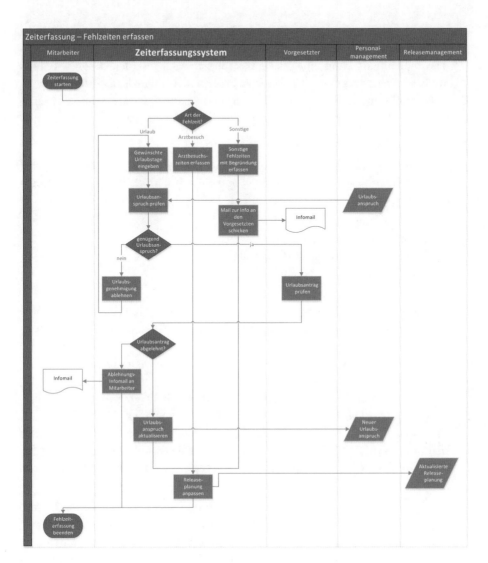

Abb. 4–11 *Grafisches Ablaufdiagramm für Szenario »Fehlzeiterfassung«*

Dieses Diagramm in Abbildung 4–11 zeigt auf einen Blick die Komplexität des an sich auf den ersten Blick recht einfachen Use Case mit mehreren Szenarien, die in der textbasierten Beschreibung nicht oder nur schwer zu erkennen war.

Anmerkung: In obigem Beispiel wurden in einem einzigen Ablaufdiagramm der Normalfall und alle Sondersituationen gleichzeitig dargestellt. Dies ist in der Praxis nur dann sinnvoll, wenn die Komplexität der Szenarien insgesamt noch überschaubar ist und auf einem DIN-A4-Blatt dargestellt werden kann oder wenn die Komplexität eines Szenarios so wie in diesem Beispiel besonders betont werden soll. Wenn es sehr viele Varianten oder Sonderfälle eines Szenarios gibt, ist es besser, nur einige ausgewählte Szenarien als Diagramm darzustellen, um deren Zusammenhänge zu verdeutlichen.

Darüber hinaus kann eine Vielzahl von Szenarien in einem Use Case auch darauf hindeuten, dass dieser Use Case zu groß angelegt wurde. Eventuell kann es dann sinnvoll sein, ihn in mehrere Use Cases zu schneiden oder Teile der Szenarien in eigene Subszenarien auszulagern, um die Darstellung zu vereinfachen.

Typische **Fehler im Zusammenhang mit Szenarien:**

▪ Es werden **Details aus der Benutzeroberfläche** angegeben. Die Darstellung ist meist zu detailliert, wenn man die Szenarioschritte anhand der Interaktionselemente der Benutzeroberfläche aufteilt z.B.:

1. Von-Zeit eingeben (Benutzer)
2. Bis-Zeit eingeben (Benutzer)
3. Tätigkeitsart auswählen (Benutzer)
4. Tätigkeitsbeschreibung eingeben (Benutzer)
5. Klick auf OK (Benutzer)

Ebenso sind Formulierungen wie »*Benutzer erfasst seine Arbeitszeit in den Feldern von-Zeit, bis-Zeit, Tätigkeitsart, Tätigkeitsbeschreibung und klickt dann auf OK*« zu detailliert.

Use Cases und Szenarien sollen das wesentliche Verhalten des Systems darstellen. Wenn man beim Beschreiben der Szenarien eines Use Case bemerkt, dass dies zu detailliert wird, sollte man an dieser Stelle eine weitere Verfeinerung beenden. Die Details sind eventuell schon wichtig, jedoch ist die Use-Case-Spezifikationsphase meist nicht der passende Zeitpunkt dafür. Wenn es sich um relevante Punkte handelt, die in der Diskussion auftauchen und für das spätere User-Interface-Design nicht vergessen werden sollen, dann sollten diese Inhalte separat notiert werden.

▪ Der **Use-Case-Titel und die Szenarienformulierungen** bzw. **Use-Case-Inhalte und übergeordnete Ziele passen nicht zusammen.** Was in einem Use Case beschrieben wird, soll in sich konsistent sein. Vor allem bei recht langen Szenarien und vielen Varianten oder Negativfällen kann es passieren, dass man vom Use-Case-Thema abschweift. Um dies zu vermeiden, sollte man einerseits die Szenarien überschaubar halten und ggf. in mehrere Use Cases aufteilen und andererseits sollte man auch zwischendurch und jedenfalls am Ende der Use-Case-Erstellung einen kurzen Check durchführen, der insbesondere die Konsistenz innerhalb des Use Case, aber auch die Beziehungen zu anderen Spezifikationselementen prüft.

Einige **Tipps und Tricks,** angelehnt an [Cockburn 2001], die bei der Spezifikation von Use Cases und Szenarien helfen sollen:

- Use Cases sollen einfach lesbar geschrieben werden (aktive Schreibweise, Verben in der Gegenwart schreiben, kurze Sätze, die Inhalte auf den Punkt gebracht, fokussiert auf die Ziele der Akteure etc.).
- Immer nur ein Satz je Szenarioschritt
- Aus der Sicht des Akteurs schreiben
- Passive Formulierungen und Schreiben aus der Sicht des Systems vermeiden
- Es soll immer klar sein, wer diesen Schritt ausführt (Akteure oder das System).
- Einen angemessenen Detaillierungsgrad verwenden
- Wenn man zu detailliert ist, kann man durch die Fragestellung »*Warum* wird das gemacht?« in eine höhere Spezifikationsebene gelangen.
- Wenn man zu grob ist, kann man durch die Fragestellung »*Wie* wird das gemacht?« in eine detailliertere Spezifikationsebene gelangen.
- GUI-Elemente möglichst heraushalten
- Es gibt immer mindestens zwei Szenarien, die beschrieben werden sollen: erfolgreicher Ablauf und fehlerhafter Ablauf.
- Business-Sicht und Systemsicht berücksichtigen
- Basis für die Use Cases sind die Ziele und die Stakeholder!

Detaillierte Infos zu Use Cases sind zu finden in [Adolph & Bramble 2003] und [Cockburn 2001].

4.3 Funktionale und nicht funktionale Sicht

4.3.1 Features

Definition	Ein **Feature** ist eine abgrenzbare Eigenschaft eines Systems, die für die Stakeholder einen Wert darstellt. Im Normalfall umfasst es mehrere Requirements und wird für die Kommunikation mit den Stakeholdern auf einer höheren Abstraktionsebene verwendet (in Anlehnung an [IREB Glossar 2012]).
Anwendung	Features repräsentieren funktionale oder nicht funktionale Requirements in der Spezifikationshierarchie mit einem mittleren Detaillierungsgrad, der ausreicht, um als Basis für eine grobe Planung und weitere Spezifikationsdiskussion zu dienen. Sie können verwendet werden, um in umfangreicheren Projekten eine zusätzliche Verfeinerungsebene zu Epics und User Stories zu haben.
Mitwirkende	■ Produktmanager ■ Product Owner ■ Fachbereichsmitarbeiter ■ Key User ■ Evtl. übergeordneter Systemarchitekt ■ Evtl. übergeordneter Testmanager

→

Eigenschaften	▨ Funktionale oder nicht funktionale Anforderungsbeschreibung aus Benutzersicht ▨ Spezifikationsebene(n) unterhalb der Epics und oberhalb der User Stories ▨ In Benutzersprache formuliert, in der Regel nicht mehr als ein bis zwei Sätze ▨ Für eine Spezifikation von mittlerer Detailliertheit ▨ Ein Feature sollte jedenfalls innerhalb eines Releasezyklus umgesetzt werden können ▨ Als Basis für die grobe Strukturierung und Planung geeignet ▨ Aufwandsschätzung meist nur grob möglich
Testbarkeit	▨ Bedingt, grobe Tests
Zeitpunkt	Vor der Umsetzungsiteration, weitere Verfeinerung ebenfalls noch vor der Umsetzungsiteration
Vorlaufzeit bis Umsetzung	Tage bis mehrere Wochen
Hinweise	Für Features ist kein klares Beschreibungsschema definiert, wie für die User Stories. Features können sowohl funktionale als auch nicht funktionale Requirements abbilden. Features werden bei der Verfeinerung typischerweise in mehrere User Stories aufgeteilt oder können durch andere in diesem Buch angeführte Techniken detaillierter beschrieben werden.

Da Features als Zwischenebene in der Spezifikation verwendet werden, sind sie ähnlich zu sehen wie »Themen« (siehe Abschnitt 4.7.1). Wobei Themen reine Strukturierungselemente ohne weiteren Inhalt sind und Features auch inhaltliche Beschreibungselemente enthalten können.

> *Features sind eine optionale Strukturierungsebene und stellen primär in inhaltlich komplexen und umfangreichen Projekten eine Möglichkeit für eine zusätzliche Requirements-Spezifikationsebene dar.*

In der Praxis werden Features auch dazu verwendet, um die Produktfunktionen aus Produktmanager- oder Marketingsicht zu gliedern und grob zu beschreiben. Sie sind damit eine von der Softwareentwicklung unabhängige Art, das Produkt zu gliedern und zu beschreiben. Ein Feature kann in weiterer Folge zu beliebigen Epics und Stories zugeordnet sein und umgekehrt.

Beispiel: Abgeleitet von dem Business Epic »Die Zeiterfassung wird effiziente Erfassungs- und Auswertungsmöglichkeiten für alle Zeitarten (Tagesarbeitszeit, Projektzeit, Fehlzeiten etc.) bereitstellen« kann folgendes Feature definiert werden:

Beispiel für Feature:

»Erfassung von Tagesarbeitszeit inkl. Pausen und Zuordnung von Zeiten zu Projekten«

Wie man an diesem Beispiel sieht, ist die Formulierung des Features ähnlich zu der Prozessformulierung des Prozesses »Tagesarbeitszeit und Projektzeit erfassen«. Die inhaltliche Ausrichtung ist hier jedoch funktional zu sehen und nicht ablauforientiert. Das bedeutet, dass der angesprochene Prozess die »Klammer« über die davon abgeleiteten Use Cases und Szenarien bildet, während das hier angegebene Feature die »Klammer« über die davon abgeleiteten User Stories darstellt (siehe Beispiele in Abschnitt 4.3.2).

Im Brainstorming zu den möglichen Features könnte man sich auch gleich Gedanken bzw. Stichworte zu den dazu passenden User Stories machen:

Beispiel für Feature mit »User Story Brainstorming«:

Feature: »Erfassung von Tagesarbeitszeit inkl. Pausen und Zuordnung von Zeiten zu Projekten«

Mögliche Stories:

- »Tagesarbeitszeit und Pausen erfassen«
- »Tagesarbeitszeit meinen Projekten zuordnen«

Hinweis: Wenn das Feature wirklich nur eine Klammer oder zusammenfassende Überschrift über mehrere untergeordnete Elemente ist, kann dies auch als »Thema« bezeichnet werden (siehe Abschnitt 4.7.1). In der Praxis ist es auch nicht so wichtig, wie man das Strukturierungselement im konkreten Fall bezeichnet. Wichtig ist nur, dass alle Projektbeteiligten dasselbe darunter verstehen und dass es einheitlich angewendet wird.

4.3.2   User Stories

Definition	Eine **User Story** beschreibt eine Funktionalität, die entweder für einen User oder einen Käufer eines Systems oder einer Software von Wert ist [Cohn 2010].
Anwendung	User Stories repräsentieren eine Ebene der funktionalen Requirements in der Spezifikationshierarchie mit einem Detaillierungsgrad, der ausreicht, um als gute Basis für die Planung der nächsten Iteration zu dienen.
	User Stories werden nach oder parallel zur Prozessbeschreibung aus den Prozessschritten abgeleitet. Sie bilden die Basis für detailliertere funktionale Requirements und auch für die Akzeptanztests, die dann von den User Stories abgeleitet sein können.
Mitwirkende	■ Produktmanager ■ Product Owner ■ Fachbereichsmitarbeiter ■ Key User ■ »Das Team« (inkl. Tester) ■ Evtl. Systemarchitekt

→

Eigenschaften	▣ Kurze funktionale Anforderungsbeschreibung aus Benutzersicht ▣ In Alltagssprache formuliert, in der Regel nicht mehr als ein bis zwei Sätze ▣ Spezifikationsebene(n) unterhalb der Prozesse und oberhalb von Detailspezifikation wie Use-Case-Beschreibungen, Szenarien, User Interface oder Datenstrukturbeschreibungen (eine User Story kann z.B. die »Überschrift« für einen Use Case sein) ▣ Gute Technik für eine Spezifikation von mittlerer Detailliertheit ▣ Ein Programmierer soll zwischen ein bis fünf Tage für eine Story benötigen. ▣ Eine Story muss daher innerhalb einer einzelnen Iteration umgesetzt werden können. ▣ Gut als Basis für die Strukturierung und Planung geeignet ▣ Aufwandsschätzung je nach Detailliertheit grob oder mit einer guten Genauigkeit möglich ▣ User Stories werden oft mit nachfolgender Satzschablone formuliert: ▣ **Als** <Benutzerrolle/Systemrolle> ▣ **will ich** <Aktion/Story>, ▣ **sodass/weil** <Grund für das Ziel/Nutzen>
Zeitpunkt	Laufend vor der Umsetzungsiteration, Verfeinerung in der Umsetzungsiteration vor dem Start der Programmierung, z.B. in der Sprint-Planung
Vorlaufzeit bis Umsetzung	Stunden bis wenige Tage
Hinweise	User Stories können bei der Verfeinerung in weitere User Stories aufgeteilt werden oder auch durch andere in diesem Buch angeführte Techniken detaillierter beschrieben werden. User Stories sind nur sehr kurze inhaltliche Beschreibungen und sollen vom Umfang her auf genau eine (kleine) Story Card passen.

Gemäß [Agile Alliance] werden User Stories wie folgt eingeordnet:

Begriff	Einordnung/Definition
Feature	A fuzzy, client-valued capability of the system. **A Feature typically contains many Storys** ... in fact, there is almost always »another one«.
User Story	Represents something that provides externally visible benefit to the project (as in XP) but may be too big to build until broken down further.
Task	The actual work that individuals do in order to make the story »come true« – there are usually many Tasks per Story

Bei dem begrenzten Platzangebot auf einer Story Card stellt sich oft die Frage, wo man nun die seitenlangen restlichen Infos unterbringt, die im Rahmen von Diskussionen und Detailklärungen zu einer Story entstehen und auch nicht vergessen werden sollten? Diese Informationen werden in den anderen in diesem Buch beschriebenen Artefakten (Use Cases, Szenarien, Constraint-Beschreibungen, User-Interface-Beschreibungen, Schnittstellenspezifikationen und natürlich auch beliebigen sonstigen Anhängen) gespeichert, soweit diese sinnvoll sind, um das

Wissen für den aktuellen Sprint und für eine nachhaltige Weiterentwicklung und Wartung zu konservieren.

Ist der Ablauf der Aktionen einer User Story nicht selbsterklärend, so kann dieser Ablauf Schritt für Schritt in einem oder mehreren Use Cases beschrieben werden. Die Use Cases beschreiben so die Anwendungsfälle einer in der Story abgebildeten Funktion.

User Stories unterscheiden sich von Use Cases durch folgende wesentlichen Punkte:

- Use Cases stellen eine Ablaufsicht dar, User Stories haben primär eine funktionale Sicht.
- Use Cases (in Form der Use-Case-Beschreibungen bzw. -Szenarien) sind eine detailliertere Beschreibung als User Stories.
- User Stories beschreiben eine einfache Anforderung an das System mit primär funktionalem Charakter. Use Cases beschreiben eine Ablaufsicht mit einem Hauptablauf, Varianten und eventuell auch Negativfällen.

Sowohl User Stories als auch Use Cases sind aus Kundensicht geschrieben und sollen jeweils einen Mehrwert für den Kunden darstellen. User Stories können bzw. sollen die grafisch modellierten Prozesse weiter beschreiben und so »zerlegen«, dass alle funktional wichtigen Teile aus den Prozessen herausgelöst und im weiteren Entwicklungsprozess verarbeitbar beschrieben werden. Prozesse selbst können nicht gut im Entwicklungsprozess als Requirements weiterverarbeitet werden. Sie stellen den Zusammenhang zwischen Requirements her.

> User Stories sind die »funktionalen Extrakte« aus den Business-Prozessen zur weiteren Verarbeitung im Entwicklungsprozess.

Eine User Story muss klar aus Benutzer- oder Kundensicht geschrieben sein, im Idealfall vom User bzw. Kunden selbst. Gemäß [Cohn 2010] setzt sich eine User Story aus drei Bestandteilen zusammen:

- Schriftliche Beschreibung der Story
- Gespräche über die Story-Details
- Tests, die die Details und die Umsetzung dokumentieren

In [Alexander & Maiden 2004] wird betont, dass der Charakter von User Stories besonders durch die benutzerorientierte Sichtweise und die Formulierung als leicht verständliche »Geschichte« geprägt ist.

Zur **Darstellung von Stories** werden oft Story Cards verwendet, wobei die Beschreibung der Story auf der Vorderseite dargestellt wird und die Akzeptanzkriterien und Tests auf der Rückseite. Die Testbeschreibungen auf der Rückseite der Story Card werden oftmals als Akzeptanztests bezeichnet. Da die Beschreibung hier sehr grob und nicht im Sinne einer Testspezifikation erfolgt, ist dies etwas irreführend. In diesem Buch wird daher dafür der Begriff »Akzeptanzkriterien« verwendet.

Empfehlenswert ist es, die Story Cards *nicht* als Requirements-Dokumentation zu sehen, sondern als Hilfsmittel und Technik im Requirements-Diskussionsprozess. Wenn die Story Cards z.B. in kleinen Projekten als alleinige Spezifikationstechnik eingesetzt werden (was nicht empfohlen werden kann), dann sollten diese zumindest in einem passenden Tool verwaltet werden.

Generell sollte die Dokumentation und Handhabung der Stories und der dazu definierten Akzeptanzkriterien in passenden Tools erfolgen (Requirements-Management-Tools, Testmanagementtools).

> Story Cards in ihrer papiermäßigen Ausprägung sind nur Darstellungs- und Diskussionshilfsmittel und keine angemessene Dokumentation von vertraglich vereinbarten Requirements!

Der **Detaillierungsgrad** einer User Story sollte nicht zu oberflächlich sein, aber auch nicht zu detailliert. Wenn vorher eine systematische Prozessanalyse und -modellierung erfolgt ist, besteht diese Gefahr kaum mehr, da sich grobe Stories mehr oder weniger automatisch aus der Prozessdarstellung ableiten lassen.

Viel häufiger werden die Stories zu detailliert erstellt. Für eine typische User Story von passender Detailliertheit sollte der grob geschätzte Aufwand ca. zwischen ein bis fünf Tagen liegen. Zu detailliert ist man, wenn man merkt, dass man Aufzählungen von funktionalen Detailelementen oder GUI-Elementen als Stories formuliert:

- »Als Benutzer kann ich die Kommt-Zeit eingeben, um den Beginn meines Arbeitstages zu protokollieren.«
- »Als Benutzer kann ich die Geht-Zeit eingeben, um das Ende meines Arbeitstages zu protokollieren.«
- »Als Benutzer kann ich die Pausen-Zeit eingeben, um die Einhaltung der gesetzlichen Pausenzeiten zu dokumentieren.«

Die **Akzeptanzkriterien** sollten im Rahmen der User Stories grob und stichwortartig dokumentiert werden. Es ist nicht notwendig und auch nicht effizient, schon hier eine detaillierte Testspezifikation zu erstellen. Die Akzeptanzkriterien sollen jedoch alle wesentlichen Punkte für die Abnahme der Story enthalten, sodass auf dieser Basis ein sinnvoller Abnahmetest des Systems erstellt werden kann.

Hinweis: Sollte die Zeit in einem Projekt einmal nicht ausreichen, einen strukturierten Akzeptanztest für die Abnahme zu spezifizieren, so kann auf Basis der stichwortartigen Akzeptanzkriterien zumindest ein explorativer Abnahmetest durchgeführt werden, ohne die wesentlichen Punkte zu übersehen.

Aufpassen muss man bei User Stories vor allem dann, wenn diese als primäres, vielleicht sogar einziges Spezifikationsinstrument eingesetzt werden. In [Cohn 2010] ist dazu Folgendes zu lesen: »Bei größeren Projekten kann es schwierig sein, Hunderte oder Tausende von Stories zu verfolgen, sie müssen eventuell durch zusätzliche Dokumente zur besseren Rückverfolgbarkeit erweitert werden. Obwohl die Zunahme von implizitem Wissen durch direkte Kommunikation hervorragend ist, können Gespräche nicht so ausgeweitet werden, dass sie die schriftlichen Dokumente bei großen Projekten gänzlich ersetzen könnten.«

Beispiele für User Stories inkl. Akzeptanzkriterien:

Abgeleitet aus den Business-Prozessen am Beispiel »Tagesarbeitszeit und Projektzeit erfassen« ergeben sich folgende Stories:

Story 1:	Akzeptanzkriterien 1:
»Als Mitarbeiter möchte ich meine Tagesarbeitszeit und die Pausen erfassen, damit ich gegenüber dem Arbeitgeber und dem Arbeitszeitgesetz meine Arbeitszeiten nachweisen kann.«	■ Kommt-/Geht-Zeit (versch. Kombinationen) ■ Pauseneingabe ■ Tagesarbeitsdauer-Berechnung ■ Interne Arbeitszeitregelungen ■ Grenzen gem. Arbeitszeitgesetz

Aus dieser einfachen Story ergeben sich einige weitere Informationen:

■ Pausen sind zu berücksichtigen.
■ Seitens des Arbeitsgebers gibt es einiges zu beachten.
■ Es gibt ein Arbeitszeitgesetz, das ebenfalls berücksichtigt werden muss.

In Story 1 wird deutlich, dass in einzelnen Stichworten, die hier als »Begründung« bzw. »Nutzen« in der Story angeführt werden, durchaus noch für die weitere Spezifikation brisante und relevante Informationen versteckt sind – mit dem Stichwort »Arbeitszeitgesetz« sogar eine rechtlich relevante Rahmenbedingung (siehe Abschnitt 4.3.3).

Zusätzliche, für den Benutzer bzw. Käufer wesentliche Aspekte wurden dann in den Akzeptanzkriterien definiert:

■ Die Tagesarbeitszeit wird nicht als Dauer in Stunden eingegeben, sondern aus einer Kommt- und Geht-Zeit berechnet.
■ Es gibt eine Arbeitszeitregelung, die berücksichtigt werden muss.

Story 2:	Akzeptanzkriterien 2:
»Als Mitarbeiter möchte ich die Tagesarbeitszeit meinen aktuellen Projekten zuordnen können, damit die Projektkalkulation und Projektabrechnung daraus erstellt werden kann.«	■ Anzeige (nur) aktueller Projekte ■ Zuordnen der Arbeitszeit (von-bis) zu Projekten ■ Check auf Überschneidung der eingegebenen Projektzeiten ■ Autom. Füllen von Leerzeiten

→

Aus dieser einfachen Story ergeben sich ebenfalls schon ein paar interessante Aspekte:

▪ Zeiten sollen nur zu aktuellen Projekten zugeordnet werden können.

▪ Es wird eine Projektkalkulation und eine Projektabrechnung erstellt, was auf entsprechende Schnittstellen hindeutet. In diesem Zusammenhang sollte gleich ein Quercheck mit dem Kontextdiagramm (siehe Abschnitt 4.1.3) vorgenommen oder zumindest vorgemerkt werden.

Zusätzliche Informationen wurden in den Akzeptanzkriterien definiert:

▪ Die Arbeitszeit soll nicht als Dauer in Stunden auf die Projekte gebucht werden, sondern mit Angabe der Von-bis-Zeiten.

▪ Es soll ein Check auf Überschneidung der eingegeben Zeiten erfolgen (z.B. darf der Bis-Zeiteintrag eines Projekts nicht nach der Von-Zeit eines anderen Projektzeiteintrags liegen).

▪ Die übrig bleibenden Leerzeiten werden automatisch als Zeiten eingetragen, wobei hier noch überlegt werden muss, ob diese dann automatisch als Pausen angelegt oder einem internen Projekt zugeordnet werden.

Anmerkung: Beim genaueren Nachdenken oder zu späteren Zeitpunkten im Projekt werden eventuell weitere Akzeptanzkriterien aufkommen, die dann noch in der Akzeptanzkriterienliste ergänzt werden müssen, wie z.B.:

▪ Die Summe der Projektzeiten muss in die Tagesarbeitszeit passen.

▪ Jeder Zeiteintrag muss einer Tätigkeitsart zugeordnet werden (z.B. Ausarbeitung, Workshop, Besprechung, Entwicklung).

▪ u.v.m.

In der Praxis wurden viele funktionale Punkte, die in den Stories und in den Akzeptanzkriterien besprochen und erfasst werden, in der ersten Prozessmodellierung nicht behandelt, da sie für den Prozess und dessen Darstellung nicht wesentlich waren. Außerdem können viele dieser Aspekte in einer Prozessdarstellung gar nicht sinnvoll abgebildet werden. Für die funktionale Systemspezifikation sind diese Punkte jedoch sehr wesentlich.

Man sieht an diesem Beispiel recht deutlich den Zusammenhang und die Notwendigkeit sowohl von Prozessen als auch von User Stories und Akzeptanzkriterien.

> *Prozesse beschreiben die Zusammenhänge und User Stories inklusive der Akzeptanzkriterien beschreiben die funktionalen Aspekte des Systems. Beides ist für die benutzerorientierte Spezifikation des Systems notwendig!*

Nicht funktionale User Stories?

Manchmal könnte man im Brainstorming zu User Stories auch verleitet sein, Punkte zu spezifizieren wie z.B.: »Das System muss in Spitzenzeiten bis zu 50 User gleichzeitig unterstützen, da das System auch bei einer weiteren Expansion in den kommenden Jahren funktionieren muss.« Dies hat zwar einen Nutzen für den Benutzer, ist aber keine User Story im engeren Sinn, da der Inhalt eine nicht funktionale Sicht beschreibt. Daher sollte diese Story in den Pool der nicht funktionalen Anforderungen aufgenommen werden (siehe Abschnitt 4.3.3).

Hinweis: Es ist jedenfalls wichtig, diese Anforderung zu spezifizieren. Wenn es keinen systematischen Pool für nicht funktionale Anforderungen gibt, ist es daher besser, diese Anforderung auf einer Story Card zu belassen, um sie nicht zu vergessen.

Technische User Stories?

Durch die notwendige Beteiligung von Entwicklern und Technikern an der Sammlung und Spezifikation von User Stories kann es passieren, dass manchmal die Technikersicht »durchrutscht« und Stories formuliert werden, wie z. B.: »Das System wird mit der Datenbank über einen Konnektor-Pool verbunden.« Dies ist eine Anforderung an das System, die keinen unmittelbaren Kundennutzen hat und auch die gewünschte Funktion nicht aus Kundensicht beschreibt. Dies ist daher ganz klar *keine* User Story. Man bezeichnet solche Formulierungen daher als Developer Story (siehe Abschnitt 4.6.3).

Weitere Qualitätskriterien für die Formulierung guter User Stories sind in Abschnitt 3.1 zu finden.

4.3.3   User Constraints

Definition	Story-übergreifende, nicht funktionale Anforderungen werden als **Constraints** formuliert. Constraints beschreiben technische Randbedingungen, die immer gelten und bei jeder Neu- oder Weiterentwicklung des Systems zu beachten sind [Wirdemann 2011].
Anwendung	Constraints repräsentieren nicht funktionale Anforderungen und Rahmenbedingungen aus Sicht des Kunden mit einem Detaillierungsgrad, der je nach Phase und Inhalt auf Ebene der Epics, Features oder User Stories liegen kann und ebenso wie die Anforderungen als Basis für die Planung der nächsten Iteration bzw. des Release dienen kann.
	Die wesentlichen Constraints sollten unmittelbar nach Definition der Ziele und Stakeholder festgelegt werden, da sie den weiteren Spezifikationsprozess evtl. sehr stark beeinflussen können.
	Sie bilden die Basis für alle anderen Requirements und auch für entsprechende Tests.

→

Mitwirkende	▦ Produktmanager ▦ Product Owner ▦ Fachbereichsmitarbeiter ▦ Key User ▦ »Das Team« inkl. Tester ▦ Systemarchitekt ▦ Usability Engineer ▦ Support ▦ Betreiber-IT
Eigenschaften	▦ Kurze, nicht funktionale Anforderungsbeschreibung aus Benutzersicht oder Beschreibung von vorgegebenen Rahmenbedingungen ▦ In Alltagssprache formuliert, in der Regel nicht mehr als ein bis zwei Sätze ▦ Spezifikationsebene(n) parallel zu Epics, Features oder User Stories ▦ Spezifikation von mittlerer Detailliertheit ▦ Constraints werden nicht direkt programmiert, sondern beeinflussen die Programmierung. ▦ Ein Constraint kann daher Auswirkungen auf mehrere Iterationen oder auch über die gesamte Laufzeit hinweg bzw. den gesamten Lebenszyklus des Systems haben. ▦ Sehr wichtig für die Architektur und das Design des Systems. ▦ Constraints sind die »Leitplanken« für die anderen Requirements. ▦ Aufwandsschätzung je nach Constraint und Detailliertheit kaum, grob oder mit einer guten Genauigkeit möglich
Zeitpunkt	Die wesentlichen Constraints (»Leitplanken«) möglichst frühzeitig, wenn möglich vor oder am Beginn des Projekts. Laufend vor der ersten Umsetzungsiteration, Verfeinerung in den Umsetzungsiterationen vor dem Start der Programmierung, z. B. in der Sprint-Planung
Vorlaufzeit bis Umsetzung	Sehr unterschiedlich!
Hinweise	Es gibt zwei Arten von Constraints: ▦ Nicht funktionale Anforderungen (müssen getestet werden) ▦ Rahmenbedingungen (sind vorgegeben und müssen daher nicht getestet werden)

Constraints verursachen meist zusätzliche Entwickleraufwände, die im Normalfall aber keiner Benutzeranforderung direkt zugeordnet werden können.

> **Constraints müssen in der Planung berücksichtigt werden, da sie oft einen beträchtlichen zusätzlichen Aufwand bedeuten!**

Eigenständige Constraints, die nicht durch eine implizite Aufwandszuordnung zu anderen Requirements bereits abgedeckt und in der Schätzung berücksichtigt wurden, sollten daher explizit in den Backlog eingefügt und eingeplant werden, da es sich ja um explizite Anforderungen handelt, die zusätzlichen Aufwand verursachen. Ebenso ist auch eine Aufteilung bzw. Zuordnung zu Tasks vorzunehmen.

4.3.3.1 Nicht funktionale Anforderungen

Nicht funktionale Anforderungen (NFA, Qualitätsanforderungen) werden auch definiert als qualitative Eigenschaften, die das System oder einzelne Funktionen des betrachteten Systems aufweisen sollen bzw. als eine Beschreibung einer Beschaffenheit oder einer Charakteristik, die ein System aufweisen muss. Sie schränken meist den Freiheitsgrad bei der Konstruktion des Systems, also der Umsetzung der funktionalen Anforderungen, ein.

Wenn nicht funktionale Anforderungen spezifiziert werden, ist es wichtig, dass ein erfahrener Architekt in die Spezifikation eingebunden wird, da nicht funktionale Anforderungen große Auswirkungen auf die innere Struktur eines Systems haben. Ebenso kann es erforderlich sein, dass ein Usability-Experte bei der Spezifikation dabei ist, wenn es um die Benutzbarkeit und Benutzerschnittstelle des Systems geht.

Nicht funktionale Anforderungen können auf jeder Ebene der Spezifikation, z. B. grob im Rahmen der Epics oder auch als User Story oder noch tiefer in den Details, auftauchen und sollten dann auch dort festgehalten werden.

Beispiele für NFA-Constraints auf Epic-Ebene:

- »Das Zeiterfassungssystem soll eine tolle Usability haben.«
- »Das Zeiterfassungssystem soll eine schnelle Reaktionszeit haben.«
- »Das Zeiterfassungssystem soll gut wartbar sein.«

Anmerkungen: Für sich alleine gesehen sind dies sehr schlecht formulierte nicht funktionale Requirements und sollten in dieser Form nicht so stehen bleiben, sondern in weiterer Folge durch Detailspezifikationen (siehe später in diesem Kapitel) weiter konkretisiert werden. Andernfalls führt dies unweigerlich bei der Abnahme zu unangenehmen Diskussionen, da sich der Kunde mit Sicherheit etwas anderes unter »toller Usability« vorstellt als der Entwickler.

In dieser Form haben die Requirements nur eine temporäre Berechtigung als »Merker«, damit klar ist, dass dieser Punkt wichtig ist und nicht vergessen werden soll.

Einige Punkte, die bei der Spezifikation von nicht funktionalen Anforderungen berücksichtigt werden sollten, sind:

- Ein System muss nicht nur die geforderte fachliche Funktionalität abbilden, sondern auch entscheidende nicht funktionale Anforderungen erfüllen. Dies wird am Anfang oft vergessen oder übersehen.
- Nicht funktionale Anforderungen (NFA) können je nach Kritikalität und Einsatzgebiet des Systems weitreichende Folgen haben.

▓ NFAs haben weitreichenden Einfluss auf Architektur und Systemdesign. Viele Architektur- und Designentscheidungen werden maßgeblich durch NFAs gesteuert.

▓ Auch nicht funktionale Anforderungen sind abnahmerelevant.
Daher sind auch Abnahmekriterien nötig. Die Testbarkeitskriterien gelten hier genauso.

▓ Achtung: Es kann eine gegenseitige Abhängigkeit und Beeinflussung zwischen nicht funktionalen Kriterien geben (z.B. Security und Usability oder Parametrierbarkeit und Testbarkeit).

▓ Es gibt in der Praxis verschiedene Gliederungssystematiken für nicht funktionale Anforderungen, die versuchen, die wesentlichen nicht funktionalen Kriterien übersichtlich zu strukturieren. Ein bekanntes Modell dabei ist die ISO 9126 bzw. die ISO-25000-Reihe.

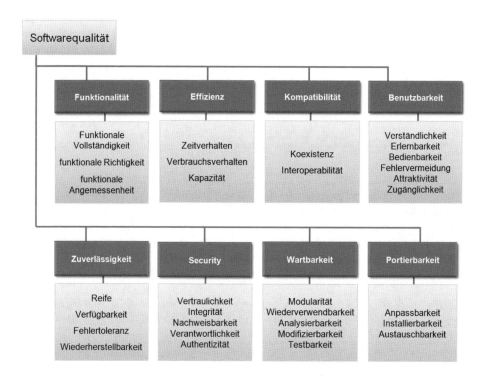

Abb. 4–12   *Nicht funktionale Anforderungen nach ISO 25010*

Abbildung 4–12 zeigt die nicht funktionalen Anforderungen nach ISO 25010. Nachfolgend werden die einzelnen Punkte noch genauer dargestellt, wobei hier primär die benutzerbezogenen, systemexternen Kriterien herausgegriffen werden. Das innere Qualitätskriterium Wartbarkeit wird in Abschnitt 4.6.5 näher beschrieben.

Funktionalität

Hier wird beschrieben, inwieweit die Funktionalität die Bedürfnisse der Nutzer unter bestimmten Bedingungen abdeckt. Teilaspekte sind:

▢ *Vollständigkeit*:
Inwieweit werden alle Benutzerwünsche und spezifizierten Aufgaben durch die Funktionen des Systems abgedeckt?

▢ *Richtigkeit*:
Inwieweit werden korrekte Ergebnisse in der gewünschten Genauigkeit geliefert?

▢ *Angemessenheit*:
Inwieweit unterstützt die Funktionalität die Durchführung der Aufgaben und Ziele? Dies ist konform zu der Forderung der »Suitability« in der Usability-Norm ISO 9241-10.

Effizienz

Effizienz beschreibt die Fähigkeit des Systems, ein angemessenes Leistungsniveau relativ zu den dafür eingesetzten Betriebsmitteln bereitzustellen. Teilaspekte sind:

▢ *Zeitverhalten*:
Beschreibt Anforderungen, um eine angemessene Antwort- und Verarbeitungszeit sowie Durchsatz zur Verfügung zu stellen.

▢ *Verbrauchsverhalten*:
Kriterien für die Anzahl und Dauer der für die Funktionserfüllung benötigten Betriebsmittel.

▢ *Kapazitätsgrenzen*:
Welche Kapazitätsgrenzen hat das System und passt das zu den Anforderungen?

Beispiele für Effizienz als NFA-Constraint auf Story-Ebene inkl. Akzeptanzkriterien:

Constraint NFA EFF.1:	**Akzeptanzkriterien NFA EFF.1:**
Effizienz – Zeitverhalten: »Als Benutzer möchte ich, dass spätestens 5 Sekunden nach Abschließen einer Maske eine Reaktion des Systems erfolgt.«	▢ Test aller Masken mit einer typischen Verwendungshäufigkeit von mehr als 1× pro Tag ▢ Umgebung: Testsystem X

Hinweis: Gerade bei den nicht funktionalen Kriterien werden gerne Universalquantoren verwendet. Hier im Beispiel geschieht dies zwar nicht explizit, jedoch wenn diese Anforderung nicht durch Abnahmekriterien konkretisiert wird, würde diese dann für *alle* Masken gelten. Hier soll man sich die Frage stellen: »Wirklich für *alle* Masken?«

→

Constraint NFA EFF.2:

Effizienz – Zeitverhalten:
»Als Controller möchte ich, dass
die monatliche Verarbeitung von
1000 eingegebenen Projektzeit-
datensätzen innerhalb von max.
10 Minuten erfolgen muss.«

Akzeptanzkriterien NFA EFF.2:

▪ Monatliche Datenverarbeitung
   am Controller-Client für
   10 Mitarbeiter mit je 20 Tages-
   einträgen und je Tag 5 Projekt-
   buchungen.
▪ Dauer je Durchführung
   < 10 Minuten am Testsystem X

Hinweis: Bei der Spezifikation der Effizienz geht es oft um Zeitangaben. Diese dürfen nicht einfach so angegeben werden. Eine Spezifikation wie oben unter Constraint NFA EFF.1 wäre für sich alleine zu wenig. Es ist nicht klar, unter welchen Voraussetzungen hier gemessen wird. Welche Hardware, welche Software etc. liegen zugrunde?

Um hier nicht später in Diskussionen oder gar Streit zu geraten, muss spätestens beim Formulieren der Abnahmekriterien immer eine exakte Angabe der Messumgebung erfolgen:

▪ Genaue verwendete Hardware
▪ Genaue verwendete Software (Version, evtl. auch Patches etc.), sowohl für die getestete Software als auch für Betriebssystem und sonstige auf dem System laufende Software
▪ Angaben über die zugrunde liegenden Testdaten (z.B. wie viele Datensätze sind in der Datenbank)
▪ Betriebsdaten wie Auslastung der Prozessoren, Netzwerk, Speicher etc.
▪ usw.

Wenn eine bestimmte Testumgebung aufgebaut und dann nicht mehr verändert wird, kann man auch auf diese Testumgebung eindeutig referenzieren und sich damit Aufwand in der Spezifikation sparen.

Kompatibilität

Hier werden Anforderungen für den Austausch mit anderen Systemen oder Komponenten definiert oder auch die Anforderung, ob das System in der Lage sein soll, Hardware oder Software gemeinsam mit anderen Systemen zu nutzen. Teilaspekte sind:

▪ *Koexistenz*:
   Beschreibt die Möglichkeit, das System zusammen mit anderen Systemen in einer gemeinsamen Umgebung eventuell auch unter Verwendung von gemeinsamen Ressourcen zu betreiben, ohne sich gegenseitig negativ zu beeinflussen.

▪ *Zusammenarbeit (Interoperability)*:
   Beschreibt Anforderungen für die gemeinsame Nutzung oder den Austausch von Informationen mit anderen Systemen oder Komponenten.

Benutzbarkeit (Usability)

Hier werden Kriterien beschrieben, die für die Benutzung und die individuelle Beurteilung der Benutzung durch eine bestimmte Benutzergruppe erforderlich sind. Teilaspekte sind:

▨ *Verständlichkeit*:
Möglichkeiten des Benutzers, das Systemkonzept zu verstehen und zu erkennen, ob das System für seine Anforderungen passt und wie er mit diesem System umgehen soll.

▨ *Erlernbarkeit*:
Aspekte für den Benutzer, um das System zu erlernen, wie Eingabe/Ausgabe, Bedienung, usw. Diese Anforderung soll den Designern zeigen, wie die Anwender das System erlernen.

▨ *Bedienbarkeit*:
Anforderungen an das Handling bzw. die Steuerung der Anwendung und Berücksichtigung ergonomischer Aspekte.

▨ *Fehlervermeidung (User Error Protection)*:
Wie verhindert das System, dass der Benutzer Fehler macht?

▨ *Attraktivität (Look and Feel)*:
Aspekte, die die Attraktivität für den Benutzer steigern. Hier wird die Vorstellung des Kunden vom Erscheinungsbild des Systems spezifiziert.

▨ *Zugänglichkeit (Accessibility)*:
Aspekte, die die Möglichkeiten für den Benutzer beschreiben, um einfachen Zugang zum System zu erhalten z.B. Kriterien beschreiben für Benutzer mit Einschränkungen (körperliche Behinderungen ...).

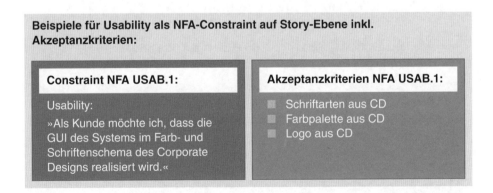

Beispiele für Usability als NFA-Constraint auf Story-Ebene inkl. Akzeptanzkriterien:

Constraint NFA USAB.1:	Akzeptanzkriterien NFA USAB.1:
Usability: »Als Kunde möchte ich, dass die GUI des Systems im Farb- und Schriftenschema des Corporate Designs realisiert wird.«	▨ Schriftarten aus CD ▨ Farbpalette aus CD ▨ Logo aus CD

→

Constraint NFA USAB.2:

Usability:

»Als Benutzer möchte ich einen
Maskenaufbau und eine Benutzer-
führung, die konform zum Microsoft
Windows Usability Styleguide
V.2014 ausgeführt ist.«

Akzeptanzkriterien NFA USAB.2:

▦ Jede Eingabemaske entspricht
dem Usability Styleguide
▦ Die Menüs und Benutzerführung
sind entsprechend dem Styleguide ausgeführt

Zuverlässigkeit

Dies sind Kriterien, die die Fähigkeit des Systems spezifizieren, das Leistungsniveau unter festgelegten Bedingungen über einen festgelegten Zeitraum aufrecht-
zuhalten. Teilaspekte dabei sind:

▦ *Reife (Maturity)*:
Gibt die Versagenshäufigkeit durch Fehlerzustände an.

▦ *Verfügbarkeit*:
Ist der Grad, in dem ein System betriebsbereit und zugänglich ist, wenn es
benötigt wird. Die Verfügbarkeit wird maßgeblich beeinflusst durch die Faktoren Reife, Fehlertoleranz und Wiederherstellbarkeit.

▦ *Fehlertoleranz*:
Fähigkeit, ein festgelegtes Leistungsniveau bei Softwarefehlern oder Nichtein-
haltung der spezifizierten Schnittstelle zu erhalten.

▦ *Wiederherstellbarkeit*:
Definiert die Fähigkeit des Systems, bei einem Versagen das Leistungsniveau
wiederherzustellen und die direkt betroffenen Daten wiederzugewinnen.

**Beispiele für Zuverlässigkeit als NFA-Constraint auf Story-Ebene inkl.
Akzeptanzkriterien:**

Constraint NFA REL.1:

Reliability – Reife:

»Als Benutzer möchte ich, dass der
Client maximal 2 Mal pro Monat
abstürzt oder sich »aufhängt.«

Akzeptanzkriterien NFA REL.1:

▦ Statistische Erhebung, Laufzeit
3 Monate in der Abnahmephase
▦ 10 tatsächliche User
▦ 500 zusätzliche gleichzeitige
User mit den Kernaktivitäten
werden simuliert

→

Constraint NFA REL.2:

Reliability – Fehlertoleranz:

»Als Benutzer möchte ich, dass mich das System auf syntaktische Falscheingaben in Feldern aufmerksam macht.«

Akzeptanzkriterien NFA REL.2:

- Für jede syntaktisch falsche Eingabe in ein Feld soll ein Popup-Fenster mit einer sprechenden Fehlermeldung angezeigt werden.

Hinweis: Syntaktisch falsche Eingaben sind Werte, die außerhalb der definierten Wertebereiche eines Feldes liegen (z.B. »34.3.2014« als Datum, »130%« bei einem Feld mit 0–100%, »xxxxxxxxxx« bei einem Textfeld mit max. 5 Zeichen).

Informationssicherheit (Security)

Hier werden Kriterien beschrieben, wie das System Informationen und Daten schützt, sodass Benutzer oder andere Systeme nur Zugang entsprechend ihrer Art und Berechtigung haben. Teilaspekte sind:

- *Vertraulichkeit*:
  Sicherstellen, dass Daten nur für entsprechend zugriffsberechtigte Benutzer und Systeme zugänglich sind.
- *Integrität*:
  Anforderung an das System, um unautorisierten Zugriff oder Manipulation von Programmen oder Daten zu verhindern.
- *Nachweisbarkeit*:
  Sicherstellen, dass Handlungen oder Ereignisse nachgewiesen und nicht abgestritten werden können.
- *Verantwortlichkeit*:
  Wie weit kann jede Handlung eines Benutzers oder Systems eindeutig diesem zugeordnet werden?
- *Authentizität*:
  Wie weit kann die Identität eines Systems oder Benutzers nachgewiesen werden, dass er auch derjenige ist, der er vorgibt zu sein.

Beispiele für Security als NFA-Constraint auf Story-Ebene:

Constraint NFA SEC.1:

Security:

»Als Mitarbeiter möchte ich, dass die von mir eingegebenen Daten nur von mir und von anderen Anwendern, die explizit von mir dazu autorisiert werden, eingesehen werden können. Auch der Systemadministrator soll keinen Zugriff auf meine Daten haben.«

Hinweis: Der Punkt **Wartbarkeit** wird im Rahmen der Entwickleranforderungen in Abschnitt 4.6.5.1 behandelt.

Portierbarkeit

Damit wird die Eignung des Systems beschrieben, von einer Umgebung (organisatorische, hardware- oder softwaretechnische ...) in eine andere übertragen zu werden. Teilaspekte sind:

- *Anpassbarkeit:*
  Beschreibt die Möglichkeit, das System an verschiedene festgelegte Umgebungen anzupassen, wenn nur Schritte unternommen oder Mittel eingesetzt werden, die für diesen Zweck für dieses System schon vorgesehen sind.

- *Installierbarkeit:*
  Anforderungen, die für das Installieren des Systems in einer anderen Umgebung notwendig sind.

- *Austauschbarkeit:*
  Beschreibt den Grad, in dem das System ein anderes System für den gleichen Zweck und in der gleichen Umgebung ersetzen soll. Dies ist z. B. für System-Upgrades oder einen kompletten Systemaustausch relevant.

Beispiele für Portierbarkeit als NFA-Constraint auf Story-Ebene inkl. Akzeptanzkriterien:

Constraint NFA ADPT.1:	**Akzeptanzkriterien NFA ADPT.1:**
Portierbarkeit – Anpassbarkeit: »Als Kunde möchte ich ohne zusätzliche Programmierung das Logo sowie die Schriften und Farben der Masken entsprechend dem Corporate Design einstellen und ändern können.«	▪ Schriftarten aus CD einstellen ▪ Farbpalette aus CD einstellen ▪ Logo aus CD einstellen ▪ Andere Schriftarten einstellen ▪ Andere Farbpalette einstellen ▪ Anderes Logo einstellen

Hinweis: Das Thema Anpassbarkeit ist meist ein Schnittstellenthema, z.B. eine konfigurierbare Benutzeroberfläche, wie in dem Beispiel oben. Da es sich hierbei um eine übergreifende nicht funktionale Anforderung handelt, kann dies weiterhin als NFA bearbeitet werden.

Wenn es jedoch um Systemschnittstellen geht, die konfiguriert werden sollen, ist es empfehlenswert, diese Anforderung hier aufzulösen und eine Systemschnittstellenspezifikation als funktionales Requirement hinzuzufügen.

$\rightarrow$

Constraint NFA INST.2:

Portierbarkeit – Installierbarkeit:

»Als Kunde möchte ich das System auf einer physischen Hardware, auf einem virtuellen Server unter VMWare und auf einem Terminal-Server ohne Programmieraufwand installieren können.«

Akzeptanzkriterien NFA INST.2:

- Windows Server 2012
- VMware ESX V5.1
- Windows Terminal Server 2012

Alle angegebenen Kriterien können natürlich je nach Projekt eventuell auch nur für die Entwickler spezifiziert sein. Für Beispiele zur Spezifikation der Entwicklersicht siehe Abschnitt 4.6.5.

Es gibt noch weitere nicht funktionale Qualitätskriterien außerhalb der ISO 25000, die sowohl aus Anwender- als auch aus Entwicklersicht relevant sein können:

Skalierbarkeit

Hiermit werden Anforderungen des Systems an den Umgang mit steigenden Nutzerzahlen oder Datenaufkommen beschrieben, z.B. mengenmäßige Ausweitung des Einsatzbereichs von einer Organisationseinheit auf alle Organisationsbereiche.

Beispiel für Kunden-NFA für Skalierbarkeit:

»In der ersten Ausbaustufe müssen 50 User gleichzeitig damit arbeiten, in der Endausbaustufe ohne merkliche Performance-Verschlechterung 500. Eine Reserve für bis zu 1000 gleichzeitige User muss vorhanden sein.«

Sicherheit der Anwender (Safety)

Hier werden Anforderungen an das System beschrieben, um Risiken, die durch das System gegeben sind und die für die Anwender ein personenbezogenes Gefahrenpotenzial, z.B. körperliche Verletzungsgefahr, darstellen, möglichst gering zu halten.

Beispiel für Kunden-NFA für Safety:

Für die Zeiterfassung ist das nicht relevant, daher ein Beispiel aus einem anderen Themenbereich (Lift): »Als Anwender möchte ich, dass ein Blockieren der Tür beim Schließen automatisch erkannt wird und das System das Anfahren des Lifts verhindert.«

Dokumentation

Definiert werden hier Kriterien wie Art, Umfang, Beschaffenheit, strukturelle und inhaltliche Vorgaben sowohl für die technische Dokumentation des Systems als auch die Anwenderdokumentation.

Beispiel für Kunden-NFA für Dokumentation:

»Die Benutzerdokumentation muss jede als Kernfunktion gekennzeichnete Funktionalität der Software wie folgt beschreiben:

- Zweck der Funktion
- Angabe, wie die Funktion angestoßen/aufgerufen werden kann
- Beschreibung der erforderlichen Benutzereingaben (bei Feldern jeweils auch Wertebereiche und Beispiele mit sinnvollen Werten)
- Beschreibung der Verarbeitung und des Ergebnisses
- Beschreibung von Ausnahme- und Fehlersituationen sowie die typischen Benutzerreaktionen oder Empfehlungen für die Situation.«

Über die genannten hinaus gibt es noch eine Reihe weiterer Kriterien, die bei Bedarf als eigener Punkt in die Spezifikation aufgenommen werden sollten, wie z.B.:

- *Konfigurierbarkeit*
- *Konsistenz*
- *Genauigkeit*
- *Möglichkeiten der Datenmigration*
- *Logging und Reporting*
- *Anforderungen an die Systemumgebung*
- *Vorkehrungen zur Beendigung/Außerbetriebnahme des Systems*

Nicht funktionale Anforderungen sind genauso wichtig wie funktionale Anforderungen, werden jedoch vielfach unterschätzt oder ignoriert. Die Auswirkungen sind oft erst sehr spät erkennbar. Probleme in diesem Zusammenhang zeigen sich oft erst beim Start des Echtbetriebs oder manchmal auch erst Jahre später. Bei business- oder personenkritischen Systemen kann dies katastrophale Folgen haben. Daher ist es unbedingt notwendig, die Spezifikation von Constraints nicht nur hinzunehmen, sondern vielmehr im Sinne einer vorausschauenden und nachhaltigen Systemumsetzung auch systematisch und strukturiert durchzuführen und dies auch zu fordern und zu fördern.

Nicht funktionale Anforderungen sind genauso sorgfältig zu spezifizieren und zu testen wie funktionale Anforderungen!

Wichtig bei der Formulierung ist nicht unbedingt, ob dies nun in ein bestimmtes Schema passt oder auf der richtigen Ebene erfolgt. Vielmehr ist es wichtig, dass die NFAs überhaupt spezifiziert werden. Daher sollten die Stichworte dazu auf einer Story Card oder im Requirements-System notiert werden, sobald eine NFA in einer Besprechung auftaucht, auch wenn sie gerade nicht zum Thema passt, damit sie nicht vergessen wird. Details können dann später noch ausgearbeitet werden.

Für die Abnahme und Objektivierung von nicht funktionalen Anforderungen gilt: Verschiedene NFAs lassen sich durch einen einzelnen Test nicht sinnvoll und objektiv testen. Vor allem im Themenbereich Usability sind viele Aspekte von Natur aus nur subjektiv zu beurteilen, da die Geschmäcker und Bedürfnisse der Benutzer einfach sehr unterschiedlich sind. Problematisch wird dies natürlich im Falle einer vertraglichen Abnahme. Hier könnte eine Diskussion zwischen Kunden und Lieferanten entstehen, ob denn nun die Software attraktiv oder verständlich genug entwickelt wurde. Darüber lässt sich trefflich streiten und es wäre schon ein gewaltiger Zufall, wenn hier eine einheitliche Meinung zu einer reibungslosen Abnahme führt.

Um solche Situationen zu vermeiden, ist es empfehlenswert, schon bei der Spezifikation der nicht funktionalen Kriterien genau zu überlegen, wie diese dann abgenommen werden sollen. Kriterien, die nicht objektiv messbar sind und von einem einzelnen Anwender subjektiv beurteilt werden, können objektiviert werden, indem man eine statistisch aussagekräftige Gruppe von Personen qualitativ befragt und daraus dann eine aggregierte Bewertung bildet. In der Praxis hat sich gezeigt, dass bei der Beurteilung von Usability-Kriterien eine repräsentative Gruppe von fünf bis acht Personen ausreicht, um eine qualifizierte Aussage zu erhalten bzw. auch um etwa 80–90 % aller Usability-Problempunkte zu entdecken.

Dabei muss jedoch aufgepasst werden, dass es Kriterien gibt, die für eine objektive Beurteilung einen »Einweg-Tester« benötigen. So kann z.B. die Erlernbarkeit für neue Anwender von jedem Tester nur genau einmal beurteilt werden, denn nach dem Test kennt der Tester die Software schon und kann daher die Erlernbarkeit nicht mehr beurteilen. Problematisch ist dabei auch, dass man natürlich immer wieder auf eine repräsentative Zusammensetzung der neuen Testgruppe achten muss. Die Tester werden in diesem Fall schnell knapp. Hier ist daher genau zu überlegen, welche Abnahmeverfahren sinnvoll sind, um nicht eine böse Überraschung mit der Durchführbarkeit oder mit den Kosten zu erleben.

4.3.3.2 Rahmenbedingungen

Wenn Rahmenbedingungen spezifiziert werden, so ist dabei zu beachten, dass diese eigentlich keine Requirements sind, da sie von vornherein vorgegeben sind. Rahmenbedingungen selbst müssen daher auch nicht getestet werden, können aber durchaus für den Test relevant sein. Der Unterschied zwischen Rahmenbedingungen und Requirements besteht darin, dass von den Stakeholdern für funktionale und nicht funktionale Requirements selbst bestimmt werden kann, ob diese inhaltlich in das Projekt aufgenommen werden sollen oder nicht. Bei Rahmenbedingungen können die Stakeholder nicht selbst entscheiden, sondern diese sind vorgegeben.

Beispiel: Rahmenbedingung oder NFA?

Wenn ein Kunde Windows 7 im Einsatz hat und das System darauf laufen muss, weil die IT-Policy im Unternehmen das vorschreibt, ist es eine Rahmenbedingung, da sie von außerhalb des Projekts (von der IT) vorgegeben wurde.

Wenn der Kunde unabhängig davon, was er für eine tatsächliche Systemumgebung hat, möchte, dass das neue System auf Windows 8 läuft, dann ist das eine nicht funktionale Kundenanforderung.

Rahmenbedingungen können einerseits wirklich *unverrückbare Punkte* sein wie z. B. eine gesetzliche Vorgabe oder Norm, z. B. bei Softwareentwicklung im Medizinumfeld, oder aber es sind Fakten, die im Falle einer Änderung eine so große Auswirkung haben, dass sie in der Entscheidungshierarchie weit über den Stakeholdern liegen, *oder* eine so *große Auswirkung* hätten, dass eine *Änderung nicht sinnvoll möglich oder sehr unwahrscheinlich* ist. Wenn z. B. ein sehr großes Unternehmen mit Tausenden Arbeitsplätzen ausschließlich Windows-Clients im Einsatz hat, daher lautet die Rahmenbedingung, dass das neue System in einer bestimmten Version von Windows laufen muss. Ein Austausch der Windows-Version würde unvertretbar hohe Kosten und Risiken verursachen.

Beispiele für Constraints als Rahmenbedingungen:

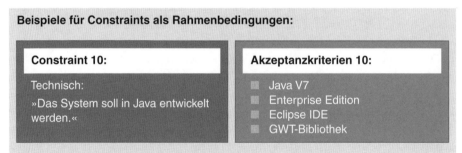

Constraint 10:	Akzeptanzkriterien 10:
Technisch: »Das System soll in Java entwickelt werden.«	▪ Java V7 ▪ Enterprise Edition ▪ Eclipse IDE ▪ GWT-Bibliothek

Hinweis: Da es sich bei Rahmenbedingungen um keine Anforderungen handelt, die implementiert werden, können die Akzeptanztests meist auch relativ kurz gehalten werden. Oft genügt es auch, eine einfache Ja/Nein-Frage zu stellen, wie »Ist vorhanden oder ist nicht vorhanden?«

Das Hinterfragen der Rahmenbedingungen bei der Erstellung der Akzeptanzkriterien ist natürlich trotzdem sinnvoll, da man dabei, wie in obigem Beispiel angegeben, auch erkennen kann, ob noch wichtige Parameter fehlen, z. B. Versionsnummer, Zusatzeigenschaften oder Frameworks. Diese sollte man dann in Form von Akzeptanzkriterien ergänzen.

$\longrightarrow$

Constraint 20:

Organisatorisch:

»Die Schnittstelle zum Personalverwaltungssystem wird im Projekt
HR-NEU definiert.«

Akzeptanzkriterien 20:

■ Schnittstellenspezifikation aus
Projekt HR-NEU verwendet?

Hinweis: Neben technischen Rahmenbedingungen können auch organisatorische, personelle oder finanzielle Rahmenbedingungen gegeben sein, die dann Auswirkungen auf die Planung und den Projektverlauf haben können.

Generell ist bei der Spezifikation von Constraints zu beachten, dass diese je nach Umfeld und Inhalt mitunter auch eine sehr lange Vorlaufzeit benötigen, bis sie umgesetzt werden können. Wenn z.B. eine komplett neue Programmiersprache eingesetzt werden soll, so kann es sein, dass dies einige Monate an zusätzlichem Lernaufwand für die Programmierer bedeutet oder man zuerst Experten mit diesem Wissen suchen und anstellen oder extern zukaufen muss.

Rahmenbedingungen sind nicht oder nur sehr schwer veränderbar und sollten daher möglichst frühzeitig im Projekt bekannt sein.

Es ist daher gerade bei Constraints wichtig, möglichst frühzeitig alle relevanten Rahmenbedingungen zu kennen, damit nicht im Laufe des Projekts böse Überraschungen auftauchen. Im Gegensatz zu den Anforderungen sind die Rahmenbedingungen ja nicht veränderbar – das heißt, dass eventuell auch unangenehme Einschränkungen mit großen Auswirkungen nicht vermieden werden können. Bei den NFA-Constraints, die ja Anforderungen der Stakeholder darstellen, hat man in vielen Fällen noch die Möglichkeit der Anpassung, wenn sich im Projektverlauf zeigt, dass dies in der ursprünglichen Definition nicht umsetzbar ist. So könnte man z.B. eine längere Antwortzeit akzeptieren oder auf die Einhaltung einer bestimmten Usability-Guideline verzichten.

4.4   Benutzerschnittstelle

Definition	Die **Benutzerschnittstelle** stellt die Schnittstelle zur Interaktion des Benutzers mit dem System dar.
Anwendung	Benutzerschnittstellen repräsentieren sowohl funktionale als auch nicht funktionale Requirements mit einem meist sehr großen Detaillierungsgrad, der ausreicht, um als sehr gute Basis für die Planung der aktuellen Iteration zu dienen. Benutzerschnittstellen werden nach Erstellung der User Stories, Use Cases oder anderen groben bis mittleren Spezifikationstechniken aus diesen abgeleitet. Sie bilden die Basis für die strukturierte Umsetzung durch die Entwickler.
Mitwirkende	▪ Produktmanager ▪ Product Owner ▪ Fachbereichsmitarbeiter ▪ Key User ▪ Usability Engineer ▪ Systemarchitekt ▪ »Das Team« inkl. Tester
Eigenschaften	▪ Detaillierte Beschreibung der Anforderungsumsetzung auf Ebene der Benutzerschnittstelle aus Benutzersicht ▪ In der Regel grafische Darstellung ▪ In der finalen Ausführung die unterste Benutzerspezifikationsebene ▪ Gute Technik für die Detailspezifikation ▪ Sehr gut als Basis für die Kostenabschätzung und Planung geeignet ▪ Aufwandsschätzung je nach Detailliertheit der Darstellung mit einer sehr guten Genauigkeit möglich
Zeitpunkt	Laufend kurz vor der ersten Umsetzungsiteration, Verfeinerung in den Umsetzungsiterationen vor dem Start der Programmierung, z. B. in der Sprint-Planung
Vorlaufzeit bis Umsetzung	Stunden bis wenige Tage
Hinweise	Für die Benutzerschnittstelle ist es sinnvoll, einen Usability-Experten hinzuzuziehen. Die generellen Vorgaben für die Benutzerschnittstelle des Systems, z. B. Design-Styleguide, Usability-Guideline, sowie ein Gesamtkonzept für die Benutzerschnittstelle sollten schon am Beginn des Projekts in den ersten ein bis zwei Iterationen festgelegt werden, damit die Entwickler von Anfang an entsprechend diesen Regeln entwickeln.

In der Literatur finden sich vielfach Hinweise wie z. B. »Frühzeitige Festlegung auf die Benutzeroberfläche vermeiden«, »User Stories sollen keine GUI-Details enthalten« etc. Im Gegensatz zu anderen Themen wie funktionale und nicht funktionale Spezifikationen, Prozesse, Szenarien, Stakeholder, Benutzermodelle, Systemschnittstellen, Anforderungen teilen, Architektur berücksichtigen, Wartbarkeit, Verhalten der Entwickler, Verhalten der Kunden etc. wird leider auf eine klare Stellungnahme zur Benutzerschnittstelle meist verzichtet.

> Die Benutzerschnittstelle ist diejenige Eigenschaft des Systems, die der Benutzer und Kunde zuerst und am direktesten wahrnimmt.

Grundsätzlich gibt es unterschiedliche Sichtweisen in Bezug auf den Zeitpunkt, zu dem die Benutzerschnittstelle spezifiziert werden soll:

▨ **Die Benutzerschnittstelle möglichst spät definieren**

Vorteile:

- Es wird keine unnütze Zeit mit Detaildiskussionen über die Benutzerschnittstelle verschwendet.
- Die Entwickler haben mehr Freiraum bei der Umsetzung der Benutzerschnittstelle.

Nachteile:

- Benutzer bauen sich mangels Visualisierung der Oberfläche möglicherweise eine andere Vorstellung vom System auf, als der Entwickler es dann umsetzt.
- Vor allem bei mehreren Teams oder Teams, in denen mehrere Entwickler an unterschiedlichen Masken der Benutzerschnittstelle arbeiten, können Inkonsistenzen entstehen.
- Nachträgliche Änderungen an der Benutzerschnittstelle sind meist teuer und können große Auswirkungen haben.

▨ **Die Benutzerschnittstelle möglichst früh definieren**

Vorteile:

- Die Stakeholder können sich frühzeitig eine Vorstellung vom Aussehen des Systems machen und ihre Wünsche äußern.
- Die Entwickler wissen, wie sie die Benutzerschnittstelle implementieren sollen.

Nachteile:

- Die Kunden legen sich zu früh auf eine bestimmte Benutzerschnittstelle fest und schränken damit den Gestaltungsspielraum möglicherweise unnötig ein.
- Bei nachträglichen Anforderungsänderungen, die die Benutzerschnittstelle betreffen, muss eventuell viel neu entwickelt werden, wodurch viel bereits getätigter Aufwand verloren geht.
- Man verliert sich rasch in optischen Detaildiskussionen über Farben und die Position des Logos, anstatt die funktionalen Kernanforderungen zu besprechen.

Eine generelle Regel, welchen der beiden Ansätze man wählen sollte, gibt es nicht, da dies von sehr vielen Faktoren des konkreten Projekts abhängt. Beide

Aussagen stellen zu einseitige Standpunkte dar. In den meisten Fällen ist ein gemischter Ansatz erfolgversprechend.

> Es wird empfohlen, mit der Benutzerschnittstelle erst dann zu starten, wenn durch Prozesse und eine grobe funktionale Ebene z.B. mittels User Stories das gesamte System möglichst breit[2] aus Benutzersicht beschrieben ist.

Exemplarisch kann jedoch auch schon ganz am Anfang ein Beispiel einer GUI erstellt und mit den Benutzern besprochen werden, damit die Benutzer das Vertrauen haben, dass man als Lieferant auch wirklich eine passende Software erstellen kann.

Beispiel: Zu frühe Festlegung der Benutzerschnittstelle

In der Spezifikation des Zeiterfassungssystems wird gleich nach der Definition der Ziele vom Kunden festgelegt, dass er eine Maske mit folgendem Aussehen möchte:

Tagesarbeitszeit Erfassung	_ □ ✕

| Datum: | 20.5.2014 | Beginn: | 08:00 | Ende: | 16:00 | Pause [h]: | 0,50 |

| Verhinderungsgrund: | Arztbesuch | Dauer [h]: | 2,00 |

Anmerkungen:

OK   Abbrechen

Wenn dies so vorgegeben wird, werden damit in einer frühen Phase viele funktionale Details festgeschrieben, die eventuell in der weiteren Analyse sinnvollerweise anders gelöst werden könnten. So könnte man z.B. im Laufe der Zeit zu der Erkenntnis kommen, dass man gar keinen Verhinderungsgrund und Dauer benötigt, weil dies viel besser als expliziter Zeiteintrag mit Beginn- und Ende-Zeit erfasst werden sollte (z.B. 8:30 – 10:30 Arztbesuch), damit man später auch die genauen Uhrzeiten bei Abwesenheit nachweisen kann. Diese Möglichkeit wird hier jedoch durch ein zu frühzeitiges Detaildesign verbaut oder unterdrückt und führt dadurch eventuell zu nachträglichen teuren Change Requests.

---

2. Es müssen aber nicht **alle** Prozesse, Epics, Use Cases und User Stories grob beschrieben sein, sondern nur diejenigen, die für den UI-Entwurf relevant sind.

Nachfolgend wird beschrieben, welche Schritte zur Spezifikation der Benutzerschnittstelle durchgeführt werden sollten, um die beiden oben genannten Sichtweisen zu integrieren:

1. **Generelle Richtlinien und grobes Konzept für die Benutzerschnittstelle am Anfang des Projekts festlegen.**
   Hier sollten z. B. Usability-Guideline oder ein UI-Styleguide erstellt bzw. referenziert oder auch auf facheinschlägige Normen wie z. B. ISO 9241-110ff. verwiesen werden.

2. **Grafischen Prototyp einer einzigen Maske bauen.**
   Die meisten Menschen sind visuell orientiert. Mit einem guten und ansprechenden Design kann man sie bereits früh für das Projekt gewinnen und ihnen ein Gefühl geben, wie das neue System aussehen wird. Das schafft Vertrauen.

3. **Zuerst die Geschäftsprozesse und grobe funktionale und nicht funktionale Anforderungen spezifizieren,** dabei aber noch keine UI-Elemente spezifizieren.

4. **Davon abgeleitet dann ein erstes Wireframe-Konzept und Storyboard der Benutzerschnittstelle erstellen als Basis für die Diskussionen mit den Anwendern.**
   Ein grobes Wireframe-Konzept und Storyboard kann auch hilfreich sein, um andere Anforderungen an das System besser zu verstehen oder neue Ideen für Anforderungen zu gewinnen.

5. **Details zur Benutzerschnittstelle bis nach der mittleren Requirements-Spezifikationsebene vermeiden.**
   Wenn Themen zur Benutzerschnittstelle diskutiert werden, sollte man sich hier nicht in Details wie Positionierung und optische Gestaltung einzelner Elemente verlieren, sondern sich auf übergeordnete wichtige Themen fokussieren und diese dann in das Wireframe-Konzept und übergeordnete Storyboard einfließen lassen.

6. **Mit Erreichen einer detaillierten Spezifikationsebene, z. B. Szenarien, sollten zu Abläufen und funktionalen Anforderungen auch erste Skizzen der Benutzerschnittstelle erstellt werden.**
   Benutzerschnittstellen sollten in dieser Phase der Spezifikation immer als »Sketchy UI« erstellt werden, damit man sich nicht in Details verliert. Sketchy kann auch heißen, dass die GUI nur mit Hand auf Papier gezeichnet wird und dies als Diskussionsgrundlage zwischen den Stakeholdern ausreicht.

7. **Kurz vor dem Start der Implementierung, z. B. am Anfang oder im Laufe des Sprints, soll das finale UI mit allen für die Programmierung notwendigen Details fertig spezifiziert werden.**
   Das finale UI soll vor der Programmierung noch einmal mit den System-Stakeholdern abgestimmt werden.

Die UI-Spezifikation ist im Grunde das Bindeglied zwischen den Anforderungen und der technischen Umsetzung (siehe Abb. 4–13).

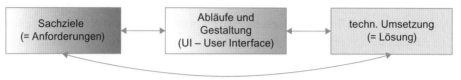

Sachziele
(= Anforderungen)
Abläufe und
Gestaltung
(UI – User Interface)
techn. Umsetzung
(= Lösung)
wechselseitige Abhängigkeiten, iterative Entwicklung

Abb. 4–13 *Zusammenhang zwischen Anforderungen, UI und Umsetzung*

Die Benutzerschnittstelle kann in drei Ebenen spezifiziert werden: Wireframes, Sketches und finales User Interface.

Wireframes

Der erste Entwurf eines UI kann durch Wireframes (siehe Abb. 4–14) dargestellt werden. Auf dieser Ebene werden die Elemente der Benutzerschnittstelle grob und schematisch durch einfache Linienzeichnungen festgelegt. In diesem Schritt werden häufig noch keine Details der Maske wie Felder, Texte, Buttons etc. festgelegt, sondern nur die groben Maskenbereiche.

Wireframes lassen sich einfach und schnell am Flipchart oder auf einem Blatt Papier erstellen. Im einfachsten Fall fotografiert man dies dann ab oder scannt es ein und gibt die Grafik als Anhang zu den entsprechenden Stellen in der Spezifikation.

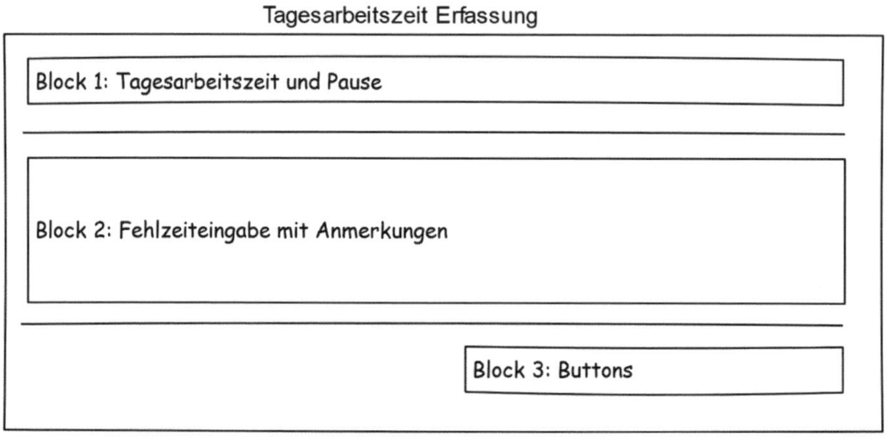
Tagesarbeitszeit Erfassung
Block 1: Tagesarbeitszeit und Pause
Block 2: Fehlzeiteingabe mit Anmerkungen
Block 3: Buttons

Abb. 4–14 *Wireframe-Beispiel*

Sketchy UI/Sketches

Sketches sind »handgezeichnete« Skizzen der Benutzerschnittstelle. Dabei verzichtet man meist auf jegliche Detailgestaltung wie Farben, Schriftarten, exakte Größen etc. Dies hat den Vorteil, dass man nicht wertvolle Zeit mit Diskussionen über diese Gestaltungsdetails verbraucht.

Wenn man eine leichte Änderbarkeit und Weiterverwendung ermöglichen möchte, sollten hier passende Sketching Tools eingesetzt werden (siehe Abb. 4–15). Von der Verwendung des GUI-Editors der Programmierumgebung wird abgeraten, da man hier meist durch viele technische Möglichkeiten abgelenkt ist (Zitat: »Bauen wir noch schnell eine Berechnungsfunktion ein, damit das Feld auch einen sinnvollen Wert anzeigt.«).

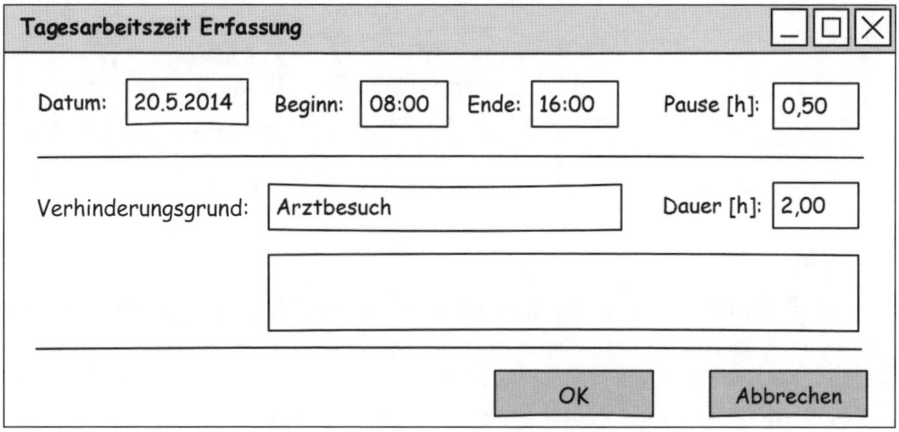

Abb. 4–15   *Sketchy-UI-Beispiel erstellt mit Sketching Tool*

Sketches lassen sich einfach und schnell am Flipchart oder auf einem Blatt Papier erstellen (siehe Abb. 4–16). Im einfachsten Fall fotografiert man dies dann ab oder scannt es ein und fügt die Grafik als Anhang an den entsprechenden Stellen in der Spezifikation ein.

Tagesarbeitszeit Erfassung
Datum: 20.5.2014
Beginn: 08:00
Ende: 16:00
Pause: 0,50
Verhinderungs-Grund:
Arztbesuch
2,00
Anmerkungen:
OK
Abbruch

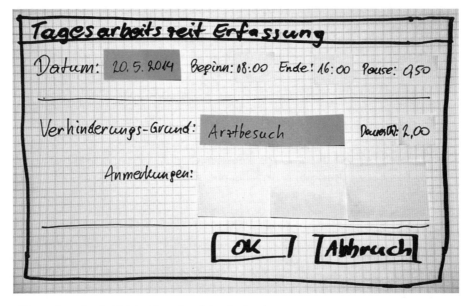

Abb. 4–16 *Sketchy-UI-Beispiel erstellt auf einer Papierseite*

Finales UI

Das finale UI-Design wird durch den Entwickler gleich im GUI-Editor der Programmierumgebung erstellt (siehe Abb. 4–17). Dadurch kann das Ergebnis sofort weiterverwendet werden.

Sinnvoll ist hierbei, dass der Entwickler noch ein kurzes Review und die Freigabe der Benutzerschnittstelle mit den System-Stakeholdern, zumindest mit dem Product Owner, durchführt, bevor er mit der Programmierung beginnt.

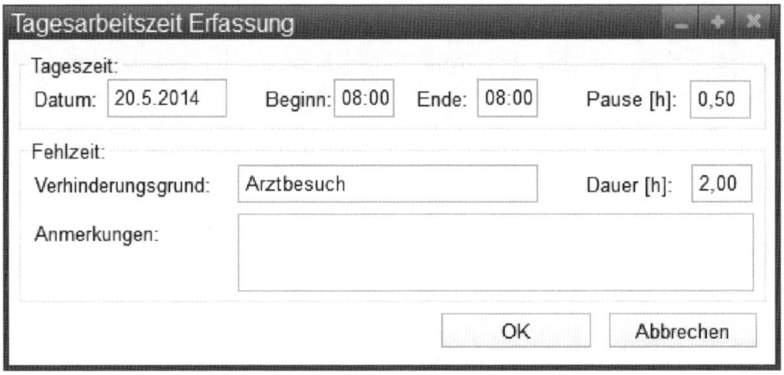

Tagesarbeitszeit Erfassung
Tageszeit:
Datum:
20.5.2014
Beginn:
08:00
Ende:
08:00
Pause [h]:
0,50
Fehlzeit:
Verhinderungsgrund:
Arztbesuch
Dauer [h]:
2,00
Anmerkungen:
OK
Abbrechen

Abb. 4–17 *Finales UI-Beispiel*

Die finalen Benutzerschnittstellen sind hier nicht Teil der Spezifikation, sondern schon Teil des Ergebnisses bzw. der Umsetzung in der Iteration. Das
heißt, die finale Benutzerschnittstelle wird nicht zuerst in einem grafischen
Tool nur gezeichnet und dann implementiert, sondern die finale Planung
erfolgt sofort im Entwicklungswerkzeug.

Was aus Anforderungssicht in der Detaillierung kurz vor der Programmierung
noch überlegt, definiert und mit den System-Stakeholdern abgestimmt werden
sollte, sind Details zu den einzelnen Elementen in der Maske, die aus der Darstellung nicht klar hervorgehen, in der Umsetzung und Abnahme des Systems jedoch
erfahrungsgemäß immer wieder zu Diskussionen führen, wie Datentypen, Längen, verpflichtende Eingabefelder etc. Des Weiteren sollte man sich an dieser
Stelle, sofern dies nicht schon vorher in einer anderen Spezifikationsebene definiert wurde, auch Gedanken machen über mögliche und typische Benutzerfehler
und deren Behandlung.

Was passiert z.B., wenn – wie in obigem Beispiel angegeben – die Beginn- und
Ende-Zeit gleich eingegeben werden? Oder wenn ein benötigtes Feld leer gelassen
wird? Oder wenn statt des Datums ein Sonderzeichen eingegeben wird? Wie soll
das System dann reagieren?

- Eine Fehlermeldung bei Drücken auf den OK-Button ausgeben?
- Die Eingabe bzw. das Verlassen des Feldes gar nicht zulassen, wenn der Wert
  nicht plausibel ist?
- Wie soll die Fehlermeldung lauten, wenn ein Fehler erkannt wird?

Diese und ähnliche Fragestellungen führen bei der Systemabnahme oder dann,
wenn es nicht vorab hinterfragt und geprüft wird, im Systembetrieb sehr oft zu
Unannehmlichkeiten in der Bedienung und Diskussionen mit dem Kunden. Viele
dieser Fragen und Probleme kann man vermeiden, wenn man schon am Anfang
des Projekts diese Themen in einer allgemein gültigen Usability-Guideline
beschreibt, die dann von den Entwicklern zu berücksichtigen ist.

Auszug aus allgemeiner Usability-Guideline:

0010 *Input-Validierung bezüglich Datentyp:*
Für jedes Feld in einer Eingabemaske muss eine Input-Validierung bezüglich der einzugebenden Datentypen erfolgen, z.B. darf in ein Datumsfeld nur ein gültiges Datum
eingegeben werden können, in ein Zahlenfeld ohne Nachkommastellen nur ganze
Zahlen.

0015 *Fehlermeldung bei Verstoß gegen die Input-Validierung des Datentyps*:
Unmittelbar bei Verlassen des jeweiligen Feldes ist folgende Fehlermeldung als
Popup-Fenster auszugeben: »Die Eingabe entspricht nicht den erlaubten Werten in
diesem Feld. Bitte geben Sie <ein gültiges Datum | einen ganzzahligen Wert zwischen
X und Y | ... > ein.«

→

0020 *Input-Validierung bezüglich der Eingabelänge*:
Für jedes Feld in einer Eingabemaske muss eine Input-Validierung bezüglich der einzugebenden Längen (Minimum und Maximum) erfolgen. z.B. darf in ein Textfeld maximal die Länge eingegeben werden, die auch für die Speicherung in der Datenbank vorgesehen ist.

0025 *Fehlermeldung bei Verstoß gegen die Input-Validierung der Eingabelänge*:
Unmittelbar bei Verlassen des jeweiligen Feldes ist folgende Fehlermeldung als Popup-Fenster auszugeben: »Die Eingabelänge entspricht nicht den erlaubten Werten in diesem Feld. Bitte geben Sie eine Länge zwischen <minimale Länge> und <maximale Länge> ein.«

... usw. ...

0110 Button-Bezeichnung und -Anordnung:

▪ *»Abbrechen«-Button:*
   Schließen einer Maske ohne Speichern und Verändern des Systemzustands vor dem Öffnen der Maske; Position immer rechts unten

▪ *»OK«-Button:*
   Schließen einer Maske inkl. Speichern; Position immer direkt links (bevorzugt) oder oberhalb (wenn links kein Platz ist) des Abbrechen-Buttons.

▪ *Andere Buttons:*
   links oder oberhalb des OK-Buttons.

... usw. ...

Anmerkungen: Je nachdem welche Systemumgebung, Programmiersprache und Framework man verwendet, werden diese und ähnliche Prüfungen möglicherweise schon vom Framework automatisch durchgeführt. Damit hat der Programmierer weniger Arbeit bei der Umsetzung dieser Richtlinien. Wenn dann aus diesen Gründen die entsprechenden Regeln in der Usability-Guideline nicht aufgeführt werden, sollte zumindest angegeben werden, dass dieses bestimmte Framework, das jene Eigenschaften erfüllt, verpflichtend für jedes Feld anzuwenden ist.

Ebenso kann es sinnvoll sein, nicht alle Details zur Anordnung und optischen Gestaltung der Felder in der Usability-Guideline anzugeben, sondern hier auf einen passenden Standard zu verweisen (z.B. »Microsoft Windows 8 User Experience Guideline«).

Die Einhaltung der Usability-Guideline sollte, wie alle anderen funktionalen und nicht funktionalen Anforderungen auch, durch entsprechende Codereviews und Tests durch die Tester stichprobenartig überprüft werden.

Szenariobasierte UI-Spezifikation:

Ausgehend von den Prozessen, Use Cases und Szenarien sollte ein für den Benutzer angemessener und gut benutzbarer Arbeitsablauf mit der Benutzerschnittstelle weiterentwickelt werden. Dazu ist es sinnvoll, die bereits spezifizierten Abläufe Schritt für Schritt durchzugehen und zu überlegen, ob diese Arbeitsschritte in einer oder mehreren Eingabe- und Ausgabeelementen[3] dargestellt werden sollen. Aus dieser Analyse ergibt sich ein erstes UI-Konzept, das in weiterer Folge zu einem sogenannten Storyboard weiterentwickelt werden kann.

Beispiel: Abbildung 4–18 zeigt einen Prozess, auf dessen Basis ein Storyboard erstellt werden soll:

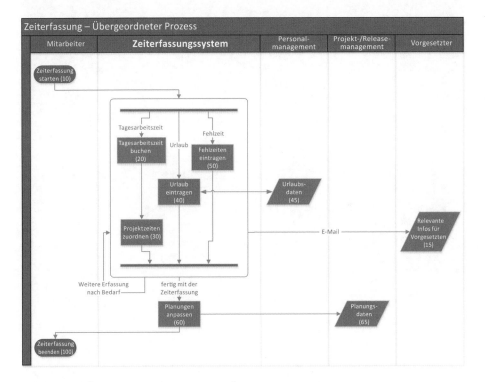

Abb. 4–18   *Übergeordneter Prozess als Ausgangsbasis für ein Storyboard*

---

3.   Eingabeelemente sind z.B. Felder und Buttons in einer Maske; Ausgabeelemente können Read-only-Felder, Texte oder Report-Teile sein.

Daraus kann folgendes Storyboard abgeleitet werden (siehe Abb. 4–19):

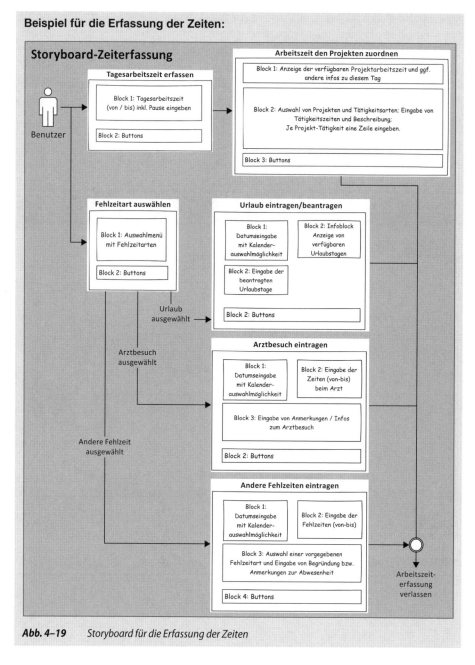

Abb. 4–19   *Storyboard für die Erfassung der Zeiten*

Hinweis: Nicht in diesem Beispiel berücksichtigt sind Abläufe und Masken für das Einsehen von bereits genehmigten Urlaubstagen, das Ausdrucken von Reports und Statistiken etc.

Bei der Diskussion mit den Stakeholdern sind diese Storyboards und erste GUI-Konzepte sehr hilfreich. In den ersten Diskussionsrunden konzentriert man sich meist auf die Eingabemasken, da diese die unmittelbar für den Benutzer relevante Funktionalität widerspiegeln. Es darf jedoch nicht übersehen werden, dass in den Ausgabeschnittstellen und sonstigen Elementen der Benutzeroberfläche oft auch sehr große Aufwände und inhaltliche Komplexität stecken, die in vielen Projekten nicht oder zu spät berücksichtigt werden.

Bei der Spezifikation der Benutzerschnittstelle sollen folgende wesentliche Bereiche festgelegt werden:

- Input (Eingabemasken)
- Output (Reports, Diagramme etc.)
- Sonstige Elemente (Frames, Menüs, Hilfe etc.)

Die detaillierte und finale Spezifikation der Benutzeroberfläche soll – wie in dem Vorgehen auf Seite 123 in Punkt 7 angegeben – erst kurz vor der Programmierung erstellt werden (z.B. im Sprint vor der geplanten Umsetzung dieser GUI-Elemente). Welche Punkte für eine Detailspezifikation der Benutzeroberfläche sinnvoll sind, ist in den nachfolgenden Abschnitten angegeben und kann als Ideengeber für eine entsprechende Spezifikation verwendet werden. Abhängig vom Umfeld und der Projektart ist es nicht immer nötig, bis in den angegebenen Detaillierungsgrad zu gehen. Oft reichen auch schon die grafischen Darstellungen der Benutzeroberfläche aus und auf die Details der einzelnen Felder und Elemente kann verzichtet werden.

Hinweise zur GUI-Spezifikation:

In der Literatur ist vielfach die Regel zu finden, die GUI-Spezifikation möglichst spät vorzunehmen oder überhaupt wegzulassen, da dies der Programmierer sowieso erstellt und der Kunde durch die kurzen Iterationen sein Feedback geben kann. Es ist jedoch im Allgemeinen teurer, eine Benutzerschnittstelle zu programmieren und dann erst mit dem Auftraggeber darüber zu diskutieren, als die Benutzerschnittstelle vorher zu definieren und dies im Vorfeld mit dem Auftraggeber zu besprechen. Folgendes Szenario verdeutlicht, warum dies so ist:

Iteration	GUI wird vor der Umsetzungsiteration n spezifiziert	GUI für Iteration n wird nicht vorab spezifiziert
n-3	Prozesse, Epics, Stories und Use Cases für Iteration n werden spezifiziert;	–
n-2	Ausarbeitung von Storyboards und Wireframes	Prozesse, Epics, Stories und Use Cases für Iteration n werden spezifiziert;
n-1	Detailspezifikation der GUI-Elemente für Iteration n	Ausarbeitung von Storyboards und evtl. Wireframes

→

Iteration	GUI wird vor der Umsetzungsiteration n spezifiziert	GUI für Iteration n wird nicht vorab spezifiziert
n	Umsetzung der GUI-Elemente wie vorab spezifiziert. Abnahmeakzeptanz der Iteration sehr hoch, da sich nach der detaillierten Diskussion in Iteration n-1 und der Umsetzung in Iteration n meist nur wenig ändert – die Änderungshäufigkeit wurde schon in Iteration n-1 beim GUI-Proto-typing vorweggenommen.	Umsetzung der GUI-Elemente durch den Programmierer nach bestem Wissen und Intuition[a] Abnahmeakzeptanz der Iteration sehr gering, da sich der Benutzer hier meist etwas anderes vorstellt, als der Program-mierer umgesetzt hat.
n+1	Diverse kleine Anpassungen an der GUI aus Iteration n	Diskussionen mit den Auftraggebern über das Aussehen der Maske; diverse Notizen, Zeichnungen, Screenshots etc. werden dabei angefertigt. [b] Aufgrund Zeitmangels und nicht fertig geführter Diskussion wird die Umsetzung der Änderungen nicht mehr in Iteration n+1 eingeplant, sondern für Iteration n+2 vorgesehen.
n+2	–	Nachbesserungsarbeiten und Überarbei-tung der GUI-Elemente entsprechend der detaillierten Diskussion in Iteration n+1. Abnahme der angepassten GUI-Elemente. Akzeptanz sehr hoch, da sich zwischen der detaillierten Diskussion in der Iteration n+1 und der Umsetzung in Iteration n+2 meist nur wenig ändern wird – die Änderungshäufigkeit ist in der Diskussion in Iteration n+1 konzentriert.
n+3	–	Diverse kleine Anpassungen an der GUI aus Iteration n+2

a. In der Praxis ist es leider nur selten anzutreffen, dass der Product Owner für den Programmierer auch in der Iteration laufend für Fragen und Abstimmungen zur Verfügung steht. Die »wissen-den« Personen sind beim Auftraggeber meist rar, somit ständig im Stress des Tagesgeschäfts und für Projekte nur wenig verfügbar. Das Ergebnis ist, dass sich die für Entscheidungen relevanten Personen am Anfang einer Iteration für Fragen und Abstimmungen zur Verfügung stehen und am Ende einer Iteration zur Abnahme einklinken, der Programmierer aber im Iterationsverlauf auf sich alleine gestellt ist oder auf die Meinung der Teamkollegen angewiesen ist.

b. Problematisch ist hier, dass die Abnahme der vorhergehenden Iteration n praktisch unmittelbar vor dem Start dieser Iteration (n+1) erfolgt und in der Startphase der aktuellen Iteration (n+1) in der Sprint-Planung nur sehr wenig Zeit reserviert ist, um zusätzliche Spezifikationsdiskussionen zu führen. Bei kleinen Änderungswünschen des Product Owner ist dies auch kein Problem und die Umsetzung kann noch für Iteration n+1 eingeplant werden. Wenn jedoch das Umsetzungsziel stark verfehlt wurde und intensive Diskussionen nötig sind, dann ist es wahrscheinlich, dass auf-grund der nicht beendeten GUI-Diskussion die Änderungen an der GUI nicht mehr in diese Ite-ration n+1 eingeplant werden können. Die Diskussionen werden dann im Laufe der Iteration n+1 geführt und die GUI-Änderungen werden erst in der nächsten Iteration n+2 eingeplant und umgesetzt.

Aus diesem Szenario ist ersichtlich, dass durch die fehlende GUI-Spezifikation zwar scheinbar anfangs eine Iteration eingespart wird. Jedoch werden durch die in der Praxis meist nicht idealen und durchaus auch eine Iteration andauernden Feedbackzyklen die mit Sicherheit zu erwartenden Änderungen an den GUI-Elementen unnötig nach hinten geschoben und die Fertigstellung dauert daher sogar länger als bei einer Vorabspezifikation. Weitere Probleme sind der erhöhte Programmieraufwand durch das Ändern an bereits implementierten Programmteilen und der Verlust an Produktivität, da diese Zeit nun für andere Arbeiten in der Iteration fehlt.

> Es ist in den meisten Fällen effizienter, vor dem Start der Umsetzung eines GUI-Elements dieses mit den Product Ownern detailliert zu diskutieren und zu spezifizieren und die Programmierung erst dann in eine Iteration einzuplanen, wenn der Diskussionsprozess abgeschlossen ist.

Hinweis: Diese Empfehlung bezieht sich immer nur auf jene *einzelnen* GUI-Elemente, die für eine bestimmte Iteration vorgesehen werden. Insgesamt macht es für eine effiziente agile Entwicklung natürlich keinen Sinn, die GUI-Spezifikation für das gesamte System abzuwarten, bevor eine Umsetzung beginnen kann.

4.5 Systemschnittstelle

Definition	Die **Systemschnittstelle** stellt die Schnittstelle zur Interaktion eines externen Systems mit dem zu implementierenden System dar.
Anwendung	Systemschnittstellenbeschreibungen repräsentieren sowohl funktionale als auch nicht funktionale Anforderungen mit einem meist sehr hohen Detaillierungsgrad, der ausreicht, um als sehr gute Basis für die Planung der Umsetzungsiteration zu dienen.
	Systemschnittstellen werden nach Erstellung des Systemkontexts, der Epics, der Prozesse und Use Cases und eventuell anderen groben bis mittleren Spezifikationstechniken aus diesen abgeleitet. Sie bilden die Basis für die strukturierte Umsetzung durch die Entwickler.
Mitwirkende	▦ Produktmanager ▦ Product Owner ▦ Fachbereichsmitarbeiter ▦ Systemarchitekt ▦ »Das Team« inkl. Tester

→

Eigenschaften	▥ Detaillierte Beschreibung der Anforderungen an die Systemschnittstellen
	▥ In der Regel tabellarische oder hierarchische Darstellung der Schnittstellenstrukturen
	▥ Grafische und textuelle Darstellung des Verhaltens und der Abläufe zwischen den Systemen
	▥ In der finalen Ausführung die unterste Spezifikationsebene (Detailspezifikation)
	▥ Sehr gut als Basis für die Kostenabschätzung und Planung geeignet
	▥ Aufwandsschätzung je nach Detailliertheit mit einer sehr guten Genauigkeit möglich
Zeitpunkt	Laufend vor der ersten Umsetzungsiteration, Verfeinerung in den Umsetzungsiterationen vor dem Start der Programmierung, z.B. in der Sprint-Planung
Vorlaufzeit bis Umsetzung	Stunden bis wenige Tage
Hinweise	Für die Systemschnittstelle ist es sinnvoll, Experten mit Wissen über die anzubindenden Fremdsysteme und Systemarchitekten hinzuzuziehen.

Die Systemschnittstellen sind im Grunde Systemanforderungen und keine Benutzeranforderungen. Da die Systemschnittstellen jedoch von den Benutzeranforderungen abgeleitet werden bzw. umgekehrt die vorgegebenen Systemschnittstellen sehr stark die Benutzeranforderungen beeinflussen können, ist es wichtig und unbedingt notwendig, diese Systemanforderungen möglichst frühzeitig im Rahmen der Anforderungsspezifikation zu klären.

Die Systemschnittstellen sind meist ein kritischer Bereich in der Realisierung von komplexen Systemen. Im Gegensatz zu den anderen Anforderungen ist es bei Systemschnittstellen recht häufig anzutreffen, dass hier schon unveränderbare Definitionen durch bereits fertige Fremdsysteme vorgegeben sind. Die Systemschnittstellen sind daher oft keine frei definierbaren Anforderungen, sondern Rahmenbedingungen für das Projekt.

Leider stellt sich das in vielen Projekten mangels sorgfältiger Systemkontextanalyse oft erst recht spät heraus und verursacht dann teilweise hohe Aufwände, da viele andere Anforderungen von den Systemschnittstellen beeinflusst werden.

> **Beispiel: Frühe Relevanz der Systemschnittstelle**
>
> Ob in einer Eingabemaske die Eingabe der Tätigkeitsart durch eine Liste, Combo-Box oder Freitextfeld erfolgt, ist bis kurz vor der Implementierung noch diskutierbar. Ob jedoch über die Schnittstelle zum Personalverwaltungssystem die Tätigkeitsart überhaupt als Datenwert geliefert werden kann, ist eventuell von Beginn des Projekts an festgeschrieben und das Personalverwaltungssystem kann nicht einfach so kurz vor der Umsetzungsiteration in seinem Datenmodell und der GUI wegen des Wunsches eines einzelnen Stakeholders umgestellt werden.

Dies ist auch der Grund, warum gerade die Systemschnittstellen relativ frühzeitig im Projekt in einem im Vergleich zu den anderen Anforderungen doch erheblich detaillierteren Ausmaß festgelegt sein sollten.

> *Die wichtigsten Punkte, die das Verhalten und die Struktur von Systemschnittstellen betreffen, sollten schon möglichst bald, spätestens aber bei Erreichen eines mittleren Detaillierungsgrads geklärt werden.*

Bei der Spezifikation von Systemschnittstellen sollten folgende Aspekte berücksichtigt werden:

- **Syntax**
  Mit der Syntax wird der Aufbau und die Struktur der Schnittstelle definiert, z. B. die Feldbezeichnung, Positionen, Längen, Datentypen, Formate, Wertebereiche, gegebenenfalls mit einer ergänzenden Beschreibung.

- **Semantik**
  Hier sollte die spezielle Bedeutung einzelner Werte angegeben werden, die über die Schnittstelle übertragen werden, sowie die bei Eintreten einer Bedingung gegebenenfalls auszuführende Aktion. So bedeutet z. B. der Wert »D« im Feld »Aktionstyp«, dass der dazugehörende Datensatz gelöscht werden soll.

- **Fehlerbehandlung**
  Die Fehlerbehandlung wird oft vergessen. Hier sollten mögliche Fehlersituationen angegeben werden sowie die dabei auszuführende Aktion oder Fehlerbehandlung. So soll z. B., wenn ein ungültiger Wert im Feld »Aktionstyp« erkannt wird, dies in der Protokolldatei vermerkt werden und zusätzlich soll ein Fehlercode an das sendende System geschickt werden.

- **Weitere Attribute**
  Hier sollten für die Systementwicklung relevante zusätzliche Eigenschaften der Schnittstelle angegeben werden, wie z. B. die Datenrate oder die Art der Schnittstelle (bidirektional, asynchron, Zugriffseinschränkungen etc.).

4.6   Entwicklersicht[4]

4.6.1   Spikes

Definition	Ein **Spike** ist ein kurzes Experiment der Entwickler, um über einen Bereich der Anwendung bzw. eine zugrunde liegende Technik so viel zu lernen, dass sie den Umsetzungsaufwand des Requirements abschätzen können [Cohn 2010]. **Technical Spikes** werden durchgeführt, um technische Ansätze für die Umsetzung der Anwendung zu erforschen bzw. erproben. **Functional Spikes** werden durchgeführt, wenn es Unklarheiten gibt, wie der Anwender mit dem System interagieren könnte [Leffingwell 2011].
Anwendung	Spikes sind vergleichbar mit einer Feasibility Study. Sie dienen dazu, das Requirement genauer zu analysieren, um es besser beurteilen zu können. Spikes werden bei Unklarheiten von Requirements durchgeführt. Typischerweise dann, wenn die Schätzungenauigkeit so groß ist, dass eine Story nicht für einen Sprint geplant werden kann. Ziel ist es, eine bessere Beurteilung und Schätzbarkeit zu erreichen. Spikes werden aus den User Stories abgeleitet, um sie klarer zu definieren. Aus einer schlecht schätzbaren Story werden daher zwei Stories: Eine ist der Spike, um genauere Informationen zu erhalten, und die zweite ist die klarer formulierte und geschätzte Story, die dann in die Umsetzung eingeplant wird.
Mitwirkende	Functional Spike ■ Product Owner ■ Usability Engineer ■ Systemarchitekt ■ Evtl. Entwickler ■ Technical Spike ■ Entwickler ■ Evtl. Systemarchitekt ■ Evtl. Usability Engineer und Product Owner
Eigenschaften	■ Spikes sind Analysetätigkeiten (technisch oder funktional, siehe Kap. 5). ■ Typisch auf einer groben oder mittleren Verfeinerungsebene, wie z.B. Epics oder User Stories, bei der es größere Schätzungenauigkeiten gibt. ■ Für die Durchführung eines Spikes sollte ein klar definiertes Zeitfenster vorgesehen werden, das nicht größer ist als eine typische User Story, damit er in einem Sprint mit eingeplant werden kann.
Zeitpunkt	*Einplanen*: Bei Auftreten von größeren Schätzungenauigkeiten und Unklarheiten über den Inhalt einer Story *Umsetzen*: In einem der Sprints vor der Realisierung der eigentlichen Story
Vorlaufzeit bis Umsetzung (für die Story)	Mindestens ein Sprint, bis die Unklarheiten durch einen Spike beseitigt sind und die Story für die Umsetzung eingeplant werden kann

→

4.   Auf diese Themen wird im Rahmen dieses Buches eingegangen, soweit es für die Abgrenzung zu den Benutzeranforderungen und das allgemeine Verständnis und die Kommunikation zwischen Entwicklern und anderen Stakeholdern wichtig ist. Die Entwicklerthemen werden jedoch nicht im Detail behandelt.

Hinweise	Bei Spikes handelt es sich um Forschungsaufgaben, bei denen per Definition nicht klar ist, was genau herauskommt. Dies kann dazu führen, dass die Implementierung der zugrunde liegenden User Story sich sehr lange verzögert oder eventuell auch gar nicht möglich ist.

Der Ausdruck »Spike« kommt aus XP (eXtreme Programming) und bedeutet eine kurze Zeitspanne zur Exploration. Ziel ist es, danach bessere Fragen stellen zu können, ein besseres Verständnis zu erlangen oder auch schon ein erstes grobes Framework zu skizzieren für die spätere Umsetzung einer Story [Alexander & Maiden 2004].

[Leffingwell 2011] unterscheidet zwei Arten von Spikes:

▓ **Technical Spike**

Hier werden technische Unklarheiten und Problemstellungen analysiert und es wird versucht, eine oder mehrere passende Lösungen zu finden. Die Lösungen müssen dabei noch nicht vollständig umgesetzt sein. Es muss nur klar, sein, dass zumindest eine der Lösungen technisch machbar ist und welcher Aufwand damit verbunden ist. Typische Aktivitäten, die in Technical Spikes stattfinden, sind neue Programmiersprachen oder Frameworks evaluieren, Performance-Analysen durchführen, neue Patterns oder Controls ausprobieren, Grundlagen für eine Make-or-Buy-Entscheidung aufbereiten, verschiedene Architekturvarianten ausprobieren etc.

▓ **Functional Spike**

Functional Spikes beschäftigen sich primär mit der Benutzersicht und wie der Benutzer mit dem System interagieren könnte. Dies wird sehr oft durch unterschiedliche Arten von benutzerorientiertem Prototyping durchgeführt wie GUI-Mock-ups, Wireframes, Storyboards etc. Wichtig ist es bei dieser Art von Spikes, dass der Benutzer die Anwendung so weit verstehen lernt, dass er ein qualifiziertes Feedback dazu geben kann und anschließend eine Entscheidung für eine bestimmte Umsetzung sowie eine hinreichend genaue Abschätzung des Aufwands möglich ist.

Hinweis: In der agilen Literatur wird entweder nur von »Spikes« gesprochen, die sich dann primär auf technische oder Architekturaspekte beziehen, oder bei [Leffingwell 2011] von funktionalen und technischen Spikes. In der Praxis gibt es aber noch weitere Aspekte, die unklar sein können und im Rahmen der Requirements-Analyse aufgelöst werden müssen. Dies sind z.B. das organisatorische Umfeld, Abhängigkeiten zwischen Requirements und Projekten, diverse nicht funktionale Aspekte, die leider oft vernachlässigt werden und dann zu Verzögerungen oder im schlimmsten Fall zum Projektabbruch führen. Details dazu sind in Kapitel 5 angeführt.

Da bei einem Spike per Definition unklar ist, was das Ergebnis sein wird, kann manchmal auch mehr als ein Spike nötig sein, um die Unklarheiten zu beseitigen. Wenn nach Ende der definierten Timebox für einen Spike immer noch so viele Unklarheiten bestehen, dass eine Schätzung der zugrunde liegenden Story nicht möglich ist, dann gibt es zwei Alternativen:

a) Die Ergebnisse des Spikes analysieren und daraus einen oder mehrere weitere Spikes ableiten und einplanen.

b) Die Analyse wegen zu großer Unklarheit abbrechen, die Story als nicht realisierbar kennzeichnen und aus dem Backlog entfernen.

Im Grunde kann es hier passieren, dass bei sehr wichtigen, z. B. K.-o.-Kriterium für den Kunden, aber ziemlich unklaren Stories eine sehr kritische Situation eintritt:

Für diese unklare Story wird ein Spike mit einem klar definierten Aufwandsrahmen in die nächste Iteration eingeplant. Am Ende der Iteration stellt sich heraus, dass man in dem zur Verfügung stehenden Aufwandsrahmen zu keinem vernünftigen Ergebnis gekommen ist. Es wird daher ein weiterer Spike in die Folgeiteration eingeplant. Wenn dann am Ende dieser Iteration immer noch Unklarheit herrscht, hat man schon zwei Iterationen durchgeführt, in denen viele andere Entwickler an anderen klar definierten Stories weiter implementiert und Aufwand produziert haben. Im Prinzip könnte es bei einem entscheidungsschwachen Kunden und Auftraggeber hier so lange zu einer weiteren Verschleppung kommen, bis das Projektbudget aufgebraucht ist und dann das Projekt wegen nicht umgesetzter K.-o.-Kriterien nicht abgenommen wird.

Auch wenn man vorher schon die »Reißleine zieht« und das Projekt abgebrochen wird, so sind bis zu dieser Erkenntnis in der Praxis doch meist mindestens zwei bis drei Iterationen vergangen, deren Aufwand dann zu einem guten Teil verloren ist.[5]

---

5. Es kann natürlich sein, dass trotzdem Erkenntnisse, Nutzen, materielle und immaterielle Werte auch aus den abgebrochenen Iterationen gezogen werden können. Im Englischen wird dies »Intangibles« genannt.

> Alle K.-o.-Kriterien des Kunden sollten möglichst frühzeitig – zu
> empfehlen ist innerhalb der ersten zwei bis drei Iterationen – so
> weit spezifiziert bzw. durch Spikes geklärt werden, dass eine klare
> Einschätzung bezüglich Umsetzbarkeit und Aufwand möglich ist.

Wenn für eine kritische und unklare User Story, die ein K.-o.-Kriterium für
einen Kunden darstellt, nach zwei bis drei Spikes noch immer keine ausreichende Klarheit herrscht, dann sollte der Abbruch des Projekts mit dem Kunden besprochen werden!

Einige Anregungen und Hinweise für den Umgang mit Spikes:

- Spikes liefern keinen direkten Kundennutzen und meist auch keinen ausführ-
  baren Code. Sie sollten daher mit Bedacht angewendet werden.
- Spikes sollen genauso wie User Stories in das Backlog der Iteration eingeplant
  und dann in der Iteration durchgeführt werden.
- Spikes sind Wegwerfprototypen und sollen bewusst nicht ein fertiges Ergebnis
  produzieren (Achtung vor evolutionären Prototypen!). Sie liefern maximal
  jenes Ergebnis, das für eine hinreichend genaue Abschätzung und Machbar-
  keitsbewertung der zugrunde liegenden Story notwendig ist.
- Spikes sollen die Ausnahme sein und bleiben. Generell hat jedes Requirement,
  das noch nicht fertig implementiert wurde, gewisse Unschärfen bezüglich
  Aufwand und Implementierbarkeit. Daher finden auch in jeder Iteration, in
  der eine hinreichend genau geschätzte Story umgesetzt wird, trotzdem Spike-
  ähnliche Aktivitäten statt, in denen der Entwickler dann diese Unsicherheiten
  auflöst, indem er Rückfragen stellt oder selbst Entscheidungen trifft.
- Spikes sollen immer in einer separaten Iteration durchgeführt werden, die vor
  der Umsetzungsiteration der betreffenden User Story liegt. Beides in derselben
  Iteration einzuplanen, macht keinen Sinn.

> Für umsetzbar eingestufte Stories, die guten Gewissens mit einer
> Genauigkeit von ±20% geschätzt werden können, sind keine Spikes
> notwendig. Für alle anderen Stories sollte entweder eine entsprechende
> Diskussion mit den passenden Stakeholdern oder ein Spike eingeplant
> werden.

4.6.2   Architektur und technisches Design

Definition	Die **Architektur** repräsentiert den höchsten Level an technischer Abstraktion. Sie stellt das Skelett und die Struktur des Systems dar sowie die Interaktion des Systems und seiner groben Bestandteile über die internen und externen Schnittstellen. Diese Sicht konzentriert sich auf das Verhalten und die Interaktion von Blackbox-Elementen des Systems.
	Das **technische Design** dient der genaueren Spezifikation von individuellen Komponenten, Modulen, Funktionen, Klassen, Methoden etc. sowie deren Detailabläufen, Datenstrukturen, APIs, Code. Es zielt ab auf die Strukturierung des Codes.
Anwendung	Architektur und technisches Design sind zwar keine Kundenanforderungen, jedoch werden dadurch ebenfalls Anforderungen, wenn auch aus technischer Sicht, an das System gestellt.
	Im Sinne des Requirements Engineering sind diese zwar in vielen Fällen nicht für den Kunden sichtbar und daher oft auch nicht vertragsrelevant, aber für die Systemumsetzung als »innere Requirements« meist sehr wichtig.
	Architektur und technisches Design werden parallel zur Anwendersicht auf allen Ebenen der Spezifikation angewendet. Ziel ist es, technische Klarheit für die Entwickler und auch Tester zu schaffen.
	Es soll jedoch nur so viel Architektur und technisches Design spezifiziert werden, dass dies ausreicht, die Benutzeranforderungen hinreichend genau abschätzen zu können. Eine Genauigkeit von ±20% genügt in den meisten Fällen.
Mitwirkende	▓ Architekt ▓ Entwickler ▓ Evtl. Tester beim Auftragnehmer
Eigenschaften	▓ Nicht verpflichtend, aber in vielen Fällen hilfreich für die Entwickler ▓ Erstellt durch Entwickler und Architekten ▓ Eventuell im Rahmen von Spikes erstellt ▓ Wichtig als Ergänzung zu den Benutzeranforderungen, um diese genauer abschätzen zu können ▓ Können in jeder Ebene der Requirements-Spezifikation sinnvoll sein ▓ Werden nicht explizit als Umsetzungstask eingeplant, sondern sind Spezifikationstasks im Vorfeld der Implementierung ▓ Beschreibung aus technischer Sicht ▓ Aufwandsschätzung mit einer sehr guten Genauigkeit möglich
Zeitpunkt	*Architektur:* In den ersten ein bis zwei Sprints sollte die grobe Architektur, die »Architekturvision«, spezifiziert sein. *Technisches Design:* vor bzw. am Beginn jeder Iteration, z.B. in der Sprint-Planung, vor dem Start der Programmierung
Vorlaufzeit bis Umsetzung	Stunden bis Wochen

Hinweise	Die Softwarearchitektur und das technische Design werden sehr stark von den nicht funktionalen Anforderungen beeinflusst (siehe Abschnitt 4.3.3 und 4.6.5).
	Das UI-Design ist der User-Requirements-Sicht zugeordnet und daher hier nicht beschrieben, sondern in Abschnitt 4.4.
	Um die Konsistenz der Dokumente mit dem Code zu gewährleisten, ist es zu empfehlen, die Spezifikation der Architektur und des technischen Designs so weit als möglich in der Entwicklungsumgebung vorzunehmen. Wenn die Entwicklungsumgebung keine integrierte grafische Modellierung erlaubt, sollten Modellierungswerkzeuge verwendet werden, die mit dieser Entwicklungsumgebung integriert werden können.

Warum sind Architektur und technisches Design auch für das Requirements Engineering wichtig?

▪ Sie dienen der Kommunikation zwischen den Entwicklern, aber auch zwischen Entwicklern und technischen Ansprechpartnern des Kunden.

▪ Frühe und weitreichende Designentscheidungen werden dadurch festgelegt und geben den Rahmen für die weitere Requirements-Spezifikation und die Implementierung vor.

▪ Die Planung und Umsetzung von Änderungen an der Software wird erleichtert.

▪ Nicht funktionale Eigenschaften des Systems können besser und früher abgeschätzt werden.

▪ Die Arbeit kann besser auf einzelne Teams aufgeteilt werden.

▪ Die Kosten- und Aufwandsschätzung für das System wird erleichtert.

▪ Die Wiederverwendung von Implementierungsteilen wird erleichtert.

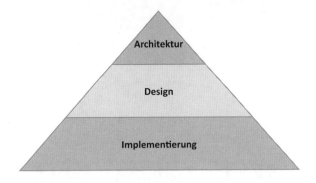

Abb. 4–20   *Zusammenhang zwischen Architektur, Design und Implementierung*

Nachfolgend wird ein Beispiel für eine grobe Systemstrukturierung angegeben:

Beispiel 1 zur Architekturanalyse und -spezifikation:

Die Kontextanalyse (siehe Kontextdiagramm in Abb. 4–3) stellt die externe Sichtweise des Systems dar. Darauf aufbauend und unter Berücksichtigung der ersten Business-Prozess-Analyse (siehe Abschnitt 4.2.1) wird nun die innere Struktur des Systems grob analysiert und skizziert.

Das System wird aus Benutzersicht in folgende Komponenten geteilt:

- Tages- und Projektzeiterfassung
- Berichtserstellung und -auswertungen
- Zeit-Controlling

Aus technischer Sicht werden noch folgende Komponenten ermittelt:

- Benutzerverwaltung
- Konfiguration
- Stammdatenverwaltung

Aus dieser Analyse wird dann ein entsprechendes Architekturkomponentendiagramm erstellt (siehe Abb. 4–21):

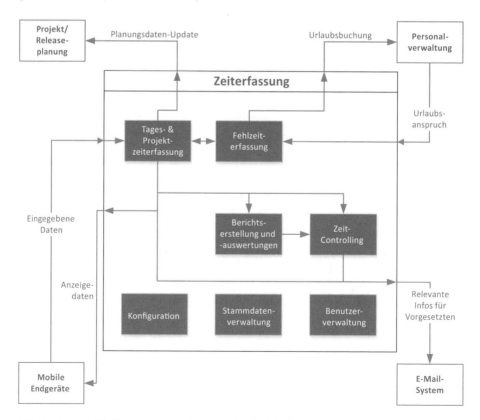

Abb. 4–21   *Architekturkomponentendiagramm für das Zeiterfassungssystem*

Ein weiterer Schritt in der Architekturspezifikation könnte ein Schichtenmodell sein, das den grob geplanten Aufbau des Systems darstellt.

Beispiel 2 zur Architekturanalyse und -spezifikation:

Es gibt genügend Anregungen und Patterns in der Softwarearchitektur-Literatur. In diesem Beispiel wird aufgrund der Überlegungen, dass es sich um ein Mehrbenutzer-system handeln soll mit Clients auf verschiedenen Endgeräten und einer zentralen Verarbeitungslogik sowie einer einfachen Verarbeitungslogik in manchen Clients, ein typisches Vier-Schichten-Modell gewählt (siehe Abb. 4–22):

Das System wird in folgenden Schichten strukturiert:

- Darstellungsschicht am Client
- Verarbeitungsschicht am Client
- Zentrale Business-Logik am Server
- Datenhaltung am Server

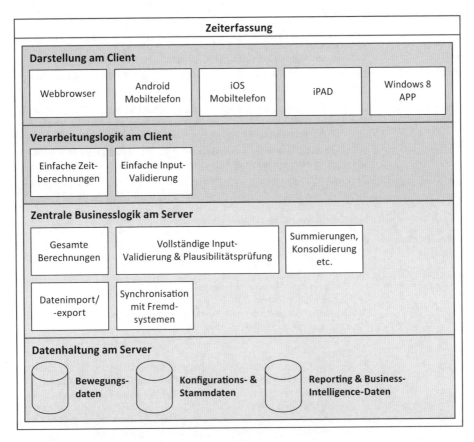

Abb. 4–22   *Architekturschichtendiagramm für das Zeiterfassungssystem*

Das Datenmodell und weitere sinnvolle Architekturbeschreibungen werden in diesem ersten Schritt noch nicht spezifiziert.

Diese Dokumente sollten zum jeweils spätestmöglichen sinnvollen Zeitpunkt erstellt werden, um ein »UpFront-Design« zu vermeiden, das dann den Freiraum der Entwickler unnötig einschränkt oder später im Verlauf der Iterationen noch oft geändert werden muss, sodass der Aufwand dafür verschwendet ist. Ein Beispiel für eine technische Designspezifikation ist in Abschnitt 4.6.4 zu finden.

Zu beachten ist auch, dass sowohl Architektur als auch technisches Design wichtig sind, da ein schlechtes Design die Architekturbemühungen wieder zunichtemachen kann. Die Architektur allein kann weder Funktionalität noch Qualität garantieren. Zur Spezifikation einer guten Architektur und eines guten technischen Designs gibt es viele Guidelines und Patterns (z.B. [Starke 2011], [Long et al. 2014], [Buschmann et al. 2007]).

4.6.3 Developer Story

Definition	Eine **Developer Story** beschreibt eine Funktionalität der Software aus Entwicklersicht: »Etwas, das sich der Entwickler vom System wünscht.« Die Inhalte von Developer Stories haben für einen User oder Käufer eines Systems *keinen* direkten Wert.
Anwendung	Developer Stories repräsentieren eine Ebene der technischen Requirements-Spezifikation mit einem Detaillierungsgrad, der ausreicht, um als gute Basis für die Aufwandsschätzung und Planung der nächsten Iterationen zu dienen. Developer Stories werden zur Beschreibung von Entwicklerwünschen oder technischen Requirements aus Systemsicht verwendet. Developer Stories werden nach oder parallel zu den User Requirements und der groben Systemarchitektur erstellt bzw. davon abgeleitet. Sie können z.B. die Basis für das detaillierte Softwaredesign bilden und auch als Input für die Erstellung von Unit Tests oder Integrationstests herangezogen werden.
Mitwirkende	▦ Entwickler ▦ Systemarchitekt ▦ Evtl. Entwicklertester
Eigenschaften	▦ Kurze funktionale Anforderungsbeschreibung aus Entwickler- bzw. Systemsicht (System-Requirements) ▦ Developer Stories dienen dazu, dass wichtige Vorgaben, Ideen und Konzepte für den Entwickler nicht vergessen werden. ▦ In Entwicklersprache formuliert, in der Regel nicht mehr als ein bis zwei Sätze ▦ Spezifikationsebene(n) unterhalb der Systemarchitektur, der Prozesse und groben User Requirements und oberhalb der Detailspezifikation wie Developer-Szenarien, User-Interface-Spezifikationen oder Datenstruktur-beschreibungen ▦ Gute Technik für eine technische Spezifikation von mittlerer Detailliertheit ▦ Ein Programmierer soll etwa zwischen ein und fünf Tage für eine Story benötigen. ▦ Eine Developer Story muss daher innerhalb einer einzelnen Iteration umgesetzt werden können.

→

Eigenschaften (Fortsetzung)	■ Gut als Basis für die Strukturierung und Planung der Entwickler-Tasks geeignet ■ Aufwandsschätzung je nach Detailliertheit grob oder mit guter Genauigkeit möglich
Zeitpunkt	Laufend vor der Umsetzungsiteration, Verfeinerung in der Umsetzungsiteration vor dem Start der Programmierung, z.B. in der Sprint-Planung
Vorlaufzeit bis Umsetzung	Stunden bis wenige Tage
Hinweise	Sehr grobe oder zu umfangreiche Developer Stories können als Developer Epic bezeichnet werden. Developer Epics sollen bei der Verfeinerung in mehrere Developer Stories aufgeteilt werden oder auch durch andere in diesem Buch angeführte Techniken, z.B. Softwareszenarien detaillierter beschrieben werden. **Wichtig:** Für Developer Stories gibt es keine Abnahmetests, da diese für den User nicht relevant sind. Es können jedoch sehr wohl Hinweise für Entwicklertests oder Integrationstests angeführt werden. Sollte es doch dazu kommen, dass auch ein Abnahmetest dafür erstellt wird, dann ist dies ein Hinweis darauf, dass hier eine Benutzerrelevanz vorhanden ist. Der Teil der Story, der benutzerrelevant ist, sollte als User Story formuliert werden.

Developer Stories können mit einer ähnlichen Schablone formuliert werden wie User Stories. Der Unterschied ist, dass dies aus Entwickler- oder Systemsicht geschieht:

> *» Als <Entwickler | Architekt> möchte ich <Funktionalität | Eigenschaft | Technologie>, sodass <Ziel | Nutzen | Begründung>.«*

oder

> *» Das System soll <Funktionalität | Eigenschaft | Technologie>, sodass <Ziel | Nutzen | Begründung>.«*

Beispiele für Developer Stories inkl. Entwicklertestkriterien:

Abgeleitet aus der Schichtenarchitektur ergibt sich z.B. folgende Developer Story:

Developer Story 1:	Entwicklertestkriterien 1:
»Als Entwickler möchte ich die zentrale Business-Logik-Schicht an die Datenbankschicht mit dem Framework ›DBPersistent Vx.y‹ anbinden, da dieses Framework für alle aktuell gängigen Datenbanken geeignet ist.«	■ Test der Datenbankanbindung mit SQL-Server Vx.y, Oracle V.x.y und MySQL V x.y

→

Oder eine Developer Story aus Sicht der IT-Technologie:

Developer Story 2:	Entwicklertestkriterien 2:
»Das System soll die E-Mails an der Schnittstelle zum externen E-Mail-System konform zum MAPI-Standard bereitstellen, damit dies mit Outlook und Exchange leichter verarbeitet werden kann.«	▪ E-Mail wird konform zum MAPI-Standard Vx.y erstellt. ▪ Exchange-Rückmeldungen gemäß MAPI-Standard werden vom Zeiterfassungssystem richtig interpretiert und bearbeitet.

Aus dem zweiten Beispiel wird ersichtlich, dass beim Nachdenken über die Entwicklertestkriterien weitere wichtige Punkte wie die richtige Behandlung von Rückmeldungen an der Schnittstelle als Testkriterien angeführt werden, die bei einem ausschließlichen Fokus auf die Stories eventuell übersehen worden wären. Entwicklertestkriterien sind daher wichtig, da hier möglicherweise auch relevante Punkte für die Programmierung angeführt werden, die bei der einfachen ersten Spezifikation der Developer Story nicht bedacht wurden.

An sich sollte jede Developer Story durch zugrunde liegende funktionale oder nicht funktionale User Stories begründet und auch vom Aufwand her abgedeckt sein. Eine explizite Berücksichtigung dieses Aufwands im Backlog oder in der Planung einer Iteration ist dadurch nicht nötig. Dies soll komplett auf Basis der User Requirements erfolgen.

In der Praxis zeigt es sich aber, dass es übergreifende Entwickleranforderungen gibt, die oft nicht explizit in den Aufwänden der User Stories berücksichtigt sind wie z.B. übergreifende Aufwände für eine Gesamtarchitektur oder die Implementierung von wiederverwendbaren Benutzerführungen aufgrund von Usability-Vorgaben oder die Abstraktion und Kapselung von Input-Validierungen im Rahmen von Security-Vorgaben. Dies sind oft Themen, die für den Benutzer nicht relevant sind, aus Sicht einer guten Architektur, Wiederverwendbarkeit etc. jedoch zusätzliche Entwickleraufwände und Anforderungen darstellen, die aber keiner User Story zugeordnet werden können. Diese Aufwände sind daher dann explizit oder anteilig bei den Schätzungen der User Stories zu berücksichtigen.

Developer Stories, die von bestehenden User Stories abgeleitet wurden, haben grundsätzlich informativen Charakter und müssen in der Planung nicht berücksichtigt werden, da diese Aufwände schon in der Schätzung der User Stories berücksichtigt sind. Eigenständige Developer Stories müssen jedoch wie User Stories zusätzlich in das Backlog eingeplant werden!

Ähnlich wie bei User Stories ist auch eine Aufteilung bzw. Zuordnung von Developer Stories zu Tasks vorzunehmen. Für die weitere Handhabung der Developer Stories gelten die allgemeinen Hinweise zu Stories in Abschnitt 4.3.2 sinngemäß.

4.6.4 Softwareszenarien

Definition	Ein **Softwareszenario** ist die ablauforientierte Beschreibung eines spezifischen Wegs durch eine Methode, Funktion oder einen anderen Softwareteil. Softwareszenarien beschreiben eine einzelne und komplette Sequenz von Ereignissen sowie das Verhalten innerhalb dieses Softwareteils unter bestimmten Bedingungen.
Anwendung	Softwareszenarien stellen wie Use-Case-Szenarien das Verhalten des Systems dar, jedoch aus der technischen Sicht des Entwicklers. Die Anwendung ist prinzipiell nicht zwingend notwendig, sondern nur dort, wo dies sinnvoll ist, um Unklarheiten aus den User Requirements zu beseitigen. Softwareszenarien sind wichtig, um die Detail-Systemabläufe bzw. das Systemverhalten in einem abgeschlossenen Softwareteil zu beschreiben. **Dies betrifft primär die Entwicklersicht und ist aus Benutzersicht und für die User Requirements nur insofern relevant, um diese genauer schätzen zu können.**
Mitwirkende	▪ Entwickler ▪ Evtl. Architekt
Eigenschaften	▪ Nicht verpflichtend, aber in vielen Fällen hilfreich für die Entwickler ▪ Werden durch die Entwickler und evtl. auch Architekten erstellt ▪ Werden evtl. auch im Rahmen von Spikes erstellt ▪ Sind wichtig als Ergänzung zu den User Requirements, um diese genauer abschätzen zu können ▪ Werden nicht explizit als Umsetzungstasks eingeplant, sondern sind Spezifikationstasks im Vorfeld der Implementierung ▪ Prozess- und ablauforientierte Sicht ▪ Beschreibung aus technischer Sicht ▪ Technische Spezifikationsebene(n) unterhalb der Architektur, typischerweise ein Teil des technischen Softwaredesigns ▪ Aufwandsschätzung mit einer sehr guten Genauigkeit möglich ▪ Gute Technik für eine Spezifikation von Systemverhalten und Prozessen auf einer detaillierteren Ebene ▪ Kostenschätzung je nach Ebene schon detailliert möglich
Zeitpunkt	Laufend vor der Umsetzungsiteration, vor dem Start der Programmierung (z.B. in der Sprint-Planung)
Vorlaufzeit bis Umsetzung	Stunden bis Tage
Hinweise	Um die Konsistenz der Dokumente mit dem Code zu gewährleisten, ist es zu empfehlen, die Spezifikation der Softwareszenarien so weit als möglich in der Entwicklungsumgebung vorzunehmen. Wenn die Entwicklungsumgebung keine integrierte grafische Ablaufmodellierung erlaubt, sollten Modellierungswerkzeuge verwendet werden, die mit dieser Entwicklungsumgebung integriert werden können.

Im Sinne der Requirements-Spezifikation betrachten wir bei den Softwareszenarien die detaillierten Abläufe innerhalb von Softwarekomponenten aus Entwicklersicht. Softwareszenarien dienen der effektiven Kommunikation zwischen Entwicklern, aber auch vom Entwickler zu anderen Stakeholdern (z.B. Testautomatisierer), die an einem Detaileinblick in die Implementierung des Systems interessiert sind, jedoch nicht unbedingt den Code verwenden wollen.

Beispiel zu Softwareszenario:

Ausgehend von dem Use-Case-Szenario »Sonstige Fehlzeit eingeben« wird der Schritt **»Mail zur Info an Vorgesetzten schicken«** nachfolgend vom Entwickler analysiert und vor der Umsetzungsiteration noch genauer spezifiziert:

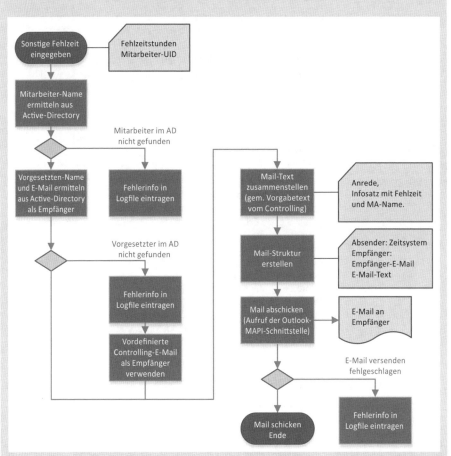

Abb. 4–23   *Softwareszenario »Mail zur Info an Vorgesetzten schicken«*

In dem angegebenen Beispiel wurde ein Ablaufdiagramm als Spezifikationstechnik gewählt (siehe Abb. 4–23). Natürlich kann das Szenario auch textbasiert im Programmcode oder als Pseudocode erstellt werden.

4.6.5 Developer Constraints

Definition	Ein **Developer Constraint** ist eine »Beschränkung« für den Entwickler, die dieser befolgen muss, die aber nicht direkt implementiert werden kann, sondern die Umsetzung beeinflusst.
Anwendung	Developer Constraints repräsentieren nicht funktionale Anforderungen und Rahmenbedingungen aus Sicht des Entwicklers und mit einem Detaillierungsgrad, der je nach Phase und Inhalt auf Ebene der Epics, Features oder Stories liegen kann und dem Entwickler als Basis für die Planung der nächsten Iteration bzw. Release dient.
	Die wesentlichen Developer Constraints sollten unmittelbar nach der Definition der Ziele und Stakeholder festgelegt werden, da sie den weiteren Spezifikationsprozess evtl. sehr stark beeinflussen können.
	Sie bilden die Basis für alle anderen Requirements und auch entsprechende Entwicklertests.
Mitwirkende	▦ Entwickler ▦ Architekt ▦ Evtl. Support ▦ Evtl. Betreiber-IT
Eigenschaften	▦ Kurze nicht funktionale Anforderungsbeschreibung aus Entwicklersicht (System-Requirements) oder Beschreibung von vorgegebenen Rahmenbedingungen ▦ Spezifikationsebene(n) parallel zu Epics, Features oder Developer Stories ▦ Spezifikation von mittlerer Detailliertheit ▦ Constraints werden nicht direkt programmiert, sondern beeinflussen die Programmierung. ▦ Ein Constraint kann daher Auswirkungen über mehrere Iterationen oder auch über die gesamte Laufzeit bzw. Lebenszyklus des Systems haben. ▦ Sehr wichtig für die Architektur und das Design des Systems ▦ Constraints sind die »Leitplanken« für die anderen Requirements ▦ Aufwandsschätzung je nach Constraint und Detailliertheit kaum, grob oder mit einer guten Genauigkeit möglich
Zeitpunkt	Die wesentlichen Constraints (»Leitplanken«) möglichst frühzeitig, wenn möglich vor oder am Beginn des Projekts festlegen,
	laufend vor der ersten Umsetzungsiteration,
	Verfeinerung in den Umsetzungsiterationen vor dem Start der Programmierung (z. B. in der Sprint-Planung)
Vorlaufzeit bis Umsetzung	Sehr unterschiedlich!
Hinweise	Es gibt zwei Arten von Constraints: ▦ Nicht funktionale Anforderungen ▦ (müssen getestet werden) ▦ Rahmenbedingungen (sind vorgegeben und müssen daher nicht getestet werden)

Developer Constraints sind für den Benutzer meist nicht relevant, sondern sind wichtig aus Sicht einer guten Architektur, Wartbarkeit, Wiederverwendbarkeit etc. Sie stellen aber zusätzliche Entwickleraufwände und Anforderungen dar, die im Normalfall keinem User Requirement direkt zugeordnet werden können.

> *Developer Constraints müssen in der Planung berücksichtigt werden, da sie oft einen beträchtlichen zusätzlichen Aufwand bedeuten!*

Eigenständige Developer Constraints, z.B. der weiter unten angegebene »NFA MNT.2«, die nicht durch eine implizite Aufwandszuordnung zu anderen Requirements abgedeckt und in der Schätzung berücksichtigt wurden, sollten daher explizit in das Backlog eingefügt und eingeplant werden, da es sich hierbei um explizite Anforderungen handelt, die zusätzlichen Aufwand verursachen. Ebenso ist auch eine Aufteilung bzw. Zuordnung zu Tasks vorzunehmen.

4.6.5.1   Nicht funktionale Anforderungen (NFA)

Für eine allgemeine Beschreibung und Hinweise zu NFAs siehe Abschnitt 4.3.3.1. Nachfolgend werden die »inneren Qualitätskriterien« aus der ISO 25010 genauer dargestellt. Die Punkte

- Funktionalität,
- Zuverlässigkeit,
- Benutzbarkeit (Usability),
- Effizienz und
- Übertragbarkeit

werden hier nicht weiter detailliert, da diese primär aus Benutzersicht relevant sind und bereits in Abschnitt 4.3.3.1 beschrieben sind.

Wartbarkeit

Das Qualitätskriterium Wartbarkeit beschreibt die Möglichkeiten, das System zu modifizieren (Korrekturen, Verbesserungen, Anpassungen, ...). Dabei sind alle nicht direkt funktionalen Kriterien wesentlich, wie z.B. benötigte Zeit für Änderungen, geplante Releasezyklen, der benötigte Support-Level, Fähigkeiten der Programmiersprachen, ... Teilaspekte sind:

- *Modularität*:
  In welchem Umfang ist ein System aus abgeschlossenen Komponenten aufgebaut, sodass Änderungen möglichst geringe Auswirkungen auf die anderen Komponenten haben?

▦ *Wiederverwendbarkeit*:
Beschreibt die Möglichkeiten, das System oder auch einzelne Systemkomponenten in anderen Entwicklungsprojekten oder auch als COTS-Produkte (Commercial off-the-shelf = Standard-/'Von-der-Stange'-Produkte) wieder zu verwenden.

▦ *Analysierbarkeit*:
Beschreibt die Anforderungen, um Mängel oder Ursachen von Versagen zu diagnostizieren oder um änderungsbedürftige Teile zu bestimmen.

▦ *Modifizierbarkeit*:
Beschreibt die Anforderungen, um eine möglichst einfache Umsetzung von spezifizierten Änderungen zu ermöglichen.

▦ *Prüfbarkeit*:
Anforderungen bezüglich der Prüfung des geänderten Systems und bezüglich des Aufwands für die Prüfung des geänderten Systems.

Beispiele für Wartbarkeit (Maintenance) als NFA-Constraints auf Story-Ebene inkl. Akzeptanzkriterien:

Constraint NFA MNT.1:	**Akzeptanzkriterien NFA MNT.1:**
Modifizierbarkeit: »Als Entwickler werden wir die Patterns und Hinweise aus der Coding-Guideline X.Y, Kapitel ›Architecture & code flexibility‹ einhalten.«	▪ Codereview gegen die Kriterien der Coding-Guideline X.Y ▪ Komplexeste Klasse der 3 Kernsystemkomponenten ▪ Zus. je eine mittelkomplexe Klasse je Komponente
Constraint NFA MNT.2:	**Akzeptanzkriterien NFA MNT.2:**
Testbarkeit: »Als Tester möchte ich die Werte und Zwischenergebnisse an jeder Komponentenschnittstelle abfragen können.«	▪ Zwischenergebnisse und übertragene Werte jeder Komponentenschnittstelle werden in einem Logfile gespeichert. ▪ Jeder Eintrag ist identifizierbar und der konkreten Schnittstelle und Ablaufinstanz zuordenbar.

Beispiel für Entwickler-NFA für Wiederverwendbarkeit:

»Das System muss die Stammdaten- und Konfigurationsdatenbank des Gesamtsystems verwenden, da die zu entwickelnde Software als ein Modul in einer Gesamtlösung des Kunden eingesetzt wird.«

Natürlich gibt es auch aus Kundensicht eine Wiederverwendbarkeit, die berücksichtigt werden sollte:

Beispiel für Kunden-NFA für Wiederverwendbarkeit:

»Als Kunde möchte ich die erstellte Software als ein Modul meiner am Markt angebotenen Standardprodukte verwenden.«

Weitere nicht funktionale Qualitätskriterien, die auch aus Entwicklersicht relevant sein können:

Skalierbarkeit

Damit werden Anforderungen des Systems an den Umgang mit steigenden Nutzerzahlen oder Datenaufkommen beschrieben, z.B. mengenmäßige Ausweitung des Einsatzbereichs von einer Organisationseinheit auf alle Organisationsbereiche.

Beispiel für Entwickler-NFA für Skalierbarkeit:

»Der Applikationsserver muss multithreadingfähig sein. Eine Prozesspriorisierung und ein Lastausgleich auf mehrere Prozessoren muss möglich sein.«

Sicherheit (des Systems, Security)

Dieses Qualitätskriterium beschreibt Anforderungen des Systems an die Sicherheit (z.B. unberechtigter Zugriff auf Programme und Daten).

Beispiel für Entwickler-NFAs für Security:

- »Die Datenbankinhalte des Systems müssen auf Feldebene verschlüsselt sein.«
- »Die Datenübertragung zwischen Datenbank und Repräsentationsschicht muss verschlüsselt erfolgen.«
- »Die Verwaltung der Verschlüsselungscodes muss für jeden Mitarbeiter unabhängig vom Systemadministrator möglich sein.«
- »Es muss einen Generalcode für den Zugriff auf alle Zeitdaten geben, mit dem eine festgelegte Vertrauensperson Zugriff auf alle eingegebenen Zeitdaten hat.«
- »Die Datensicherung darf durch die Verschlüsselung nicht beeinträchtigt werden.«

Sicherheit (der Anwender, Safety)

Hiermit werden Anforderungen an das System beschrieben, um Risiken, die durch das System gegeben sind und die für die Anwender des Systems ein personenbezogenes Gefahrenpotenzial darstellen, z.B. körperliche Verletzungsgefahr, möglichst gering zu halten.

Beispiel für Entwickler-NFA für Safety:

»Solange der Parameter »Geschwindigkeit« > 3 km/h ist, darf die Funktion »Öffnen der Tür« nicht aktiviert werden.«

Dokumentation

Hiermit werden Kriterien für die Dokumentation des Systems definiert, wie Art, Umfang, Beschaffenheit, strukturelle und inhaltliche Vorgaben, und zwar sowohl für die technische als auch Anwenderdokumentation.

Beispiel für Entwickler-NFA für Dokumentation:

»Folgende Entwicklerdokumentationen werden erstellt:

▦ Quellcodedokumentation:
   Beschreibung von relevanten Stellen im Quellcode für die Entwickler

▦ Datenstrukturdokumentation:
   Beschreibung für den Administrator und Entwickler zur Dokumentation der gespeicherten Daten und zur Interpretation der Informationen (sowohl Wertebereich als auch Semantik)

▦ Architektur-/Designdokumentation:
   Beschreibung der Systemarchitektur, der Algorithmen, Details zu internen und externen Systemschnittstellen etc. , um die Problematik und die angewendeten Lösungswege und Methoden unabhängig vom eingesetzten Quellcode bzw. Technologie zu dokumentieren.

▦ Projekt-/Releasedokumentation:
   Nachweis der erstellten Versionen, beteiligten Personen, Planungs- und Entscheidungsunterlagen, Zweck der Funktion

▦ Angabe, wie die Funktion angestoßen/aufgerufen werden kann

▦ Beschreibung der erforderlichen Benutzereingaben, bei Feldern jeweils auch Wertebereiche und Beispiele mit sinnvollen Werten

▦ Beschreibung der Verarbeitung und des Ergebnisses

▦ Beschreibung von Ausnahme- und Fehlersituationen sowie die typischen Benutzerreaktionen oder Empfehlungen für die Situation.«

Über die genannten Kriterien hinaus gibt es noch eine Reihe weiterer, die bei Bedarf als eigener Punkt in die Spezifikation aufgenommen werden sollten, wie z. B.:

▦ Konfigurierbarkeit
▦ Konsistenz
▦ Kompatibilität
▦ Genauigkeit
▦ Möglichkeiten der Datenmigration
▦ Logging und Reporting
▦ Anforderungen an die Systemumgebung
▦ Vorkehrungen zur Beendigung/Außerbetriebnahme des Systems

> Nicht funktionale Anforderungen sind genauso sorgfältig zu spezifizieren und auch zu testen wie funktionale Anforderungen!

Wichtig bei der Formulierung von nicht funktionalen Anforderungen ist nicht unbedingt, ob diese in ein bestimmtes Schema passt oder auf der richtigen Ebene erfolgt. Vielmehr ist es wichtig, *dass* die NFAs spezifiziert werden. Daher sollten zumindest die Stichworte dazu auf einer Story Card oder im Requirements-System notiert werden, sobald die Anforderung in einer Kommunikation auftaucht, auch wenn sie gerade nicht zum Thema passt, damit sie nicht vergessen wird. Details können dann später noch ausgearbeitet werden.

4.6.5.2   Rahmenbedingungen

Explizite Rahmenbedingungen für Entwickler werden hier nicht weiter behandelt. Es sollte sinngemäß wie in Abschnitt 4.3.3.2 angegeben vorgegangen werden.

4.6.6   Tasks

Definition	Ein **Task** ist eine kleine überschaubare (Programmier-)Aufgabe von meist technischer Natur [Wirdemann 2011]. The actual work that individuals do in order to make the story »come true« – there are usually many Tasks per Story [Agile Alliance].
Anwendung	Tasks werden aus den User Stories im Rahmen der Iterationsplanung abgeleitet, um die Aufgaben zur Umsetzung einer User Story klarer zu definieren und ggf. auch zwischen mehreren Entwicklern aufzuteilen. Auch Aufgaben, die mit der eigentlichen Funktionalität des Systems nichts zu tun haben, wie z. B. Dokumentation, werden hier betrachtet. Die Tasks bilden die Basis für die detailliertere Planung und Steuerung der Umsetzung der User Stories. Tasks repräsentieren im Gegensatz zu User Stories keine releasebaren Funktionen und für sich allein genommen auch nicht unbedingt einen Mehrwert für den Benutzer. Tasks sind also im Sinne des RE keine Requirements, sondern eben (wie der Name schon sagt) Programmieraufgaben.
Mitwirkende	▦ »Das Team« ▦ Evtl. übergeordneter Systemarchitekt
Eigenschaften	▦ Tasks teilen eine User Story in kleine überschaubare Aufgaben auf. ▦ Tasks sind in Scrum das Ergebnis des Sprint Planning 2 (Design und Planung). ▦ Die Aufteilung einer User Story auf Tasks soll nicht mehr als 10–15 Minuten dauern. ▦ Aufgabenbeschreibung aus Umsetzersicht ▦ Verfeinerungsebene unterhalb der User Stories ▦ Gute Basis für die Planung und Umsetzung ▦ Ein Programmierer soll nicht mehr als einen Tag für einen Task benötigen. ▦ Aufwandsschätzung mit einer sehr guten Genauigkeit möglich

→

Zeitpunkt	Vor bzw. am Beginn jeder Iteration vor dem Start der Programmierung, z.B. in der Sprint-Planung
Vorlaufzeit bis Umsetzung	Stunden bis wenige Tage
Hinweise	Für die Planung und Abschätzung der Umsetzung der Tasks sollte von einer guten Qualität ausgegangen werden, also z.B. auch von der Erstellung der dazu gehörenden Unit Tests, der notwendigen Dokumentation etc.
	Eventuell ergeben sich aus der Task-Aufteilung weitere Hinweise für unklare Requirements. Dann sollte eine weitere Spezifikationsrunde zur Klärung und Verfeinerung der Anforderungen durchgeführt werden.

Tasks sind an sich keine Requirements-Artefakte, sondern Artefakte des Projekt-managements zur Arbeitskoordination im Team.

> **Tasks sind ein Mittel zum Management der Story-Umsetzung und keine Requirements-Spezifikation!**

Tasks werden jedoch in diesem Kapitel trotzdem angeführt, weil sie eine Verfeine-rung der User Stories darstellen und als solche natürlich auch Requirements-Ele-mente beinhalten, die konsistent zu anderen RE-Artefakten gehalten und auch in Beziehung gesetzt werden müssen. Die Dokumentation und Handhabung der Tasks sollte in passenden Tools erfolgen (Task-Tracking-Tools, Projektmanage-menttools).

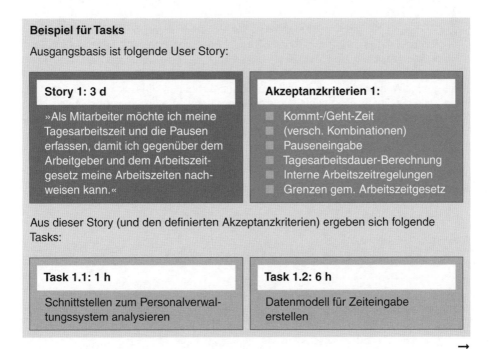

Beispiel für Tasks

Ausgangsbasis ist folgende User Story:

Story 1: 3 d

»Als Mitarbeiter möchte ich meine Tagesarbeitszeit und die Pausen erfassen, damit ich gegenüber dem Arbeitgeber und dem Arbeitszeit-gesetz meine Arbeitszeiten nach-weisen kann.«

Akzeptanzkriterien 1:

- Kommt-/Geht-Zeit
- (versch. Kombinationen)
- Pauseneingabe
- Tagesarbeitsdauer-Berechnung
- Interne Arbeitszeitregelungen
- Grenzen gem. Arbeitszeitgesetz

Aus dieser Story (und den definierten Akzeptanzkriterien) ergeben sich folgende Tasks:

Task 1.1: 1 h

Schnittstellen zum Personalverwal-tungssystem analysieren

Task 1.2: 6 h

Datenmodell für Zeiteingabe erstellen

Task 1.3: 4 h

Eingabemaske für Arbeitszeit
erstellen

Task 1.4: 1 h

Tagesarbeitszeit- und Pausen-
Berechnung programmieren

Task 1.5: 4 h

Feiertagsliste erstellen und bei der
Zeiteingabe berücksichtigen

Task 1.6: 3 h

Stammdatenmaske für Verwaltung
der Abwesenheitsarten erstellen

Task 1.7: 3 h

Parameter-Konfigurationsmaske
für die Einstellwerte aus der internen Arbeitszeitregelung und dem
Arbeitszeitgesetz erstellen

Task 1.8: 2 h

Onlinehilfe und Benutzerdokumentation erstellen

Auch wenn Tasks an sich keine Requirements an das System sind, sondern Aufgaben für den Programmierer, so ist aus dem kleinen Beispiel schon ersichtlich, dass in der Überlegung, welche Aufgaben sich denn aus der User Story ableiten lassen, immer wieder Requirements auftauchen, die in weiterer Folge auch noch detaillierter behandelt werden sollten, um den Programmierer bezüglich der Umsetzung nicht im Unklaren zu lassen.

Zum Beispiel ist im Zusammenhang mit der Aufgabe »Feiertagsliste erstellen und bei der Zeiteingabe berücksichtigen« die Frage aufgetaucht, ob der Benutzer oder Product Owner hier besondere Vorstellungen hat (Feiertage manuell eingeben, Regelsystem für regelmäßig wiederkehrende Feiertage, Feiertagsimport aus allgemein verfügbaren Feiertagslisten etc.). Also eine ganze Menge an Fragen, für die man nicht dem Programmierer allein die Entscheidung und Verantwortung überlassen sollte, da sonst mit großer Wahrscheinlichkeit ein Ergebnis herauskommt, das sich der Kunde »so nicht vorgestellt« hat und damit die Arbeit einer Iteration möglicherweise verschwendet wurde.

Die Klärung dieser Fragen sollte jedenfalls in der Iteration vor der Umsetzung erfolgen.

Weitere Informationen zu Tasks sind in Abschnitt 6.5 zu finden.

4.7 Inhaltliche Strukturierungshilfsmittel

4.7.1 Themen

Definition	**Themen** sind sinnvoll zusammengehörende oder zusammenpassende Mengen von Requirements, die einen gemeinsamen Fokus haben.
Anwendung	Ein Thema ist eine Bezeichnung für eine Gruppe von Requirements, stellt jedoch selbst kein Requirement dar. Themen fassen Aspekte zusammen bzw. helfen bei der Gruppierung von Requirements (z.B. User Stories, Epics).
Mitwirkende	■ Produktmanager ■ Product Owner ■ Fachbereichsmitarbeiter ■ Key User
Eigenschaften	■ Zusammenfassung bzw. Gruppierungselement ■ Spezifikationsebene(n) unterhalb der Vision bzw. Ziele und oberhalb der User Stories ■ Ausschließlich inhaltliche Anforderungssicht ■ Hilfreich zur Priorisierung und im Releasemanagement
Zeitpunkt	Vor der ersten Umsetzungsiteration
Vorlaufzeit bis Umsetzung	Tage bis mehrere Wochen
Hinweise	Ein Thema sollte keine zu große Menge an Requirements zusammenfassen. Wenn mehr als sieben bis zehn Requirements zu einem Thema zusammengefasst werden, sollte eine Unterteilung in Subthemen vorgenommen werden.

In der eigenen täglichen Arbeit ist es wichtig, die Begriffe »Thema« und »Epic« möglichst klar auseinanderzuhalten. Wenn ein Epic in mehrere User Stories aufgeteilt wird, dann ist dieses Epic für die abgeleiteten User Stories ja im Grunde »das Thema«. Wenn ein Epic in detailliertere User Stories aufgeteilt wurde, verschwindet es jedoch aus dem Backlog und die verbindende Klammer zwischen diesen User Stories geht verloren.

Genau hier setzen die Themen an: Wenn es für die weitere Bearbeitung, z.B. für die Vergabe einer Priorität oder das Einplanen für ein bestimmtes Release, wichtig ist, mehrere Requirements gemeinsam zu behandeln und zu betrachten, dann kann dies durch die Zuordnung der Requirements zu einem Thema erreicht werden.

Themen können zur Zusammenfassung auf allen Ebenen verwendet werden und daher als Klammer sowohl User Stories als auch Epics oder andere Spezifikationsartefakte umfassen.

Beispiel für Thema über einige User Stories:

»Erfassung von Tagesarbeitszeit und Zuordnung von Zeiten zu Projekten«

Hinweis: Themen, die nicht nur eine zusammenfassende Überschrift sind, sondern auch inhaltlich weiter mit Leben befüllt werden, können als »Feature« bezeichnet werden (siehe Abschnitt 4.3.1).

Wenn man elektronische Hilfsmittel zur Verwaltung der Requirements verwendet, sind die Zuordnungen von Requirements zu Themen durch entsprechende Attributierungen bzw. Zuordnungen in einer Baumstruktur meist recht gut möglich.

Wenn man manuelle Hilfsmittel wie ein Storyboard benutzt, stellt sich die Frage, wie man hier mit Themen umgehen kann. Eine Möglichkeit wäre z. B., die Kärtchen zusammenzuklammern oder auch die Kärtchen mit einer speziellen Farbe oder einem Symbol eventuell in Verbindung mit einer Themennummer zu kennzeichnen. Diese Vorschläge sind jedoch im Grunde »Krücken«, die mehr schlecht als recht über die Schwächen der papierbasierten Requirements-Verwaltung hinweghelfen sollen.

Es kann in diesem Zusammenhang hier nur empfohlen werden, für die Verwaltung der Requirements ein datenbankgestütztes, professionelles Requirements-Werkzeug zu verwenden, das über gute Zuordnungs- und Strukturierungsmöglichkeiten verfügt.

4.7.2   Epics und Features

Epics und Features sind im Grunde auch inhaltliche Strukturierungshilfsmittel. In den meisten Fällen bleiben Epics und Features nicht als grobe Spezifikationselemente bestehen, sondern werden im Verlauf des Requirements Engineering weiter verfeinert z. B. in eine Menge an untergeordneten User Stories. Damit bilden die übergeordneten Elemente Epic und Feature eine Klammer um diese Detailelemente.

Bei einer strukturierten Darstellung der Requirements-Artefakte zeigt sich die Gruppierungseigenschaft der Epics und Features auch visuell recht deutlich (siehe Abb. 4–24).

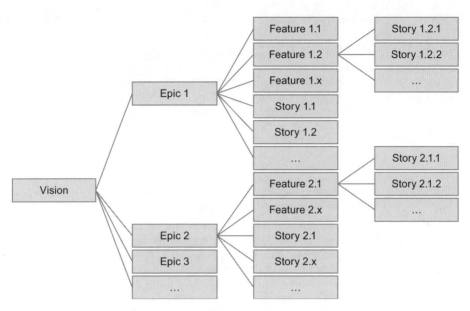

Abb. 4–24   *Epics und Features als inhaltliche Strukturierungshilfsmittel*

Eine detailliertere Beschreibung der Techniken Epics und Features ist in den Abschnitten 4.1.2 und 4.3.1 zu finden.

4.8   Agile Requirements-Engineering-Methoden

Bei den meisten Methoden in diesem Kapitel sind verschiedene Artefakte die Treiber für die Softwareentwicklung. Das kann z. B. das Verhalten in Behaviour Driven Development (BDD) sein oder die Testfälle in Test Driven Development (TDD) oder auch Beispiele in Specification by Example. Diese Artefakte können daher im Grunde alle als Requirements angesehen werden (vgl. auch [Adzic 2011, S. 23]: »Tests are specifications; specifications are test!). Insofern sind alle nachfolgend beschriebenen Methoden nichts anderes als Vorgehensweisen, um Requirements möglichst einfach, schnell und leicht verwendbar für die Entwicklung zu spezifizieren.

> Solange eine Software nicht fertig entwickelt ist, ist jedes Artefakt, das die Entwicklung treibt oder definiert, egal wie auch immer es in der jeweiligen Methode heißen mag, ein Requirement oder eine Rahmenbedingung für diese Software.

4.8.1 Specification by Example

Definition/Kurz-beschreibung	**Specification by Example (SBE)** ist eine Methode, die von Gojko Adzic entwickelt wurde. Sie enthält ein Set an Prozess-Patterns, die auch in anderen spezifikationsorientierten Methoden (z. B. BDD, TDD) verwendet werden können bzw. in ähnlicher Form in diesen Methoden auch vorkommen. SBE besteht aus folgenden Prozess-Patterns [Adzic 2011]: 1. Deriving scope from goals 2. Specifying collaboratively 3. Illustrating using examples 4. Refining the specification 5. Automating validation without changing specifications 6. Validating frequently 7. Evolving a documentation system
Anwendung	Die zu erstellende Software wird durch Beispiele beschrieben. Die definierten Beispiele sind damit die Requirements des Kunden an das System. SBE wird angewendet, um die Kunden auf einfache Art und Weise in die Erstellung der Requirements-Spezifikation einzubeziehen. Die ersten vier Patterns beschäftigen sich damit, wie die Kunden auf einfache Art und Weise in die Spezifikationserstellung einbezogen werden können. Die letzten drei Patterns (5.–7.) sind im Prinzip sehr ähnlich zu TDD in Kombination mit Continuous Integration (CI).
Hinweise	Beispiele für bestimmtes Verhalten oder Funktionen eines Systems können im Grunde als konkrete Testfälle (mit Testdaten) gesehen werden. Damit ist bei dieser Methode eine große Nähe zu TDD (siehe Abschnitt 4.8.2) und BDD (siehe Abschnitt 4.8.3) gegeben.

SBE stellt ein Set an einfachen Prozess-Patterns zur Verfügung. Dies hat folgende Ziele bzw. Vorteile:

▨ Das für den Auftraggeber richtige Produkt soll möglichst effizient erstellt werden.

▨ Es ist immer eine aktuelle und gültige Spezifikation und Dokumentation vorhanden.

Die Prozess-Patterns bzw. Ablaufschritte sind wie folgt definiert:

1. **Deriving scope from goals**
   Voraussetzung dafür ist, dass vorher auch Geschäftsziele vereinbart werden. Nur wenn etwas erstellt wird, was auch einen Nutzen hat und ein Ziel unterstützt, ist es effektiv!
   Die Kunden sollen sich auf die Spezifikation der Ziele und des erwarteten Geschäftswerts konzentrieren. Die Entwickler sollen dann das Softwaredesign so erstellen, dass es diese Ziele erfüllt.

2. **Specifying collaboratively**
   Grundlage ist die Zusammenarbeit *aller* Betroffenen, das erfordert die Einbindung von Fachleuten, Entwicklern, Testern etc.!

Wenn die Kunden alleine die Spezifikation erstellen, dann führt dies meist dazu, dass wichtige Informationen beim Übergang zu den Entwicklern verloren gehen und dann nach der Implementierung diverse Änderungen nötig werden.

Die kollektive Beteiligung an der Spezifikationserstellung ist eine klare Forderung und Voraussetzung für SBE und führt dazu, dass das Wissen und die Erfahrung des gesamten Teams genutzt wird.

Generell sind diese Kommunikation und Abstimmung aller Betroffenen zwei der wichtigsten Erfolgsfaktoren im Requirements Engineering, egal welche Methode und Vorgehensweise angewendet wird.

3. **Illustrating using examples**
   Die Beschreibung des gewünschten Verhaltens durch Beispiele eignet sich sehr gut, um »in die Gänge« zu kommen und die Kunden und Anwender ins Boot zu holen!

   Oft ist es für Anwender schwierig, ein Requirement so umfassend und korrekt zu spezifizieren, dass es genau das Bedürfnis abdeckt. Anwender können oft leichter Beispiele aus ihrem konkreten Alltag nennen.

   Im ersten Schritt werden »Hauptbeispiele« identifiziert, also passende Fälle für den Einsatz der Funktionen, das Aussehen, das Verhalten etc. Wenn dies nicht ausreicht, um ein gemeinsames Verständnis zu erlangen, dann werden weitere Beispiele gesucht, die Sonderverhalten, Varianten, Fehlverhalten etc. beschreiben. Diese Beispiele werden dann mit den Beteiligten abgestimmt.

   Diese Methode kann sehr effizient sein, wenn es sich um aussagekräftige Beispiele handelt und die Beteiligten damit sehr schnell zu einem gemeinsamen Verständnis der Kundenbedürfnisse kommen. Wichtig dabei ist, dass das Umsetzungsteam aufgrund der Beispiele auch wirklich ein umfassendes Bild der Wünsche des Kunden bekommt. Anderenfalls kann es passieren, dass die Entwickler eine Lösung umsetzen, die nur genau die Beispiele erfüllt, jedoch darüber hinaus nicht das gewünschte Verhalten abdeckt. Dasselbe Problem besteht auch bei TDD und ist in diesem Kapitel auch mit einem Fallbeispiel dargestellt (siehe Abschnitt 4.8.2).

4. **Refining the specification**
   In diesem Schritt soll eine offene Kommunikation über die Spezifikation und die genannten Beispiele erfolgen und diese überarbeitet und verfeinert werden.

   Es passiert bei der Beispielspezifikation und -sammlung häufig, dass hier Details über Verhalten und Funktionen des Systems genannt werden, die eigentlich irrelevant sind für das, was der Kunde aus fachlicher Sicht erreichen möchte.

   Ziel in diesem Schritt ist es daher, die Spezifikation dahingehend zu überprüfen, dass das WAS beschrieben wird und nicht das WIE.

Die in der weiteren Abstimmung und Verfeinerung erstellten Beispiele können dann als Basis für die Akzeptanztests des Kunden verwendet werden.

Die durch SBE erstellte Spezifikation ist daher gleichzeitig Anforderungsspezifikation, Akzeptanztestspezifikation und Basis für den künftigen automatischen Regressionstest. Wenn also die Spezifikation aus irgendeinem Grund zu ändern wäre, dann muss dies nur an einer Stelle vorgenommen werden und nicht in verschiedenen Dokumenten (Requirements-Spezifikation, Testspezifikation, Entwicklerspezifikation etc.).

5. **Automating validation without changing specifications**
   Die definierten und abgestimmten Beispiele werden dann als automatisierte Tests implementiert (siehe Abschnitt 4.8.2).

   Das Ergebnis ist sozusagen eine »ausführbare« Spezifikation. Diese ist einerseits die Grundlage für die Entwickler zur Programmierung, andererseits kann damit dann im Laufe der Umsetzung ohne großen Aufwand jederzeit überprüft werden, ob die Entwicklungsergebnisse der Spezifikation entsprechen.

6. **Validating[6] frequently**
   Automatisierte Spezifikationen (Tests) werden in diesem Schritt regelmäßig und häufig »gegen« das zu testende System ausgeführt, um Abweichungen zwischen der Entwicklung und der Spezifikation frühestmöglich zu erkennen. Bei begründeten Abweichungen, die keine Programmierfehler sind, sollte das Problem mit dem Kunden diskutiert und die Beispielspezifikation entsprechend angepasst werden.

7. **Evolving a documentation system**
   Die automatisierten Spezifikationen (Tests) sollen durch regelmäßige Abstimmung und Anpassung an die Bedürfnisse der Kunden und Berücksichtigung von Änderungen im Laufe des Projekts oder Lebenszyklus zu einer »lebendigen« Dokumentation entwickelt werden. Dies ist dann eine zuverlässige Informationsquelle für alle Beteiligten.

---

6.   **Hinweis:** In [Adzic 2011] wird hier der Begriff »Validierung« verwendet. Korrekterweise müsste es »Verifikation« heißen. Validierung ist immer ein geistig analytischer und kommunikativer Vorgang und kann nicht automatisiert werden (siehe auch Anhang B).

       Leider fehlt in SBE der regelmäßige Validierungsschritt. In Projekten sollte dies berücksichtigt werden und explizit auch Zeit für die Validierung vorgesehen werden.

Die wesentlichen Vorteile von SBE:

- Gute Ausgangsbasis für die Erstellung von Spezifikationen durch die Formulierung von Beispielen
- Einfach und leicht verständlich für den Kunden bzw. Anwender
- Automatisierte Regressionstests sind die Basis der Spezifikation und Dokumentation. Dadurch werden die Beteiligten »automatisch« dazu angehalten, die Spezifikation immer aktuell zu halten.
- Im Idealfall hat man eine einzige, lebende Spezifikation und Dokumentation als Informationsquelle, anstatt viele verschiedene Spezifikationsdokumente warten zu müssen.

Einige Hinweise und Risiken:

- Für die Beispiele (Examples) gilt dasselbe wie für sonstige Requirements-Spezifikationen: Sie müssen richtig, vollständig, konsistent, ausreichend, verständlich etc. formuliert sein.
- Nur weil der Durchlauf der automatisierten Tests »grün« ist, heißt das nicht, dass alles gut ist! In diesem Fall kann es trotzdem sein, dass die Tests z.B. nicht ausreichend spezifiziert wurden und wichtige Tests fehlen, für die natürlich keine Ergebnisse angezeigt werden.
- Spezielle Frameworks zur Automatisierung sind dafür Voraussetzung.
- Es werden nicht alle Aspekte einer guten Spezifikation abgedeckt, wie Kontext, grafische Prozessmodellierung, Visualisierung etc. Dieser Ansatz ermöglicht daher nur eine reduzierte Spezifikation!
- Dieser Ansatz eignet sich primär für stark funktionsorientierte Spezifikationen.

Zitate von Martin Fowler zu SBE:[7]

- »Specification By Example isn't the way most of us have been brought up to think of specifications.«
- »Specifications are supposed to be general, to cover all cases. Examples only highlight a few points, you have to infer the generalizations yourself.«
- »This does mean that Specification By Example can't be the only requirements technique you use.«

---

7. Quelle: *http://martinfowler.com/bliki/SpecificationByExample.html*.

4.8.2   Test Driven Development

Definition/Kurz-beschreibung	**Test Driven Development (TDD,** testgetriebene Entwicklung[a]) ist eine Methode, die in verschiedenen Ausprägungen in der agilen Entwicklung angewendet wird.
	Bei der testgetriebenen Entwicklung werden die Softwaretests konsequent *vor* den zu testenden Komponenten erstellt. Die Programmierer erstellen dann so lange Code, bis alle definierten Testfälle abgedeckt sind. Des Weiteren ist das regelmäßige Refactoring von Code ein integraler Bestandteil dieser Vorgehensweise.
Anwendung	Die zu erstellende Software wird durch Testfälle beschrieben. Die Testfälle sind damit nichts anderes als Requirements in einer bestimmten Form.
	Da Testfälle typischerweise (vor allem auch bei Testautomatisierung) weitaus detaillierter als viele Requirements sind, wird hier automatisch viel detaillierter spezifiziert als bei herkömmlichem Vorgehen. **TDD könnte in diesem Sinn als »Hardcore-Requirements-Engineering« bezeichnet werden.**
	TDD wird angewendet, um von Anfang an testbaren und wartbaren Code zu erstellen. TDD wird typischerweise auf zwei Ebenen eingesetzt:
	■ Testen im Kleinen (Unit Tests) und ■ Testen im Großen (Systemtests, Akzeptanztests)
Hinweise	Für verschiedene TDD-Abwandlungen gibt es mittlerweile auch eigene Methodennamen wie z. B. ATDD (»Acceptance Test Driven Development« [Gärtner 2013]).

a.   Es gibt einige feine Unterschiede zwischen TDD und Test-First-Ansatz. Teilweise werden die beiden Ansätze getrennt beschrieben, teilweise auch synonym verwendet (z. B. in [Wikipedia]). Die hier empfohlene Vorgehensweise verbindet beide Ansätze miteinander.

Einer der Hauptgründe für die Anwendung von TDD ist die in vielen Entwicklungsabteilungen anzutreffende schlechte Testabdeckung. Plan und Realität in den Projekten klaffen hier oft weit auseinander und gerade die Testaktivitäten sind der implizite Projektpuffer, wenn die Entwickler doch mehr Zeit benötigen, als ursprünglich vorgesehen war (siehe Abb. 4–25).

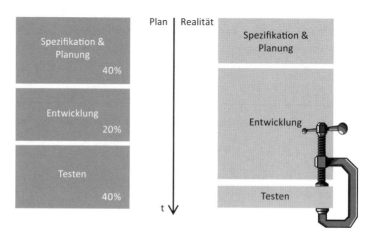

Abb. 4–25   *Plan und Realität beim Testen in vielen Projekten*

Die geplante Testintensität und Testabdeckung wird oft nicht erreicht. Eine der Möglichkeiten, um dieses Problem zu vermeiden, ist die Methode TDD, bei der die Testfälle zuerst geschrieben werden müssen und kein Produktivcode erstellt werden darf, bevor nicht die dazu passenden Testfälle vorab spezifiziert und idealerweise auch implementiert wurden. Zusätzlich ist in TDD auch noch das Refactoring von Code verankert, der die Testfälle bereits positiv erfüllt (siehe Abb. 4–26).

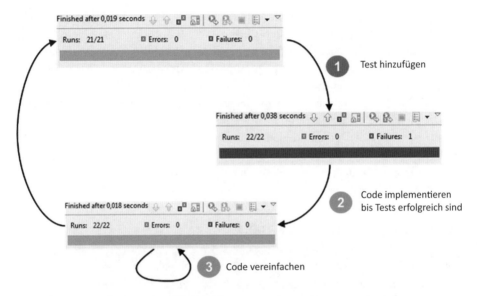

Abb. 4–26 *Testgetriebener Entwicklungszyklus*

Wesentlich beim TDD ist, dass es eine sehr einfache Metrik für das Überprüfen der Erfüllung der Anforderungen gibt: **Wenn die Tests bestanden werden, dann passt das Requirement! Solange die Tests nicht vollständig bestanden wurden, muss der Entwickler noch weiter programmieren.**

Aber Achtung: Diese triviale Metrik birgt auch die Gefahr der »Betriebsblindheit«! Vor allem unter Zeitdruck passiert es dann, dass der Programmierer danach strebt, dass er möglichst alle Testfälle auf »Grün« bekommt (egal wie) und dabei nicht mehr links und rechts der Testfälle überlegt.

Die wesentlichen Vorteile von TDD:

- Es gibt weniger Risiko bei Änderungen am System, weil die Änderungen durch kleine Schritte entlang bestandener Tests erfolgen und der bestehende Code so bereits durch Tests abgesichert ist.
- TDD führt tendenziell zu besser wartbarem und erweiterbarem Programmcode.
- Die Testautomatisierung erhält einen viel größeren Stellenwert als bei anderen Vorgehensweisen.

Die erstellten Unit Tests und Systemtests dokumentieren auch gleich das System. Was das Softwaresystem leisten soll, liegt in Form »lesbarer« und im Idealfall auch jederzeit lauffähiger Tests vor. Dies ist mit Sicherheit besser als eine schlecht gewartete Quellcodedokumentation.

Durch TDD in Verbindung mit automatisierten Tests entsteht so etwas wie eine »ausführbare Spezifikation«.

Einige Risiken beim Einsatz von TDD:

Ein testgetriebenes Vorgehen alleine macht noch keine guten Requirements!

Verschiedene Aspekte des Systems können nicht automatisiert getestet und in den Build-Prozess eingebunden werden, z.B. Usability, Vollständigkeit der Anforderungen und inhaltliche Qualität der Anforderungen.

Durch TDD werden nicht alle Aspekte einer guten Spezifikation abgedeckt, z.B. Kontext, grafische Prozessmodellierung, Visualisierung und Architektur.

Die Spezifizierer der Testfälle müssen aufpassen, dass sie nicht zu schnell und zu tief in die Details abgleiten und Sonderfälle, Fehlersituationen etc. beschreiben.

Eine Frage ist auch, wie sichergestellt wird, dass die Tests bzw. Spezifikationen ausreichend sind.

Beispiel zur Spezifikationstiefe in TDD:

Ausgangsituation bzw. Anforderung, die im Kopf des Kunden vorhanden ist:
»Die Addition von beliebigen reellen Zahlen soll implementiert werden.«

In der herkömmlichen Spezifikationsart würden wir hier eine User Story wie folgt formulieren: »Als Benutzer möchte ich zwei beliebige reelle Zahlen addieren können.«

Mit TDD müssen nun vor der Programmierung passende Tests spezifiziert werden, die diese Funktionalität so weit beschreiben, dass der Entwickler diese sinnvoll programmieren kann.

Folgende Testfälle könnten z.B. dazu spezifiziert werden:

Testfälle[a]:

ID	Input 1	Input 2	Ergebnis
1	Reelle Zahl	Reelle Zahl	Reelle Zahl aus Summe von Input 1 und Input 2
2	Reelle Zahl	keine reelle Zahl	Fehlermeldung »Keine reelle Zahl in Parameter 2 eingegeben«
3	keine reelle Zahl	Reelle Zahl	Fehlermeldung »Keine reelle Zahl in Parameter 1 eingegeben«

→

Man sieht in dem kleinen Beispiel schon, dass durch die Testfälle eine weitaus detailliertere Spezifikation erfolgt als durch herkömmliche Requirements-Spezifikationstechniken wie z.B. User Stories. So geht hier z.B. hervor, dass es Fehlerfälle geben kann,
die mit der Ausgabe einer speziellen Fehlermeldung für diesen Fall abgefangen werden sollen.

Des Weiteren sollten zur Durchführung und Automatisierung der Testfälle konkrete
Testdaten angegeben werden:

ID	Input 1	Input 2	Erwartetes Ergebnis
1	3,5	4,6	8,1
2	10,8	$efgh	Fehlermeldung »Keine reelle Zahl in Parameter 2 eingegeben«
3	20.3.2001	130,23	Fehlermeldung »Keine reelle Zahl in Parameter 1 eingegeben«

Die testdatenorientierte Testspezifikation entspricht im Wesentlichen dem Vorgehen
bei Specification by Example (siehe auch Abschnitt 4.8.1). Die Testdatenkombinatio-
nen sind ja nichts anderes als Beispiele.

a.   Weitere Testfälle für Wertebereichsüberschreitungen, Unterscheidung zwischen positiven, nega-
     tiven Zahlen und 0, leere Eingaben etc. könnten eventuell noch sinnvoll sein, wurden jedoch hier
     aus Platzgründen nicht angegeben. Wenn alle Fehler- und Sonderfälle abgedeckt werden sollen,
     dann könnte man hier alleine für dieses kleine Beispiel mehr als zehn Testfälle spezifizieren.

Man muss sich bei TDD bei jedem zu spezifizierenden Element die Frage stellen,
wie viele Tests nötig sind, um das Verhalten und die Funktion im Rahmen von
TDD gerade ausreichend zu spezifizieren, ohne zu viel zu spezifizieren. Zu viele
Testfälle bergen die Gefahr in sich, dass man zu schnell in Details abgleitet, die
nicht relevant sind. Zu wenige Testfälle führen dazu, dass eventuell wichtige Teile
der Funktionalität, vor allem die Behandlung von Sonder- und Fehlerfällen, nicht
beschrieben werden und sich der Programmierer bei diesem Ansatz darauf verlässt, dass er nur so viel programmieren muss, dass die genannten Testfälle erfüllt
werden.

Beispiel TDD: Requirements versus Testfallspezifikation

Ausgangssituation bzw. Anforderung, die beim Kunden vorhanden ist:
»Die Sinus-Funktion soll implementiert werden.«

Mit TDD müssen passende Tests spezifiziert werden, die diese Funktionalität so weit
beschreiben, dass der Entwickler diese sinnvoll programmieren kann.

Folgende Testfälle könnten z.B. dazu spezifiziert werden:

→

Testfälle:

ID	Input	Erwartetes Ergebnis
1	90	1
2	0	0

Die Frage ist, ob diese Testfälle ausreichen?

Im Grunde könnte der Programmierer auch eine lineare Funktion programmieren, die zufällig dieselben Ergebnisse liefert wie diese beiden Testfälle.

Daher erscheint es in diesem Fall sinnvoll, noch weitere Testfälle zu spezifizieren, um das Verhalten abzusichern:

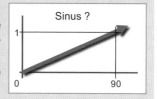

ID	Input	Erwartetes Ergebnis
3	45	0,7
4	135	0,7
5	180	0

Diese Testfälle stellen die Sinuskurve zwar schon näherungsweise dar, jedoch immer noch sehr lückenhaft.

Ob diese Beispielwerte in der Praxis schon ausreichen, um die Funktionsimplementierung sinnvoll abzusichern, muss im Einzelfall entschieden werden. Wenn es sich um analoge Schwingungsgleichungen handelt, bei denen diese Funktion benötigt wird, könnten z. B. diese Punkte auch durch eine Wellenfunktion getroffen werden.

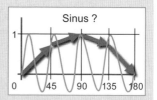

Dieses Beispiel zeigt, dass durch TDD bestimmte Funktionalitäten durch die Testfälle nicht vollständig beschrieben werden können und die Testfälle nur einen punktuellen Auszug der Funktion darstellen. Dies sollte allen Beteiligten beim TDD-Vorgehen bewusst sein.

> *Sich nur auf die automatisierte Tests im Rahmen von TDD zu verlassen, ist daher nicht ausreichend. Dieser Ansatz ermöglicht keine vollständige Spezifikation!*

Testgetriebene Entwicklung ist auch ein wesentlicher Bestandteil des Extreme Programming (XP) und anderer agiler Methoden. Auch darüber hinaus ist TDD anzutreffen, häufig in Verbindung mit Pair Programming, wobei ein Entwickler die Tests schreibt und der andere den Code.

4.8.3 Behaviour Driven Development

Definition/Kurz-beschreibung	**Behaviour Driven Development (BDD,** verhaltensgetriebene Entwicklung) ist eine Spezifikationstechnik, bei der einerseits der Fokus sehr stark auf der Kommunikation mit den Kunden liegt und andererseits durch einen formalen Rahmen die Basis für die Automatisierung der Anforderungen als Testfälle geschaffen wird.
	Die Satzschablone der User Stories:
	Als \<Benutzerrolle\>
	will ich \<die Aktion\>
	[, **sodass/weil** \< Nutzen\>]
	wird dabei um einen Szenarioteil erweitert:
	Gegeben \<Vorbedingung\>
	und \<evtl. weitere Vorbedingungen\>
	wenn \<Verhalten\>
	dann \<Ergebnis/Nachbedingung\>
Anwendung	Die Anforderungen werden in einer formalen Satzschablone erstellt, jedoch in »natürlicher Sprache«. Damit soll der Wissenstransfer zwischen Anwendern und Entwicklern erleichtert werden. Die Anforderungen werden dann als Testfälle implementiert und stellen so eine gute Basis für die automatisierte Verifikation der Anforderungen dar.
	In der Grundstruktur – funktionaler Beschreibungsteil und Ergänzung durch Szenarioteil – ist BDD vergleichbar mit Use-Case-Beschreibungen.
	BDD wird angewendet, um den Kunden auf einfache Art eine Spezifikations-erstellung zu ermöglichen, die dann von den Entwicklern leicht weiter verwen-det werden kann.
	▦ Im Grunde besteht BDD aus drei groben Schritten:
	▦ Erstellung der Spezifikation mit dem Kunden auf Basis der Satzschablo-nen
	▦ Umsetzung der Spezifikation in Form von automatisierten Tests
	▦ Implementieren der passenden Software, die die Tests erfüllt.
	Die letzten zwei Schritte sind im Prinzip sehr ähnlich zu TDD (siehe Abschnitt 4.8.2).
Hinweise	Behaviour Driven Development wurde erstmals 2003 durch Dan North als Reaktion auf testgetriebene Entwicklung definiert. Dan North entwickelte auch JBehave als erstes Framework für die Umsetzung von BDD.

Ein Grund, warum BDD als Reaktion auf TDD entwickelt wurde, ist, dass die automatisierten Unit Tests beim TDD für die Anwender typischerweise schlecht lesbar sind und damit ein Kommunikationsbruch zwischen Anwendern und Ent-wicklern vorhanden ist. Durch die vorgegebene Satzschablone erstellen die Kun-den einen semiformalen »Pseudocode« im Vorfeld der Entwicklung in Form von User Stories, ergänzt durch das Verhalten (Behaviour) mit Vor- und Nachbedin-gungen.

Die wesentlichen Vorteile von BDD (ähnlich SBE und TDD):

- Einfache Satzschablone zur Formulierung von Verhalten
- Bis zu einem gewissen Grad verständlich für den Kunden
- Es gibt weniger Risiko bei Änderungen am System, weil die Änderungen durch kleine Schritte entlang bestandener Tests erfolgen und der bestehende Code bereits durch Tests abgesichert ist.
- BDD führt tendenziell zu besser wartbarem und erweiterbarem Programmcode.
- Die Testautomatisierung erhält einen viel größeren Stellenwert als bei herkömmlichen Vorgehensweisen.
- Die erstellten Tests dokumentieren auch gleich das System.
- Durch BDD in Verbindung mit automatisierten Tests entsteht so etwas wie eine »ausführbare Spezifikation«.

Einige Hinweise und Risiken beim Einsatz von BDD:

- Für die formulierten Sätze (Szenarien) gilt dasselbe wie für sonstige Requirements-Spezifikationen: Sie müssen richtig, vollständig, konsistent, ausreichend, verständlich etc. formuliert sein.
- Nur weil der Durchlauf der daraus erstellten automatisierten Tests »grün« ist, heißt das nicht, dass alles gut ist!
- Spezielle Frameworks zur Automatisierung sind dafür Voraussetzung.
- Es werden nicht alle Aspekte einer guten Spezifikation abgedeckt, wie z.B. Architektur, Kontext, grafische Prozessmodellierung und Visualisierung. Dieser Ansatz ermöglicht daher nur eine reduzierte Spezifikation!
- Dieser Ansatz eignet sich primär für stark funktionsorientierte Spezifikationen.
- Verschiedene Aspekte des Systems können nicht automatisiert getestet und in den Build-Prozess eingebunden werden, z.B. Usability, Vollständigkeit der Anforderungen und inhaltliche Qualität der Anforderungen.
- Die Komplexität und Unübersichtlichkeit steigt sehr schnell, wenn man in die Details der Szenarien kommt, z.B. durch Kombinationen von mehreren Bedingungen, mehrere Aktionen, Sonderfälle und Fehlersituationen.

Vorgehensweise für BDD am Beispiel Cucumber[8]:

1. Describe behaviour in plain text

```
Feature: Addition
  In order to avoid silly mistakes
  As a math idiot
  I want to be told the sum of two numbers

  Scenario: Add two numbers
    Given I have entered 50 into the calculator
    And I have entered 70 into the calculator
    When I press add
    Then the result should be 120 on the screen
```

2. Write a step definition in Ruby

```
Given /I have entered (.*) into the calculator/ do |n|
  calculator = Calculator.new
  calculator.push(n.to_i)
end
```

3. Run and watch it fail (Class Calculator missing)

```
$ cucumber features/addition.feature
Feature: Addition    # features/addition.feature
  In order to avoid silly mistakes
  As a math idiot
  I want to be told the sum of two numbers
  Scenario: Add two numbers    # features/additi
    Given I have entered 50 into the calculator  # features/step_d
      uninitialized constant Calculator (NameError)
      ./features/step_definitons/calculator_steps.rb:2:in `Given /
      features/addition.feature:7:in `Given I have entered 50 into
    And I have entered 70 into the calculator    # features/step_d
    When I press add    # features/additi
    Then the result should be 120 on the screen    # features/additi
```

4. Write code to make the step pass

```
class Calculator
  def push(n)
    @args ||= []
    @args << n
  end
end
```

---

8. Cucumber ist ein Tool für BDD mit der Codebasis »Ruby«,
   Quelle des Beispiels: *www.cukes.info*.

5. Run again and see the step pass

```
$ cucumber features/addition.feature
Feature: Addition    # features/addition.feature
  In order to avoid silly mistakes
  As a math idiot
  I want to be told the sum of two numbers
  Scenario: Add two numbers                              # features/additi
    Given I have entered 50 into the calculator          # features/step_d
    And I have entered 70 into the calculator            # features/step_d
    When I press add                                     # features/additi
    Then the result should be 120 on the screen          # features/additi
```

6. Repeat 2–5 until green like a cuke

```
$ cucumber features/addition.feature
Feature: Addition    # features/addition.feature
  In order to avoid silly mistakes
  As a math idiot
  I want to be told the sum of two numbers
  Scenario: Add two numbers                              # features/additi
    Given I have entered 50 into the calculator          # features/step_d
    And I have entered 70 into the calculator            # features/step_d
    When I press add                                     # features/step_d
    Then the result should be 120 on the screen          # features/step_d
```

7. Repeat 1–6 until the money runs out

Beispiele für BDD-Spezifikation:

Abgeleitet aus den Business-Prozessen am Beispiel des Prozesses »Tagesarbeitszeit und Projektzeit erfassen« ergeben sich folgende Stories, ergänzt mit BDD-Szenarien:

Story 1:

»Als Mitarbeiter möchte ich meine Tagesarbeitszeit und die Pausen erfassen, damit ich gegenüber dem Arbeitgeber und dem Arbeitszeitgesetz meine Arbeitszeiten nachweisen kann.«

BDD-Szenario 1:

- Gegeben Kommt-Zeit ist 9:00
- und Geht-Zeit ist 17:00
- und Pausenzeit ist 30 Minuten
- wenn der Benutzer das Pausenfeld verlässt
- dann beträgt die Tagesarbeitsdauer 7,5 Stunden.

→

BDD-Szenario 2:

- Gegeben Kommt-Zeit ist 9:00
- und Geht-Zeit ist 20:00
- und Pausenzeit ist 30 Minuten
- wenn der Benutzer auf Speichern drückt
- dann wurde die zulässige maximale Tagesarbeitszeit lt. Arbeitszeitgesetz überschritten und ich bekomme einen Hinweis »zulässige Tagesarbeitsdauer laut Arbeitszeitgesetz wurde überschritten« und das Speichern ist nicht möglich.

BDD-Szenario 3:

- Gegeben Kommt-Zeit ist 9:00
- und Geht-Zeit ist 19:00
- und Pausenzeit ist 30 Minuten
- wenn der Benutzer auf Speichern drückt
- dann werden die Eingaben gespeichert und die 1,5 Stunden, die die Normalarbeitszeit übersteigen, werden auf das Zeitguthaben des Benutzers gebucht.

In dieser Art ergeben sich hier bei kurzem Nachdenken noch viele verschiedene andere Szenarien für diese User Story. Wenn man die ganzen Bedingungskombinationen und Aktionskombinationen berücksichtigt, kommen hier sehr schnell Dutzende Szenarien zusammen.

Wie man an dem kleinen Beispiel sieht, ergeben sich hier mehrere Aspekte, die die Verwaltung und Struktur der Requirements betreffen:

- Eine User Story kann aus mehreren oder vielen BDD-Szenarien bestehen.
- Die BDD-Szenarien können unterschiedliche oder auch gemeinsame Auslöser haben.
- Die BDD-Szenarien können unterschiedliche, gleiche oder ähnliche Eingangsbedingungen haben.
- Die BDD-Szenarien können unterschiedliche, gleiche oder ähnliche Aktionen oder Nachbedingungen haben.
- Die Bedingungen und Aktionen sind oft nicht nur einzeln angegeben, sondern können beliebig komplexe Kombinationen sein.

Hier zeigt sich auch eine deutliche Schwäche von BDD:
Diese Beschreibungsform wird bei vielen Szenarien und Bedingungen schnell unübersichtlich und für den Kunden nicht mehr durchschaubar.

Leider wird in den typischen Beispielen, die im Web angeführt werden, diese Komplexität nicht dargestellt, sondern hier werden meist nur Trivialbeispiele gezeigt. In der Anleitung von Dan North zum Thema BDD[9] wird angegeben, dass Szenarien auch »modularisiert« und gleiche Elemente, wie Bedingungen, Trigger, Aktionen, gekapselt werden sollen. In der Codeumsetzung ist dies durch die zugrunde liegende Programmiersprache leicht möglich und für Entwickler auch verständlich und hilfreich. Die Kunden können jedoch auf der Ebene der Spezifikation mit dieser Kapselung und Wiederverwendung in Textform meist wenig anfangen bzw. werden dadurch eventuell überfordert.

> Es empfiehlt sich, bei komplexeren Ablaufstrukturen auf passende Beschreibungstechniken zurück zu greifen. Für Szenarien, die mehr als eine Bedingung oder Aktion haben, ist eine Entscheidungstabelle zur Beschreibung zu empfehlen.

Die Empfehlung ist hier, Szenarien, die aus mehr als einer Eingangsbedingung bestehen, durch Entscheidungstabellen zu spezifizieren. Daraus können dann ebenfalls automatisiert durch entsprechende Generatoren bzw. Tools der dazugehörige Quellcoderahmen und die automatisierten Testfälle erstellt werden.

Exkurs Entscheidungstabelle:

Die Entscheidungstabelle ist nichts anderes als eine strukturiert und übersichtlich abgebildete Darstellung von Fällen einer Wenn-Dann-Formulierung (siehe Tab. 4–4).

9.　Siehe *http://dannorth.net/introducing-bdd/*.

		Beschreibungen	Regeln								
			R1	R2	R3	R4	R5	R6	R7	R8	...
Wenn	Bedingungen	B1 Gültige Komm-Zeit eingegeben	J	J	J	J	N	–	–		
		B2 Gültige Geht-Zeit eingegeben	J	J	J	J	–	N	–		
		B3 Gültige Pausendauer eingegeben	J	J	J	J	–	–	N		
		B4 Geht-Zeit – Kommt-Zeit – Pausendauer > Normalarbeitszeit lt. Arbeitszeit-regelung	N	N	N	J	–	–	–		
		B5 Geht-Zeit – Kommt-Zeit – Pausendauer > maximale Tagesarbeitszeit lt. Arbeits-zeitgesetz	N	J	N	N	–	–	–		
		B6 ...	–	–	–		–	–	–		
	Trigger	T1 Feld verlassen	J	–	–	–	J	J	J		
		T2 Speichern gedrückt	–	J	J	J	–	–	–		
		T3 ...	–	–	–	–	–	–	–		
Dann	Aktionen	A1 Eingabe speichern & beenden			x	x					
		A2 Eingabe NICHT speichern & nicht beenden	x	x							
		A3 Tagesarbeitsdauer berechnen und neben den Zeitfeldern anzeigen	x								
		A4 Hinweis ausgeben, dass die zulässige Tagesarbeitsdauer überschritten wurde		x							
		A5 Stunden > Normalarbeitszeit auf Zeitguthaben des Benutzers buchen			x						
		A6 Hinweis ausgeben, dass kein gültiger Wert eingegeben wurde					x	x	x		
		A7 ...									

Tab. 4–4   *Beispiel für Entscheidungstabelle*

Damit lassen sich komplexe logische Zusammenhänge in exakter und dennoch übersichtlicher Weise abbilden.

Die Tabelle ist dazu in vier grundlegende Abschnitte strukturiert:

▓ **Beschreibungsteil für Bedingungen und Trigger (links oben):**
In diesem Bereich werden die Bedingungen oder Eingangsgrößen aufgelistet, die die Entscheidung beeinflussen.

▓ **Regelteil (rechts oben):**
Hier werden alle möglichen Bedingungskombinationen dargestellt, wobei jede Spalte eine eindeutige Kombination (Regel) repräsentiert.

░ **Beschreibungsteil für Aktionen (links unten):**
Hier werden die möglichen Aktionen bzw. Nachbedingungen angeführt.

░ **Aktionsausführungsteil (rechts unten):**
Hier werden den Bedingungskombinationen die entsprechend durchzuführende(n) Aktion(en) zugeordnet.

Man kann im Zusammenhang mit BDD die Trigger ebenfalls als Teil des Wenn-Teils und der Regeln betrachten. Typischerweise tritt nur immer genau ein Trigger auf. Eine gleiche Bedingungskombination kann jedoch bei unterschiedlichem Trigger auch unterschiedliche Aktionen bewirken.

Im Regelteil kann zur Reduktion der Bedingungskombinationen zusätzlich zu den binären J/N-Angaben auch eine »Nicht relevant Kennung« in Form eines Strichs »-« verwendet werden. Dies vereinfacht die Entscheidungstabellen stark, weil dadurch mehrere Bedingungskombinationen in einer Spalte zusammengefasst werden können, wenn eine Bedingung keinen Einfluss auf die durchzuführenden Aktionen hat.

Aus Entwickler- und eventuell noch mehr aus Testersicht hat die **Entscheidungstabelle viele Vorteile:**

░ Eine Entscheidungstabelle kann zwar auch groß werden, ist jedoch bei gleichen Voraussetzungen, wie Anzahl der Bedingungen, Aktionen etc., immer übersichtlicher als eine große Anzahl von Kärtchen oder Einträgen mit textuellen Beschreibungen von Bedingungskombinationen.

░ Die Testfälle und was dabei einzugeben ist bzw. das erwartete Ergebnis sind auf den ersten Blick ersichtlich: Jede Regelspalte entspricht genau einem Testfall.

░ Es können automatisch oder auch manuell Plausibilitätsprüfungen vorgenommen werden:

  • Gibt es Aktionen, die noch nicht ausgeführt werden?
  • Gibt es Trigger, die niemals aktiviert werden?
  • Gibt es Regeln, die keine Aktion zugeordnet haben?
  • Wurden alle Regelkombinationen spezifiziert?

░ Man übersieht keine Ausnahmen, Sonderfälle oder alternative Bedingungskombinationen bei den Bedingungen. Oft wird in Textform nur positiv spezifiziert: »Wenn die Kommt-Zeit und die Geht-Zeit eingegeben wurde, dann …«. Was passiert jedoch, wenn eines der beiden Felder oder beide Felder nicht oder falsch eingegeben wurden? Dies wird oft vernachlässigt und gerade solche Fälle sind dann die Ursache von Fehlern in der Software.

5   Requirements-Analyse

Die Requirements-Analyse wird sowohl am Beginn eines Projekts als auch immer wieder während eines Projekts durchgeführt. Zu Beginn eines Projekts muss der Auftraggeber entscheiden, ob das Projekt sinnvoll ist und wie viel Budget, Ressourcen und Zeit er zur Verfügung stellen soll. Dafür ist es notwendig, die Anforderungen zu analysieren, um die ungefähre Größe und die Machbarkeit des gesamten Projekts einschätzen zu können. Während der Umsetzung werden die Anforderungen immer wieder analysiert, um eine solide Basis für die laufende Planung der Releases und Iterationen zu haben. Dazu können die gleichen Methoden und Techniken eingesetzt werden, wie zu Beginn des Projekts.

Meist sind für diese Analysen keine tagelangen Betrachtungen notwendig. Es reicht eine Diskussion und erfahrungsbasierte Einschätzung des Product Owner und des Teams, um zu einer guten Bewertung zu kommen. Wichtig ist, dass nur so viel wie unbedingt nötig investiert und die Produktvision im Auge behalten wird. Entscheidend ist in jedem Fall, dass eine Analyse durchgeführt und regelmäßig überprüft wird.

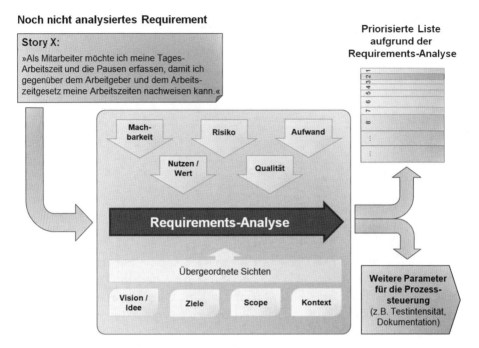

Abb. 5–1   *Requirements-Analyse*

Im Rahmen der Requirements-Analyse müssen Anforderungen auf Machbarkeit, Nutzen und Geschäftswert, Risiko, Qualitätsanforderungen, Aufwand und Priorität untersucht werden (siehe Abb. 5–1).

5.1   Machbarkeitsanalyse

Eine Machbarkeitsanalyse dient der Risikoreduktion. Sie soll klären, ob Anforderungen technisch, funktional und organisatorisch zu wirtschaftlich vertretbaren Bedingungen umsetzbar sind. Der Product Owner und das Team analysieren, ob die Anforderungen unter den gegebenen Rahmenbedingungen umsetzbar sind.

5.1.1   Technische und funktionale Analyse mit Spikes

Eine Möglichkeit, technische oder funktionale Unklarheiten zu beseitigen, ist die Durchführung eines Spikes. Die Prüfung der technischen und funktionalen Machbarkeit setzt schon eine recht genaue Vorstellung der Anforderungen voraus. Wie die Machbarkeit im Spike geprüft wird, hängt von der Anforderung und von der Art des Risikos ab. Mögliche Tätigkeiten sind:

- **Erstellen eines technischen Detailkonzepts** im Team. Dabei werden alle relevanten Aspekte des Problems durchdacht und ein Lösungskonzept dafür entworfen.
- **Bauen eines Prototyps,** in dem für die unsicheren Teile ein Lösungskonzept gefunden und ausprobiert wird.
- **Durchführen von Recherchen** im Internet und in der Literatur, ob und wie andere das Problem bereits gelöst haben.
- **Hinzuziehen von externen Experten,** um gemeinsam mit ihnen ein Lösungskonzept zu entwerfen und die Risiken zu beleuchten.

Weitere Infos sind in Abschnitt 4.6.1 zu finden.

5.1.2   Organisatorische und personelle Machbarkeit

Neben der technischen Machbarkeit muss sichergestellt werden, dass das Team die Anforderungen organisatorisch und personell umsetzen kann. Hierbei sollten folgende Fragestellungen beantwortet werden:

- Ist im Team das notwendige **methodische, technische und fachliche Know-how** vorhanden, um die Anforderung umzusetzen? In welchen Bereichen wird weiteres Wissen benötigt? Wie kann sich das Team dieses aneignen? Welche Spezialisten werden für die Umsetzung der Anforderungen benötigt?
- Hat das Team **ausreichend Kapazität und Zeit,** um die Anforderung umzusetzen? Hat das Team die richtige Größe? Müssen die Anforderungen auf mehrere Teams aufgeteilt werden?
- Ist das **Team auf das Projekt fokussiert?** Sind Teammitglieder noch in anderen Projekten beschäftigt? Wie können sie für das Projekt freigestellt werden?
- Haben alle **im Team die richtige Einstellung** für das Projekt? Kann das Team eine ausreichende Performance liefern, um den Termin einhalten zu können? Ist ein hohes Qualitätsbewusstsein vorhanden, um den Wert für den Kunden sicherzustellen?
- Haben **alle Stakeholder die richtige Einstellung**? Es müssen auch die Kunden und deren Ansprechpersonen bereit sein, agil zu handeln und flexibel mit Änderungen umzugehen.
- Ist die **Verfügbarkeit des Product Owner und der notwendigen Ansprechpartner** beim Kunden gegeben? Ist jederzeit jemand erreichbar, der Fragen beantworten kann? Ist klar definiert, wie im Team und mit Ansprechpartnern außerhalb des Teams kommuniziert wird?

Diese Punkte können der Product Owner und das agile Team nur noch zum Teil selbst prüfen. Hier ist ggf. eine Einbindung der Führungskräfte der Organisation notwendig. Die Prüfung der organisatorischen und personellen Machbarkeit setzt voraus, dass zumindest ein grobes Gesamtbild von Umfang und technischer Lösung vorhanden ist.

5.2   Analyse von Nutzen und Geschäftswert

Ziel der Nutzenanalyse ist es, den Nutzen bzw. Geschäftswert einer Anforderung aus Sicht des Kunden zu quantifizieren und Anforderungen untereinander vergleichbar zu machen. Verantwortlich für die Bestimmung des Nutzens der Anforderungen im Backlog ist der Product Owner. Der Product Owner kann den Nutzen alleine bestimmen, wenn er das notwendige Know-how dafür hat. Da es hier um den Nutzen für die Kunden, Anwender und andere Stakeholder geht, empfiehlt sich natürlich eine Abstimmung mit diesen. Sie wissen am besten, was eine Anforderung bringt, wie sie die darin spezifizierte Funktion in ihrer täglichen Arbeit einsetzen werden und was sie sich davon erwarten.

5.2.1   Messung des Nutzens

Die präziseste Bestimmung des Nutzens ist die direkte Messung. Dies könnte beispielsweise durch Bestimmung eines der folgenden Werte erfolgen:

▓ **Monetärer Nutzen:**
Der Anwender spart Geld, wenn die Anforderung umgesetzt wird.

▓ **Zeitgewinn in Minuten:**
Der Anwender kann seine Aufgaben schneller erledigen und spart Zeit.

▓ **Ressourcenersparnis:**
Durch Umsetzung einer Anforderung können Prozesse z.B. in Produktionsunternehmen ressourcenschonender durchgeführt werden.

In der Praxis sind solche quantitativen Werte leider für die meisten Anforderungen nicht ermittelbar. Ein monetärer Nutzen einer Filterfunktion in der Benutzerverwaltung beispielsweise ist nur schwer zu bestimmen. Schnell werden die zu berücksichtigenden Wirkungen sehr komplex, da nicht nur die direkten Wirkungen auf die Anwender in Betracht gezogen werden müssen, sondern auch indirekte Auswirkungen auf Kunden, Lieferanten, das Image des Unternehmens u.v.m.

Der Nutzen einer Anforderung wird daher meist entweder über das Zuweisen der Anforderung zu einer Nutzenklasse, z.B. nach der Kano-Methode, bestimmt oder es wird lediglich der relative Nutzen im Vergleich zu anderen Anforderungen ermittelt.

5.2.2   Das Kano-Modell

Nach Kano werden die Anforderungen in drei Klassen eingeteilt:

▓ **Basisfaktoren:**
Diese muss das System erfüllen. Ein Fehlen führt zu massiver Unzufriedenheit. Die Erfüllung der Basisfaktoren führt jedoch nicht unbedingt zu positiver Stimmung. Basisfaktoren werden oft nicht explizit genannt. Sie sind für

die Stakeholder so selbstverständlich, dass diese glauben, sie nicht extra erwähnen zu müssen.

Ein Beispiel wäre die Funktion »Telefonieren« für ein Smartphone. Diese Anforderung bringt Nutzen für den Anwender und muss unbedingt vorhanden sein. Die Zufriedenheit mit dem Smartphone wird dadurch aber kaum gesteigert.

▪ **Leistungsfaktoren:**
Die Leistungsfaktoren sind für die Anwender wichtige Funktionen. Sie erzeugen Zufriedenheit, wenn sie vorhanden sind, und senken die Zufriedenheit, wenn sie fehlen. Leistungsfaktoren werden von den Stakeholdern explizit genannt und bringen hohen Nutzen für die Anwender.

Leistungsfaktoren für ein Smartphone wären beispielsweise das Abrufen von E-Mails oder Internetsurfen.

▪ **Begeisterungsfaktoren:**
Dies sind Faktoren, mit denen die Kunden nicht gerechnet haben und die große Zufriedenheit bis hin zu Begeisterung auslösen, daher auch der Name. Solche Faktoren sind den Kunden nicht bekannt, sie müssen entweder vom Team erfunden und einfach gebaut werden oder sind durch Kreativitätstechniken aufzuspüren.

Für ein Smartphone könnte dies eine durchgängige Sprachsteuerung oder eine Fernbedienungsfunktion für den Fernseher sein.

Sämtliche Anforderungen werden nun im Zuge der Erstellung vom Product Owner einer der drei Klassen zugeordnet. Vorteil dieser Art der Nutzenklassifizierung ist, dass sie sehr schnell und einfach durchzuführen ist. Der Nachteil liegt darin, dass es eine sehr grobe Einteilung in nur drei Klassen ist und die Anforderungen innerhalb einer Klasse sich in Bezug auf ihren Nutzen nicht unmittelbar unterscheiden lassen.

5.2.3   Ordnung nach relativem Nutzen

Ist direkte Messung nicht möglich und die Einteilung in Nutzenklassen zu ungenau, so empfiehlt sich die Ordnung der Anforderung nach ihrem relativen Nutzen. Im Vergleich mit einer anderen Anforderung kann der Product Owner meist genau sagen, welche den höheren Nutzen bietet.

  Eine Ordnung der Anforderungen nach relativem Nutzen stellt man am einfachsten durch paarweisen Vergleich aller Anforderungen her. Dazu nimmt man eine beliebige Anforderung und setzt sie auf die noch leere Liste an die erste Stelle. Nun geht man Anforderung für Anforderung durch und vergleicht den subjektiv geschätzten Nutzen mit dem Nutzen jeder Anforderung in der Liste. Ist der Nutzen größer, kommt die neue Anforderung vor die vorhandene. Ist der

Nutzen kleiner, kommt sie dahinter. Einen Gleichstand darf es nicht geben, jede Anforderung muss entweder davor oder danach einsortiert werden.

Das Ergebnis ist eine nach Nutzen absteigend sortierte Liste aller Anforderungen. Vorteil dieser Methode ist, dass sie relativ einfach durchzuführen ist und eine eindeutige Reihung ergibt. Der Nachteil liegt darin, dass keine Aussage gemacht werden kann, um wie viel der Nutzen einer Anforderung größer oder kleiner ist als der einer anderen.

5.2.4   Abstrakter Geschäftswert (Business Value)

Eine Kombination aus Klassenbildung und relativer Nutzenbestimmung bietet die Einschätzung der Anforderungen nach einem abstrakten Geschäftswert (»Business Value«). Hierbei definiert man eine wichtige Anforderung als Referenzanforderung und gibt ihr den Geschäftswert von 100 (oder 1000 bei sehr vielen Anforderungen). Jede andere Anforderung wird nun mit der Referenzanforderung verglichen und erhält einen entsprechenden Wert. Eine halb so nützliche Anforderung erhält den Geschäftswert 50, eine doppelt so nützliche den Wert 200. Im Grunde funktioniert diese Bestimmung ähnlich wie die Schätzung der Story Points.

Der Vorteil dieser Methode ist, dass sie einfach durchzuführen ist und einen guten Vergleich der Anforderungen untereinander ermöglicht. Nachteilig ist, dass sie eine Genauigkeit vortäuscht, die möglicherweise gar nicht vorhanden ist. Oft ist es schwer zu sagen, ob eine Anforderung nun einen Nutzen von 50 oder doch eher nur von 40 hat.

5.3   Risikobewertung

In Projekten, wo Anforderungen zu Beginn nur grob beschrieben sind und nicht genau vorhersehbar ist, welche Anforderungen wann und in welcher Form umgesetzt werden, ist es wichtig, die Risiken, die sich aus dieser Unsicherheit ergeben, im Blick zu haben. In Softwareprojekten gibt es zahlreiche Risiken[1], die den Projekterfolg gefährden können, beispielsweise:

- Der Product Owner fällt krankheitsbedingt kurzfristig aus.
- Das verwendete Framework für den Datenbankzugriff skaliert doch nicht für die erwartete Zahl von Anwendern.
- Eine Anforderung in Modul X verursacht viele nicht gleich sichtbare Fehler in Modul Y.

---

1.   Abgrenzung zu Impediments (»Hindernisse«) in Scrum: Damit sind Hindernisse gemeint, die das Team in der effektiven Arbeit behindern und die der Scrum Master beseitigen sollte. In diesem Kapitel ist der Risikobegriff weiter gefasst und deckt nicht nur die Impediments ab, sondern jegliche Risiken, die auf das Projekt einwirken können, auch wenn sie nicht unmittelbar die Effizienz der Teamarbeit betreffen.

▓ Ein Konkurrent bringt ein ähnliches Produkt auf den Markt.

▓ Eine einzelne Anforderung ist so komplex, dass die aktuelle Architektur dafür komplett überarbeitet werden muss.

Viele der Risiken kann man vermeiden oder zumindest abschwächen, wenn man sich früh genug überlegt, was man tut, um den Eintritt des Schadens zu verhindern, oder wie man reagiert, wenn der Schadensfall doch eintritt. Genau das ist das Ziel von Risikomanagement. Dieser iterative Prozess sollte während des gesamten Projekts laufend nebenher ausgeführt werden. Für ein einfaches, aber effektives Risikomanagement benötigt man lediglich **zwei Risikolisten**, eine auf **Projektebene**, das Risiko-Backlog, und eine für die **inhaltlichen Risiken zu jeder Anforderung**.

In der Praxis werden Anforderungen in vielen Projekten nicht nach Risiko, sondern nach Geschäftswert gereiht und umgesetzt. Natürlich ist es auch in diesem Fall sinnvoll und notwendig, Risiken für das Projekt und für jeden Backlog-Eintrag zu erheben und zu behandeln und ggf. Anforderungen mit hohem Risiko vorzuziehen, um frühzeitig zu erkennen, ob Schaden entsteht, und entsprechend reagieren zu können. Risiko und Priorität sind also zwei unterschiedliche Attribute der Elemente im Backlog, wobei jedoch das Risiko oft Einfluss auf die Priorität hat.

Viele agile Methoden und Prinzipien helfen implizit, Risiken zu vermeiden oder zu vermindern:

▓ Das Ziel jeder Iteration ist lauffähige und getestete Software.

▓ Durch die schnellen Inkremente, die immer einen Mehrwert für den Anwender haben, wird das Risiko des völligen Scheiterns reduziert.

▓ Durch die kurzen Iterationen und vielen Feedbackschleifen kann effektiv und rasch auf Risiken oder Schadensfälle reagiert werden.

▓ Durch das kontinuierliche Monitoring des Fortschritts und die eingebauten Feedbackmethoden werden Risiken früher sichtbar.

▓ Die offene Kommunikation im Team macht es leichter, Risiken anzusprechen und bewusst zu reduzieren.

▓ Wenn unsichere Anforderungen im Backlog höher priorisiert und früher umgesetzt werden, werden Risiken und Schadensfälle früher sichtbar und es kann besser gegengesteuert werden.

Trotzdem sollten Risiken auch explizit identifiziert und behandelt werden. Das ist Aufgabe des Product Owner und des Agile Master.

5.3.1   Risiken identifizieren und bewerten

Risiken identifizieren bedeutet, gezielt zu untersuchen, welche Risiken im Projekt auftreten können. Risiken können aus unterschiedlichen **Quellen** entstehen [Tiwana & Keil 2004]:

Anforderungen:
Die Anforderungen sind grob und unklar, es ist mit vielen Änderungen zu rechnen. Der Kunde ist unzufrieden mit dem Produkt. Aufwands- und Zeitziele können nicht eingehalten werden.

Vorgehensmodell und Methoden:
Das Vorgehensmodell ist nicht geeignet, ein Projekt dieser Art erfolgreich abzuwickeln. Planung und Kontrolle sind sehr schwierig

Team:
Das Team hat organisatorisch und fachlich wenig oder keine Erfahrung mit Projekten dieser Art und Größe.

Stakeholder:
Die Arbeitsweise des Kunden passt nicht zum agilen Vorgehen. Der Kunde und die Ansprechpartner sind neu oder haben kaum Zeit, sich in das Projekt einzubringen.

Komplexität:
Das Projekt bildet viele anspruchsvolle Prozesse ab, es sind viele zusammenhängende Funktionen gefordert, die Technologie ist komplex, es gibt viele Interaktionen mit anderen Systemen. Die Qualitätssicherung ist nicht geeignet für ein Projekt dieser Art.

Technologie:
Die einzusetzenden Frameworks, Produkte und Technologien ermöglichen die Umsetzung der Anforderung nicht oder nur mit sehr hohem Aufwand.

Immer wieder beleuchtet der Product Owner mit dem Team, welche Risiken in welchen Bereichen vorhanden sind. Dies kann auf Basis einer Checkliste erfolgen oder in einem freien Brainstorming oder durch Kombination mehrerer Techniken. Beispiele für Risikochecklisten finden sich bei [Unterauer 2012]. Ergebnis ist eine Liste der vorhandenen Risiken. Dieses Risiko-Backlog kann vom Product Owner oder vom Agile Master auf Projektebene verwaltet werden.

Neben diesen Projektrisiken muss auch jede Anforderung auf mögliche Gefahren hin untersucht werden. Hier sind z. B. folgende Aspekte zu beleuchten:

- Auswirkungen auf andere Anforderungen (»Side Effects«)
- Komplexität und Größe der Anforderung
- Wahrscheinlichkeit von Änderungswünschen durch den Kunden
- »Reifegrad« der Anforderung: Liegt sie nur in Stichworten vor oder ist schon eine genaue Vorstellung vorhanden.
- Qualitative Kriterien für die Umsetzung, wie Performance, Skalierbarkeit etc.
- Auswirkungen auf die Architektur: Kann die Anforderung in der bestehenden Architektur umgesetzt werden, oder ist ein großes Architektur-Refactoring notwendig?
- Auswirkungen auf die Wartbarkeit

Unmittelbar beim Erstellen der Anforderung überlegt sich der Product Owner, welche Risiken sie in sich birgt. Er holt sich dabei die Hilfe des Teams, sodass auch technische Risiken und »Side Effects« gefunden werden. Risiken werden des Weiteren im Zuge der Aufwandsschätzung und bei der Planung von Anforderungen beleuchtet. Risikoidentifikation und Analyse passiert also immer nebenher, wenn die Anforderung beschrieben, diskutiert oder verplant wird. Werden solche Risiken identifiziert, so werden sie direkt bei der Anforderung, ähnlich wie die Akzeptanzkriterien, dokumentiert.

Sind die Risiken identifiziert und im Risiko-Backlog bzw. bei der Anforderung gesammelt, so wird für jedes Risiko die Eintrittswahrscheinlichkeit und Schadenshöhe bestimmt. Der Risikowert (»Risk Exposure«) errechnet sich dann als Produkt dieser beiden Werte [Schmidt 2009]:

$$R(A) = P(A) \times C(A)$$

P(A) ... Wahrscheinlichkeit des Eintretens von Ereignis A

C(A) ... Schaden bei Eintritt von Ereignis A

R(A) ... Risikowert für Ereignis A

Sehr oft ist gerade die Ermittlung des Schadens nicht möglich. Hier bietet es sich an, den Schaden nicht als z. B. monetären Wert zu ermitteln, sondern lediglich eine Schadensklasse festzulegen (siehe Tab. 5–1, [Unterauer 2012]):

Schadensklasse	Beschreibung
0–Kein Schaden	▪ Keine merkbaren Auswirkungen
1–Minimal	▪ Kaum Auswirkungen auf Projektertrag ▪ Geringe Verschiebungen von Budget und Zeit ▪ Kaum merkbare Auswirkungen für den Kunden
2–Gering	▪ Projektertrag wird geschmälert ▪ Kunde ist kurzfristig irritiert und verunsichert, beginnende Unzufriedenheit ist erkennbar ▪ Überschreitungen von Budget und Zeit wahrscheinlich, Kunde kann dies aber akzeptieren
3–Merklich	▪ Projekt wirft keinen oder nur geringen Ertrag ab ▪ Merkbare Überschreitung von Budget und Zeit ▪ Kunde ist unzufrieden mit Projektablauf (Prozess) oder dem gelieferten Produkt
4–Hoch	▪ Unternehmen macht Verlust mit dem Projekt ▪ Noch keine direkten Schadenswirkungen über das Projekt hinaus
5–Sehr hoch	▪ Unternehmen macht hohe Verluste mit dem Projekt ▪ Kunde bricht Geschäftsbeziehungen ab ▪ Kunde klagt vor Gericht

Tab. 5–1   *Schadensklassen bei der Risikobeurteilung*

Ebenso kann die Eintrittswahrscheinlichkeit in Klassen eingeteilt und somit einfacher ermittelt werden [Unterauer 2012]:

Klasse	Geschätzte Wahrscheinlichkeit
0–Praktisch unmöglich	< 10%
1–Sehr unwahrscheinlich	10–30%
2–Eher unwahrscheinlich	30–50%
3–Eher wahrscheinlich	50–70%
4–Sehr wahrscheinlich	70–90%
5–Praktisch sicher	> 90%

Tab. 5–2   *Wahrscheinlichkeitsklassen bei der Risikobeurteilung*

Aus der Multiplikation von Eintrittswahrscheinlichkeit (Wertebereich 0 bis 5) und Schaden (Wertebereich 0 bis 5) ergibt sich somit ein möglicher Risikowert von 0 bis 25. Je höher der Wert, desto gefährlicher das Risiko. In vielen Projekten wird ein Schwellenwert definiert, ab dem ein Risiko, egal ob es ein Projektrisiko oder ein Risiko zu einer speziellen Anforderung ist, mit Maßnahmen versehen und überwacht werden muss (siehe Tab. 5–3):

Risiko	Aktionen
0–5 Minimal	▪ Regelmäßige Kontrolle z.B. vierteljährlich ▪ Keine Maßnahmen erforderlich
6–14 Mittel	▪ Regelmäßige Kontrolle z.B. monatlich ▪ Maßnahmen empfehlenswert, aber nicht verpflichtend ▪ Muss dem Management gemeldet werden
15–20 Ernst	▪ Kontrolle in jeder Iteration ▪ Maßnahmen verpflichtend ▪ Muss dem Management gemeldet werden
> 20 Kritisch	▪ Tägliche Kontrolle z.B. im Daily Standup ▪ Maßnahmen müssen unmittelbar eingeleitet werden ▪ Tägliches Reporting ans Management

Tab. 5–3   *Risikoklassen und zugeordnete Aktionen*

Diese Risikobewertung in Klassen ist sehr einfach und schnell in der Handhabung. Durch die Ähnlichkeit zu Schätztechniken wie Story Points wird sie dem Team auch schnell vertraut sein. Die Risikobewertung sollte auch in die Definition of Ready für Anforderungen aufgenommen werden, damit sie nicht vergessen wird.

Die Tabellen 5–4 und 5–5 zeigen die Ergebnisse einer Risikoanalyse auf Projektebene und zu einer Anforderung:

Risiken auf Projektebene	Bewertung
Entwickler aus dem Team verlässt das Unternehmen.	10
Zugekaufte Workflow-Komponente skaliert nicht für die geplanten 500 gleichzeitigen Benutzer.	15
Konkurrent bringt ein ähnliches Produkt auf den Markt.	5
Kunden fordern Smartphone-App für mobilen Zugriff	10

Tab. 5–4   *Beispiel einer Projektrisikoliste*

Risiken zur Anforderung »Als Benutzer möchte ich Fehlzeiten buchen können«	Bewertung
Die Anforderung besitzt viele Varianten und Sonderfälle, die einzeln spezifiziert und umgesetzt werden müssen.	20
Die Masken für die Fehlzeiteingabe müssen aufgrund der vielen Varianten evtl. einzeln ausprogrammiert werden. Das UI-Framework kann nicht verwendet werden.	10
Es ist noch nicht klar, welche Fehlzeitarten nun genau umzusetzen sind.	5
Es ist mit vielen gesetzlichen Änderungen zu rechnen.	15

Tab. 5–5   *Beispiel einer Risikoliste zu einer Anforderung*

Ist die Unsicherheit zum Projekt oder zu einzelnen Anforderungen so groß, dass gar nicht abschätzbar ist, ob sie überhaupt sinnvoll umsetzbar sind und wo die Risiken liegen, so müssen Machbarkeitsanalysen zur Einschätzung der Risiken durchgeführt werden.

5.3.2   Maßnahmen planen

Sind die wesentlichen Risiken identifiziert und bewertet, sollten für die Risiken mit hohen Risikowerten Maßnahmen definiert werden. Es gibt grundsätzlich unterschiedliche Arten von Maßnahmen, mit denen man auf Risiken reagieren kann [Schmidt 2009]:

▨ **Risikovermeidung:**
   Das Produkt oder der Entwicklungsprozess wird so verändert, dass das Risiko nicht mehr existiert.

▨ **Risikoeliminierung:**
   Es werden ein oder mehrere Faktoren, die zum Eintreten des Risikos führen, beseitigt.

▨ **Risikoverminderung:**
Der Risikowert wird verringert, indem Maßnahmen getroffen werden, die die
Eintrittswahrscheinlichkeit und/oder den entstehenden Schaden reduzieren.

▨ **Risikoabwälzung:**
Das Risiko wird auf Dritte abgewälzt.

Zu Projektbeginn erstellt das Team mit dem Product Owner in einem Workshop
eine Risikoliste inklusive Bewertung (siehe Tab. 5–4). Anschließend werden Maßnahmen zur Vermeidung oder Verminderung der Risiken geplant. Dasselbe gilt
auch für die Risiken, die bei den einzelnen Anforderungen identifiziert werden,
hier werden die Maßnahmen am besten direkt im Zuge der Risikoidentifikation
und -bewertung definiert (siehe Tab. 5–5).

Beispiele für solche Maßnahmen können sein:

▨ Durchführung von Machbarkeitsstudien (z.B. mit Spikes)
▨ Ändern der Reihung der Elemente im Backlog, sodass Elemente mit hohem
  Risiko früher zur Umsetzung kommen, Probleme früh erkannt werden und
  noch rechtzeitig gegengesteuert werden kann
▨ Durchführen von Schulungen, um Know-how aufzubauen
▨ Hinzuziehen externer Experten
▨ Genauere Spezifikation von Anforderungen mit den Anwendern
▨ Eskalation an die Geschäftsführung bzw. an den Kunden
▨ Anpassen der Release- und Iterationsplanung (mehr Zeitpuffer)
▨ Umfangreiche Testpläne und Ansetzen zusätzlicher Testdurchläufe
▨ Anfordern von produktivnahen Testdaten, sodass von Beginn an mit
  »echten« Daten gearbeitet werden kann

Für das Requirements Engineering gilt:
Das Risiko steuert den Detaillierungsgrad der Spezifikation einer Anforderung. Je höher das Risiko einer Anforderung, desto genauer muss sie bereits im
Vorfeld spezifiziert werden. Nur so kann das Risiko richtig eingeschätzt und
verringert werden!

Die gemeinsam im Team beschlossenen risikoreduzierenden Maßnahmen werden
als Stories oder Tasks erfasst, ins Backlog aufgenommen, und wie andere Projekt-
aufgaben auch umgesetzt.

  Zusätzlich zu den oben angeführten Maßnahmen, die alle darauf abzielen,
das Eintreten eines Schadens zu verhindern oder die Eintrittswahrscheinlichkeit
zu verringern, sollte auch überlegt werden, was geschehen muss, wenn der Schaden doch eintritt. Vielfach ist es nämlich zu spät für diese Überlegungen, wenn
der Schaden einmal eingetreten ist.

  Teile der Risikomaßnahmen können auch in die »Definition of Done« oder
»Definition of Ready« einfließen (siehe Kap. 3), hier einige Beispiele dafür:

Definition of Done

To-do-Liste	Ab Risiko
Product Owner hat das Ergebnis abgenommen	Immer
Tests sind automatisiert mit Testabdeckung > 90 %	> 10
Codereviews sind durchgeführt und dokumentiert	> 20
Tests mit Echtdaten auf n Kundenumgebungen durchgeführt	> 20

Definition of Ready

To-do-Liste	Ab Risiko
Anforderung ist vom Kunden geprüft und abgenommen	Immer
Auswirkungsanalyse wurde durchgeführt	Immer
Sicherheitsrelevanz der Anforderung untersucht und eingestuft	Immer
Für alle UI-Masken sind Entwürfe vorhanden	> 5
Schnittstellen sind vollständig und detailliert spezifiziert	> 10
Testfälle für jeden Use Case sind definiert	> 10
Maßnahmen für jedes gefundene Risiko sind definiert	> 10
UI-Entwurf vorhanden und mit Product Owner abgestimmt	> 15
Produktivnahe Testdaten sind vorhanden und für die Entwicklung bereit	> 20

5.3.3 Risiken überwachen und steuern

Ist die Risikoplanung abgeschlossen, kann die Durchführung der nächsten Iteration und die Umsetzung der Maßnahmen begonnen werden. Risikomanagement ist eine ständige projektbegleitende Tätigkeit. Wichtig ist, dass nicht nur Risiken identifiziert, sondern Maßnahmen definiert und diese auch wirklich umgesetzt werden. Während des gesamten Projekts sollte nach Risiken gesucht, diese und auch bereits identifizierte Risiken bewertet, Maßnahmen entwickelt und umgesetzt werden. Wann immer Anforderungen spezifiziert oder präzisiert werden, wird auch über Risiken nachgedacht. Wann immer sonst Risiken erkannt werden, sollten sie sofort dokumentiert, bewertet und Maßnahmen definiert und in das Backlog eingeplant werden.

Risikomanagement wird leider in vielen Projekten völlig ignoriert. Das führt immer wieder zu Zeit- und Budgetüberschreitungen, Qualitätsmängeln, schlechter Wartbarkeit, fehlenden Funktionen etc. Bereits ein einfaches, schlankes Risikomanagement, bestehend aus einem einfachen Risiko-Backlog auf Projektebene und einer kurzen Risikoliste bei jeder Story könnte helfen, viele Probleme in Softwareprojekten zu vermeiden.

5.4   Analyse der Qualität der Anforderungen

Bevor das Entwicklungsteam die Einträge mit der höchsten Priorität aus dem Product Backlog für die Umsetzung im nächsten Sprint auswählen kann, müssen diese eine ausreichende Qualität aufweisen. Wichtigstes Instrument dabei ist die »Definition of Ready«, in der für jede Anforderung festgelegt ist, welche Kriterien sie erfüllen muss, damit sie bereit für die Umsetzung m nächsten Sprint ist.

In Kapitel 3 wird genauer beschrieben, welche Qualitätskriterien es für Anforderungen gibt, wie diese eingesetzt werden können und mit welchen Methoden die Qualität der Anforderungen geprüft werden kann.

5.5   Aufwands- und Kostenschätzung

In den meisten Softwareprojekten, unabhängig ob agil oder plangetrieben, wollen die Auftraggeber und Kunden schon nach der ersten groben Besprechung der Anforderungen und Ziele wissen, wann die Software denn nun fertig ist und was sie kosten wird. Um hier von vornherein eine Schieflage des Projekts zu vermeiden, ist eine solide Schätzung des Aufwands und der Kosten sehr wichtig.

5.5.1   Aufwandsschätzung in klassischen Projekten

In klassischen Vorgehensmodellen schätzt man basierend auf den gegebenen Informationen den Aufwand für die Umsetzung und ermittelt daraus die Kosten (siehe Abb. 5–2). Man geht dabei von einem zu realisierenden Set von Anforderungen aus, definiert möglichst genau, welche Funktionen das System dafür bieten muss, und ermittelt daraus den Aufwand, der für die Umsetzung notwendig ist. Da der Aufwand der Haupttreiber für die Kosten ist, lassen sich die Kosten für die Umsetzung direkt aus dem Aufwand ableiten. Ebenso ergibt sich der Fertigstellungszeitpunkt aus dem ermittelten Aufwand.

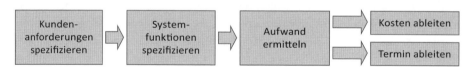

Abb. 5–2   *Aufwandsschätzung in klassischen Projekten*

Das Problem hierbei ist, dass in vielen Projekten zu dem Zeitpunkt, zu dem man die Schätzung abgeben soll, zu wenige Informationen vorliegen, um eine ausreichende Schätzgenauigkeit erreichen zu können. Abbildung 5–3 zeigt, dass die Schwankungsbreite zu Beginn sehr hoch ist und im Verlauf des Projekts mit steigendem Wissensgrad über die Anforderungen und die verwendeten Technologien geringer wird.

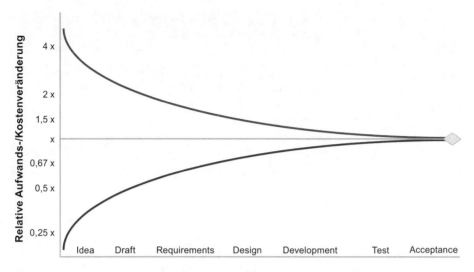

Abb. 5–3   *Unschärfetrichter bei der Aufwandsschätzung in klassischen Projekten*

Es ist absehbar, dass im Projekt noch viele Änderungen notwendig sein werden, die jetzt noch nicht vorhergesehen werden können. Auf diese Änderungen muss das Team reagieren. Tabelle 5–6 zeigt den Zustand, in dem viele Softwareprojekte beginnen, und dass es oft kaum Spielraum für solche Anpassungen gibt.

	Problematisches Softwareprojekt mit klassischer Vorgehensweise
Ziele	▦ Nicht explizit definiert. Kaum Spielraum.
Kundenanforderungen	▦ Grob definiert. Geringer Spielraum. ▦ Primär von Zusatzkosten abhängig.
Systemfunktionen	▦ Irgendwie definiert. Geringer Spielraum. ▦ Primär von Zusatzkosten abhängig.
Aufwand/Kosten	▦ Grob geschätzt. Kein Spielraum (nach oben).
Termin	▦ Zu Beginn fixiert. Kaum Spielraum.
Qualität	▦ Nicht explizit definiert. ▦ Kunde erwartet perfekte Qualität.

Tab. 5–6   *Anfangszustand vieler Softwareprojekte*

Eines der großen Probleme vieler Softwareprojekte ist, dass es eben keinen Spielraum für Reaktionen auf Änderungen gibt. Die Kunden haben keinen Spielraum, um darauf zu reagieren, dass sie erst während des Projekts erkennen, was sie wirklich brauchen. Das Entwicklungsteam hat keinen Spielraum, um darauf zu reagieren, dass die Technologien doch noch nicht so reif sind, wie das zu Beginn erhofft wurde.

In der Praxis sehen Projekte am Ende daher oft so aus, wie in Tabelle 5–7 dargestellt.

	Problematisches Softwareprojekt mit klassischer Vorgehensweise
Ziele	▦ Großteils erreicht.
Kundenanforderungen	▦ Großteils umgesetzt. Anwender aber sehr unzufrieden, weil Änderungen nötig wären.
Systemfunktionen	▦ Großteils umgesetzt. Viele Fehler.
Aufwand/Kosten	Kosten um mindestens ein Drittel überschritten.
Termin	Termin um mehrere Monate überschritten.
Qualität	Sehr niedrig. Viele Fehler.

Tab. 5–7   *Endzustand vieler Softwareprojekte*

Ein Grund für die hohe Unzufriedenheit der Kunden und die Verfehlung der Projektziele ist, dass durch die Schätzung zu Beginn Erwartungen geweckt wurden, die am Ende nicht eingehalten werden konnten. Dies führt dazu, dass die ursprünglich prognostizierte Preisentwicklung bis zur Erreichung der tatsächlichen Kundenbedürfnisse meist erheblich nach oben abweicht.

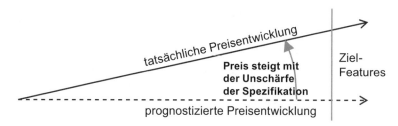

Abb. 5–4   *Prognostizierte vs. tatsächliche Preisentwicklung in klassischen Projekten*

Im Grunde müsste ein Anbieter die Abgabe einer festen Aufwandsschätzung verweigern, wenn die Schwankungsbandbreite über dem Bereich von etwa 10–20 % liegt. Oder er müsste die Schwankungsbandbreite dazu angeben (z. B. »500.000 € ±30 %«). Typischerweise wird dies jedoch nicht gemacht, weil sonst ein anderer den Auftrag bekommt.

Es gibt folgende Hauptursachen für falsche Schätzungen:

▦ **Es wird zu früh geschätzt:**
  Schätzungen werden abgegeben, obwohl noch unklar ist, was eigentlich gemacht werden muss.

▦ **Vortäuschen von Sicherheit:**
  Schätzungen sind sehr detailliert, die große Schwankungsbreite wird aber nicht erwähnt.

▦ **Umfang, Kosten und Zeit werden fixiert:**
  Dem Kunden wird alles fix zugesagt. Einziger Spielraum ist die Qualität, die dann auch leidet.

■ **Anwender lernen erst im Projekt, was sie brauchen:**
Mit den ersten Versionen wird den Anwendern bewusst, was sie wirklich gebraucht hätten.

■ **Das Team lernt im Projekt, was die Technologien wirklich können:**
Werden Technologien eingesetzt, mit denen das Team wenig Erfahrung hat, so ist immer mit Problemen zu rechnen.

Diesen Problemen zu begegnen ist eines der Ziele agiler Vorgehensweisen. Dazu wurden eigene Konzepte für die Schätzung entwickelt.

5.5.2 Prinzipien agiler Schätzungen

Agile Schätzverfahren unterscheiden sich in zwei Punkten deutlich von der klassischen Herangehensweise:

■ **Genauer Funktionsumfang bleibt variabel:**
Agile Schätzverfahren haben das Ziel, einen groben zeitlichen und budgetären Rahmen zu ermitteln. Der genaue Funktionsumfang wird bewusst erst später definiert. Vereinbart wird lediglich, welche Ziele bis wann zu welchem Budget erreicht werden. Wie das System genau aussieht und was es im Detail kann, wird erst im Laufe der Iterationen festgelegt.

■ **Relative statt absolute Schätzung:**
Die Schätzungen erfolgen nicht in Personentagen oder gar Stunden, sondern in relativen Größeneinheiten. Einzelne Anforderungen werden zueinander in Beziehung gesetzt, man schätzt nur »Anforderung X ist zirka fünfmal so groß wie Anforderung Y«. Solche relativen Schätzungen sind wesentlich leichter und schneller durchzuführen. Die meisten agilen Vorgehensmodelle erlauben zwar auch Schätzungen in absoluten Werten, z.B. Personentagen, die relative Schätzung z.B. mit Story Points wird aber als Best Practice immer wieder empfohlen [Pichler 2008].

Dadurch ergibt sich eine andere Sicht auf die Ziele (siehe Tab. 5–8).

	Agiles Softwareprojekt
Ziele	Explizit definiert. Wenig Spielraum.
Kundenanforderungen	Grob definiert. Spielraum solange Ziele erfüllt sind.
Systemfunktionen	Grob definiert. Spielraum solange Ziele erfüllt sind.
Aufwand/Kosten	Grob geschätzt. Evtl. als Budget fixiert.
Termin	Zu Beginn fixiert über die geplante Iterationsanzahl. Kein Spielraum.
Qualität	Hoffentlich fixiert. Ziel des Teams sind 0 Fehler und nachhaltige Softwareentwicklung.

Tab. 5–8   *Anfangszustand agiler Softwareprojekte*

Hier sieht man, dass Aufwand und Termin zwar eventuell auch fixiert sind, jedoch durch den Spielraum in den Anforderungen und Systemfunktionen auf Änderungen und Unsicherheit reagiert werden kann.

Es gibt natürlich auch in agilen Projekten durch die Änderungen eine Aufwandserhöhung. Hier wird aber oft nicht der Preis erhöht, sondern stattdessen der Funktionsumfang reduziert, um dann den prognostizierten Preis auch einzuhalten.

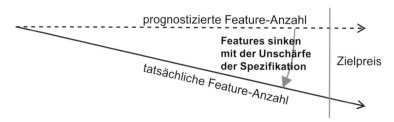

Abb. 5–5   *Prognostizierte vs. tatsächliche Feature-Anzahl in agilen Projekten*

Beispiel:

Ziel: Der Kunde möchte ein System, mit dem er sämtliche Projektzeiten erfassen und auswerten kann.

Ganz kurz werden die wesentlichen Kundenanforderungen definiert:

- Erfassen von Projektzeiten
- Erfassen von Urlauben
- Ansehen einer Monatsauswertung für eigene Zeiten
- Ansehen einer Auswertung der Zeiten je Projekt
- Löschen von Zeiten

Für die Umsetzung schätzt das agile Team ca. 40 Personentage. Dies entspricht in etwa den Vorstellungen unseres Kunden, der ein maximales Budget von 35 Personentagen hat. Das Team schätzt, dass es eine erste brauchbare Version binnen zwei Monaten liefern kann.

Daraus ergeben sich folgende Eckdaten zum Projekt:

- Budgetobergrenze: 35 Personentage
- Termin: 30. November

Diese beiden Werte und das Ziel »sämtliche Projektzeiten erfassen und auswerten können« werden mit dem Kunden fixiert.

Im Zuge des Projekts wird erarbeitet, wie die Benutzeroberfläche aussehen soll. Ursprünglich hätte der Kunde sich zwar eine an SAP angelehnte Oberfläche vorgestellt, die tatsächliche sieht nun aber ganz anders aus. Auch stellt sich heraus, dass ein Löschen von Zeiten doch nicht notwendig ist, dafür aber eine Funktion zum Beantragen von Zeitausgleich. Bei den Auswertungen stellt sich heraus, dass das nun doch für beide Auswertungen um zehn Tage mehr Aufwand sein würde als ursprünglich geschätzt. Daher wird nur die für die Zielerreichung wichtige Projektzeitauswertung realisiert und die Monatsauswertung wird aus der Anforderungsliste gestrichen und in die Listen für die nächste Version eingetragen.

→

Diese Änderungen sind meist kein Problem, weil sie in Summe innerhalb der vereinbarten Budgetgrenze bleiben, die prognostizierte Zeit eingehalten und das Ziel trotzdem erreicht wird.

Das Projekt wird erfolgreich zum zugesagten Termin mit dem vereinbarten Budget
abgeschlossen und erreicht das definierte Projektziel, obwohl der Funktionsumfang
und das Aussehen ganz anders sind, als ursprünglich angenommen.

An diesem Beispiel wird deutlich, dass die Herangehensweise an Schätzungen
sowie der Umgang mit den geschätzten Werten in agilen Projekten völlig anders
sind, als in klassischen Softwareprojekten. Indem das finale Produkt nicht von
vornherein bis ins Detail spezifiziert ist, setzt dieses Vorgehen großes Vertrauen
zwischen Kunde und Softwarehaus voraus. Der Kunde muss darauf vertrauen,
dass er schlussendlich ein System bekommt, das seine Ziele erreicht, auch wenn
es vielleicht anders ist, als er sich das vorgestellt hätte. Der Lieferant muss darauf
vertrauen, dass der Kunde nicht ausnützt, dass es Unschärfen in der Spezifikation
gibt und übertriebene Funktionen fordert oder Funktionen »vergoldet«.

5.5.3 Schätzen im Projektverlauf

Frühe Grobschätzung zur Priorisierung

Für die Planung ist es wichtig, dass alle Anforderungen priorisiert sind, da sie in
der Reihenfolge ihrer Priorität abgearbeitet werden. In die Priorisierung einer
Anforderung fließen oft die Kosten als Einflussfaktor mit ein. Das bedeutet, dass
für die Priorisierung der Anforderungen deren Umfang und Kosten zumindest
grob abgeschätzt sein müssen. Anforderungen werden deshalb nach einer ersten
groben Definition durch den Product Owner vom Team grob geschätzt. Diese
Grobschätzung passiert in der Regel, sobald die Anforderung genau genug definiert ist, dass der Product Owner sie ins Product Backlog aufnehmen kann.

Genauere Schätzung für die Iterationsplanung

Im Zuge der Iterationsplanung, oft bereits in deren Vorbereitung, werden die
Anforderungen verfeinert und die Schätzung wird überarbeitet. Für die Schätzung gilt somit ebenso wie für die Anforderungsspezifikation: Je näher die
Umsetzung rückt, desto genauer wird sie. Die Schätzung für die Planung der Iteration erfolgt entweder in den Wochen vor dem Planungsmeeting durch das Team
oder direkt im Planungsmeeting.

5.5.4   Schätzmethoden

In nahezu allen agilen Schätzmethoden wird nicht der Aufwand für die Umsetzung in absoluten Werten, z. B. Personentagen, sondern lediglich die Größe der Anforderungen relativ zueinander geschätzt. In der Regel wird dabei eine kleine bis mittelgroße Anforderung oder Story als Referenzwert gesetzt, mit der dann alle anderen Anforderungen bzw. Stories verglichen werden. Was genau unter »Größe« zu verstehen ist, muss jedes Team für sich erarbeiten. Vielfach wird darunter die subjektiv geschätzte Komplexität oder der Umfang des zu erstellenden Quellcodes und anderer Artefakte verstanden. Wichtig ist, dass alle im Team dasselbe Verständnis haben, was mit »Größe« gemeint ist.

Grobschätzung mit T-Shirt-Sizing

Bei diesem sehr einfachen Schätzverfahren wird jeder Anforderung eine T-Shirt-Größe zugeordnet. Es werden dabei meist die Größenklassen XS, S, M, L, XL und XXL verwendet [Röpstorff & Wiechmann 2012]. Um die Schätzung noch »greifbarer« zu machen, können auch T-Shirts in den entsprechenden Größen auf den Besprechungstisch gelegt werden. Jeder Schätzer erhält dann eine Karte je zu schätzender Anforderung und legt diese auf das entsprechende T-Shirt. Beim T-Shirt-Sizing wird Story für Story durchgegangen. Es wird jeweils eine Story ausgewählt, alle Schätzer geben für diese dann gleichzeitig ihre Schätzung ab. Anschließend werden Abweichungen in den Schätzungen diskutiert, bis ein Konsens gefunden ist. Je Story sollte dies nicht länger als ein bis zwei Minuten dauern. Danach geht man zur nächsten Story.

Der Vorteil dieser Methode besteht darin, dass sie sehr schnell und einfach ist, der Nachteil ist, dass sie nur sehr grobe Größenwerte liefert. Ein weiterer Nachteil ist, dass diese Schätzung nichts über den Aufwand bzw. die Kosten aussagt. Es kann lediglich abgeschätzt werden, dass Story X größer oder kleiner als Story Y ist.

Schätzung mit Story Points und Planning Poker

Das wohl bekannteste Schätzverfahren ist die Schätzung mit Story Points. Eine Technik zur Durchführung ist Planning Poker.

Ein Story Point ist eine »synthetische, team- und eventuell projektspezifische Einheit für Schätzgrößen von Anforderungen im Product Backlog. Story Points spiegeln den Funktionsumfang, ggf. auch die Komplexität von Anforderungen wider. Es handelt sich nicht um absolute Schätzgrößen für Aufwände, wie z. B. Personentage, sondern um relative Vergleichsgrößen der einzelnen Backlog Items untereinander« [Scrum Glossar].

Bei der Verwendung von Story Points werden nicht beliebige Story-Point-Werte erlaubt, sondern man einigt sich auf ein bestimmtes Set an möglichen Werten. Ein doppelt so hoher Wert bedeutet dabei, dass die Story doppelt so groß ist, ein dreifacher Wert entsprechend dreifache Größe usw. In der Praxis haben sich hierfür die ersten Werte einer angepassten Fibunacci-Reihe bewährt [Cohn 2005]: 1, 2, 3, 5, 8, 13. Die Reihe würde nun gemäß der Formel $f(n+1)=f(n)+f(n-1)$ mit 21, 34, 55, 89, ... weitergehen. Bei der Schätzung mit Story Points verwendet man für so große Stories aber nur mehr die Werte 20, 40 und 100. In diesen Größenbereichen ist eine genauere Schätzung kaum mehr sinnvoll möglich. Diese Werte bedeuten oft nur noch »zu groß zum Schätzen« und »viel zu groß zum Schätzen«. Insgesamt ergeben sich also folgende gültige Werte für Story Points: 1, 2, 3, 5, 8, 13, 20, 40, 100.

In der Vorbereitung der Schätzung wird eine Referenzstory definiert. Story Points werden immer relativ zu dieser geschätzt. Es wird dafür eine kleine bis mittelgroße Story ausgewählt. Dieser wird ein fixer Wert, meist 3 oder 5, zugewiesen.

Es wird nun Story für Story durchgegangen und geschätzt. Dabei werden für jede Story folgende Schritte absolviert:

1. **Sicherstellen, dass jeder die Story versteht.** Fragen und Unklarheiten werden vom Product Owner beantwortet.
2. **Jeder wählt verdeckt seinen Schätzwert.** Jeder Schätzer entscheidet, wie viele Story Points die Story für ihn hat.
3. **Abgeben der Schätzung.** Alle geben gleichzeitig ihre Schätzung ab. Dies kann z.B. mit Schätzkarten erfolgen, auf denen die möglichen Story Points aufgedruckt sind. Werden solche Poker-ähnlichen Karten verwendet, so spricht man von Planning Poker.
4. **Wenn die Werte übereinstimmen** oder man sich sofort auf einen Wert einigen kann, weil die Werte sehr nahe beisammen liegen, so geht man zur nächsten Story.
5. **Ansonsten diskutiert das Team den höchsten und niedrigsten Wert.** Gibt es Extremwerte, so werden diese diskutiert. Die jeweiligen Schätzer erklären, warum sie einen so hohen oder so niedrigen Wert gewählt haben. Anschließend geht es zurück zu Schritt 2 und es wird neu geschätzt.

Für jede Story gibt es eine Timebox von drei bis fünf Minuten. Die Praxis hat gezeigt, dass es sinnvoll ist zu vereinbaren, dass z.B. nach drei erfolglosen Durchgängen mit einem anderen Verfahren geschätzt wird.

Schätzung in Personentagen, Function Points etc.

In manchen Fällen ist es sinnvoll, direkt in Personentagen, Function Points o.Ä. zu schätzen, um daraus direkt den Aufwand und die Kosten ableiten zu können. Auf die dafür verwendeten »klassischen« Methoden zur Aufwandsschätzung wird hier nicht näher eingegangen, möglich sind zum Beispiel:

▓ **Schätzen in Personentagen:**
Es wird der Aufwand für die zur Umsetzung der Anforderung notwendigen
Tätigkeiten geschätzt. Dafür muss die Anforderung zuerst möglichst genau
spezifiziert werden, daraus werden dann Arbeitspakete abgeleitet und
geschätzt.

▓ **Schätzen der Größe in Function Points:**
Die Software wird in Bezug auf Dateneingaben, Datenausgaben und Daten-
objekte genau spezifiziert. Diese werden dann nach fixen Regeln bewertet
und daraus der Aufwand abgeleitet.

Welche Schätzmethode zum Einsatz kommt, entscheidet das Team.

5.5.5   Ermitteln von Aufwand und Kosten aus Story Points

Schätzungen in Story Points liefern nur relative Größen von Anforderungen. Für
die Budgetierung, die Release- und die Sprint-Planung ist es aber auch notwendig,
voraussagen zu können, ob eine Story bis zu einem gewissen Zeitpunkt ausreichen wird oder nicht. Dies macht es nötig, den Umsetzungsaufwand je Story
Point zu ermitteln. Dafür gibt es im Wesentlichen zwei Möglichkeiten:

▓ Ermitteln des Aufwands für eine Referenzstory und Hochrechnen der Aufwände für die anderen Stories durch Vergleich der Story Points
▓ Ermitteln der Velocity (Umsetzungsgeschwindigkeit) des Teams und der
durchschnittlichen Umsetzungszeit je Story Point

Referenzaufwand ermitteln und Hochrechnen

Für die erste Variante wird eine Referenzstory genommen und entweder der Aufwand in Tagen geschätzt oder die Story wird umgesetzt und der Aufwand gemessen. Bei der Aufwandsermittlung durch Schätzung wird die Story möglichst fein
spezifiziert, die für die Umsetzung notwendigen Arbeitsschritte ermittelt und für
diese die benötigten Aufwände geschätzt. Der Gesamtaufwand ergibt sich dann
als Summe der Schätzwerte der für die Umsetzung notwendigen Tätigkeiten. Mit
beiden Methoden, Schätzung und Umsetzung, erhält man einen Aufwand in Personentagen oder Stunden. Entsprechend den Verhältnissen der Story Points kann
nun der Aufwand für die anderen Stories ermittelt werden. Eine Story mit doppelt so vielen Story Points benötigt doppelt so viel Aufwand, eine Story mit fünfmal so vielen Story Points entsprechend den fünffachen Aufwand.

Ermittlung der Umsetzungszeit je Story Point aus der Velocity

Unter der »Velocity« eines Teams versteht man die »Summe der Story Points, die ein Team in einem Sprint umgesetzt hat« [Röpstorff & Wiechmann 2012]. Kennt man die Velocity eines Teams, z.B. »120 Story Points je Sprint«, so kann man aus dieser Zahl und der Sprint-Länge errechnen, wie viele Kalendertage eine Story für die Umsetzung benötigt. Damit der Aufwand in Personentagen ermittelt werden kann, muss dies dann noch mit der Teamgröße multipliziert werden:

$$E(StoryX) = T(Sprint)/V \times SP(StoryX) \times S$$

E(StoryX) ...   Aufwand für Story X in Personentagen
V ...   Velocity des Teams in Story Points je Sprint
T(Sprint) ...   Netto-Dauer des Sprints in Arbeitstagen
SP(StoryX) ...   Geschätzte Story Points der Story X
S ...   Anzahl Personen im Entwicklungsteam

Beispiel: Bei einem Entwicklungsteam mit fünf Personen und einer Sprint-Dauer von 20 Arbeitstagen wird mit der oben angegebenen Velocity von 120 Story Points je Sprint für eine Story von drei Story Points folgender Aufwand anfallen:

$$E(Story) = 20 \text{ Arbeitstage}/120 \times 3 \times 5 = 2{,}5 \text{ Arbeitstage}$$

Diese Berechnung setzt voraus, dass die Velocity des Teams bekannt ist. Die Velocity ist von Team zu Team unterschiedlich. Wenn sich ein Team neu formiert, ist die Velocity noch unbekannt. In dieser Situation gibt es folgende Möglichkeiten (siehe auch Abb. 5–6):

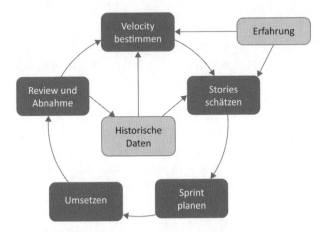

Abb. 5–6   *Ablauf und Einflussfaktoren zur Bestimmung der Velocity*

▦ **Festlegung durch Verhandlung:**
Das Team setzt sich zusammen und handelt einen initialen Wert für die Velocity aus.

▦ **Klassische Schätzung einer Story in Stunden und Hochrechnung:**
Die Story wird möglichst fein spezifiziert, die für die Umsetzung notwendigen Arbeitsschritte ermittelt und für diese die Aufwände geschätzt. Der Gesamtaufwand für die Referenzstory ergibt sich dann als Summe der Schätzwerte. Aus der ermittelten Dauer wird auf die gesamte Iteration hochgerechnet.

▦ **Umsetzung einer Story und Hochrechnung der dafür benötigten Zeit:**
Eine Story wird vor der ersten Iteration umgesetzt. Aus der ermittelten Dauer wird auf die gesamte Iteration hochgerechnet.

▦ **Start ohne Velocity:**
Das Team schätzt einfach aus dem Bauch heraus, wie viele Stories es in der ersten Iteration umsetzen kann. Im Nachhinein wird dann ermittelt, wie viele Stories umgesetzt werden konnten. Dies ist dann die Velocity für die nächste Iteration.

Ist die Startphase erfolgreich bewältigt, wird die Velocity ständig an die aktuelle Performance des Teams angepasst.

Für die laufende Bestimmung der Velocity gibt es wiederum verschiedene Möglichkeiten:

▦ Man nimmt immer den Wert aus dem letzten Sprint.
▦ Man bildet das arithmetische Mittel aller Sprints.
▦ Man bildet ein gewichtetes arithmetisches Mittel, bei dem die letzten drei Sprints stärker gewichtet werden.

Welche Variante gewählt wird, muss das Team selbst entscheiden. Die Korrektheit der Velocity hat direkten Einfluss auf die Genauigkeit der Schätzungen und der Planung.

Insgesamt ist die Berechnung des Aufwands aus den Story Points kritisch zu betrachten. Das Ergebnis ist immer ein Wert, wie lange das Team (!) im Schnitt für eine Story dieser Größe braucht. Über die konkrete Story selbst, mit ihren besonderen Detailanforderungen, technischen Herausforderungen und Risiken sagt der Wert wenig aus. Viele Stories werden auch nicht vom gesamten Team, sondern von einem einzigen Entwickler im Team umgesetzt. Dies bedingt, dass der Aufwand für die Umsetzung davon abhängt, wie die Story im Detail konkret aussieht und wer sie tatsächlich umsetzt. Dieser tatsächliche Umsetzungsaufwand wird auch in guten Teams schwanken, da nicht jeder Entwickler für jede Story gleich gut qualifiziert ist. Hat beispielsweise ein Entwickler gerade im letzten Sprint eine ähnliche Story umgesetzt, so wird er wesentlich schneller sein, als die anderen Kollegen im Team. Wenn der ermittelte Wert E(StoryX) beispielsweise zwei Tage beträgt, so sagt dies nur aus, dass das Team im Schnitt zwei Tage für die Umsetzung einer Story dieser Größe benötigt. Setzt der beste Entwickler die

Anforderung um, wird er vielleicht in einem halben Tag fertig sein, setzt ein weniger erfahrener Kollege die Story um, wird er möglicherweise drei Tage brauchen.

Diese Unterschiede und das daraus resultierende Risiko muss der Product Owner im Blick haben. Über das gesamte Projekt hinweg heben sich die Unterschiede auf und es scheint wenig relevant. Steht man aber vor der Aufgabe, eine konkrete kurze Iteration von z.B. einer Woche Dauer zu planen, macht es einen großen Unterschied, ob eine Anforderung einen halben oder drei Tage benötigt.

Dieser Effekt wird zu Beginn des Projekts stark ausgeprägt sein und muss hier bei der Planung der ersten Iterationen besonders berücksichtigt werden. Im Laufe der Zeit wird dieser Effekt reduziert, da alle im Team Erfahrung aufbauen und gegenseitig voneinander lernen.

5.6 Priorisierung

Die Priorisierung von Anforderungen ist eine der wichtigsten Aufgaben des Product Owner. In den Iterationen werden die Anforderungen in der Reihenfolge ihrer Priorität abgearbeitet. Dies setzt natürlich eine laufend aktualisierte Priorisierung aller Anforderungen voraus. Zumindest vor der Release- und Iterationsplanung müssen die Prioritäten der Anforderungen richtig gesetzt sein. Wie und aufgrund welcher Kriterien die Anforderungen priorisiert werden, ist die Entscheidung des Product Owner in Zusammenarbeit mit dem Team und seinen Stakeholdern. Wichtig ist aber auch hier der Grundsatz: »So viel wie nötig, aber nicht mehr.«

Bei der Priorisierung muss entschieden werden, welche Skala man verwendet, um mögliche Prioritäten festzulegen. Des Weiteren muss geklärt werden, auf Basis welcher Daten die Priorität einer Anforderung bestimmt wird.

5.6.1 Prioritätsskala

Einteilung in Prioritätsklassen

Die einfachste Art der Priorisierung ist die Einteilung der Anforderungen in Prioritätsklassen. Für die Bildung der Klassen gibt es verschiedene Strategien wie die Einteilung nach Kano in Basis-, Leistungs- und Begeisterungsfaktoren, High-Medium-Low-(HML-)Priorisierung oder 1-10-Priorisierung.

Der Hauptvorteil einer Einteilung in Klassen liegt in der einfachen Handhabung. Der Nachteil ist, dass die Priorisierung oft sehr grob erfolgt (z.B. nur in drei Klassen) und die Anforderungen innerhalb einer Klasse schwer vergleichbar sind, sodass bei der Planung einer Iteration wieder nicht klar ist, welche Anforderungen einer Klasse nun umgesetzt werden sollen. Leffingwell schlägt hier vor, bei gleicher Priorität die schneller umzusetzende Anforderung zu bevorzugen [Leffingwell 2011].

Fortlaufende Nummerierung

Sehr einfach ist die Priorisierung durch fortlaufende Nummerierung, die auch in Scrum angewendet wird. Dabei ist es über alle Requirements hinweg klar, welche Priorität die Requirements haben und in welcher Reihenfolge sie zu anderen Requirements stehen. Dies setzt eine Basis für die Priorisierung voraus, die eine eindeutige Reihung der Anforderungen erlaubt.

Eine Ordnung der Anforderungen wird durch paarweisen Vergleich aller Anforderungen hergestellt (siehe Abschnitt 5.2.3). Das Ergebnis ist eine nach Priorität absteigend sortierte Liste aller Anforderungen.

Vorteil dieser Methode ist, dass sie relativ einfach durchzuführen ist und eine eindeutige Ordnung ergibt. Die Gefahr dabei ist, dass man sich wegen der Rangreihenfolge von verschiedenen Requirements in endlose Diskussionen über deren Wichtigkeit verliert.

5.6.2   Basis für die Priorisierung

Eindimensionale Priorisierung

Eine weitverbreitete Art, Anforderungen zu priorisieren, ist die Reihung nach Geschäftswert (»Business Value«) für den Kunden. Wichtigstes Ziel für eine Iteration ist das Liefern von Wert für den Kunden. Dementsprechend ist der Wert für den Kunden auch das wichtigste Kriterium für die Entscheidung, welche Anforderungen umgesetzt und welche nach hinten geschoben werden.

Geschäftswert ist aber nicht das einzig mögliche Kriterium. Sicherheitskritische Projekte werden beispielsweise oft nach Risiko priorisiert, sehr komplexe Projekte mit vielen Modulen nach Abhängigkeiten der Anforderungen. Die folgenden Requirements-Attribute sind verbreitete Basiswerte für die Priorisierung:

- **Geschäftswert für den Kunden:**
  Je höher der Wert, desto früher wird die Story umgesetzt.
- **Risiko:**
  Je höher das Risiko, desto früher wird die Story umgesetzt.
- **Abhängigkeiten:**
  Je mehr andere Anforderungen von dieser abhängen, desto früher wird sie umgesetzt.
- **Aufwand/Kosten:**
  Hier kann man die aufwendigsten Anforderungen zuerst umsetzen oder die einfachsten.

Je nach gewählter Prioritätsskala werden alle Anforderungen basierend auf einem der obigen Werte einer Klasse zugewiesen oder gereiht.

Priorisierung nach mehreren Dimensionen

Die Reihung nach lediglich einem Kriterium ist allerdings oft nicht optimal. Sinnvoller ist eine Reihung, die verschiedene Einflussfaktoren berücksichtigt [Pichler 2008]. Eine bewährte Methode ist es beispielsweise, die Priorisierung grundsätzlich nach Geschäftswert vorzunehmen, jedoch Backlog Items, von denen viele andere wichtige Anforderungen abhängen, sowie Backlog Items mit hohem Risiko vorzuziehen. Bei gleicher Priorität bewährt es sich wiederum, diejenigen Anforderungen zuerst umzusetzen, die am schnellsten realisiert werden können [Leffingwell 2011].

6 Requirements Management

Das Erstellen der Requirements-Inhalte und das Management dieser Inhalte sind unterschiedliche Aufgaben und benötigen unterschiedliche Sichten und Techniken. Die Trennung zwischen dem Inhalt und der Managementsicht ist wichtig, damit die unterschiedlichen Aspekte, die auch teilweise mit unterschiedlichen Zuständigkeiten verbunden sind, effizient behandelt werden können.

So ist z.B. ein Fachbereichsmitarbeiter des Kunden daran beteiligt, den Inhalt einer User Story zu definieren. Jedoch plant er die Story nicht in den Releaseplan ein und entscheidet auch nicht, wie die Ablage und die Versionierung erfolgen etc. Im Gegenzug wird der verantwortliche Product Owner oder Produktmanager zwar die Story sinnvoll in die gesamte Releaseplanung einfügen und die Umsetzung durch Absprache mit den Entwicklern entsprechend zuordnen und einplanen können, er wird jedoch vielleicht nur in Rücksprache mit dem Fachbereichsmitarbeiter den Inhalt der User Story ändern oder verfeinern, weil er hier fachlich eventuell zu wenig Erfahrung hat.

6.1 Inhalt vs. Verwaltung des Inhalts

Das sogenannte Teufelsquadrat in Abbildung 6–1 stellt die unterschiedlichen Sichten auf den Inhalt und die Verwaltung recht anschaulich dar.

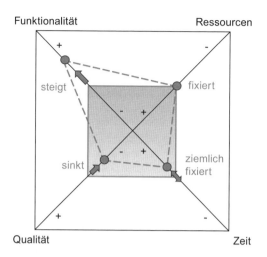

Abb. 6-1   »Teufelsquadrat«

Die Aspekte rund um Funktionalität und Qualität sind als Requirements-Inhalte zu sehen und die Aspekte Zeit und Ressourcen (Personal, Geld, Geräte etc.) sind der Managementsicht zuzuordnen. Jede der unterschiedlichen Sichten benötigt spezielle Managementinstrumentarien und Tools, um effizient arbeiten zu können. Inhalte sollten in die entsprechenden Inhaltsartefakte (Stories, Epics etc.) und Tools eingefügt werden (siehe Tab. 6–1). Die Managementsicht soll in eigenen Requirements-Management-Artefakten und Tools umgesetzt werden (siehe Tab. 6–2).

Beispiele für Inhaltsartefakte und deren Verwaltung:

RE-Inhalt	Verwaltungsinstrument
User Story	▪ Requirements-Datenbank ▪ Story Card
Vertrag	▪ Vertragsdatenbank ▪ MS-Word
Prozessdiagramm	▪ Requirements-Tool mit grafischer Modellierungs-komponente ▪ Prozessmodellierungstools ▪ MS-Visio

Tab. 6-1   Beispiele für Requirements-Inhaltsartefakte und deren Verwaltung

→

Beispiele für Managementartefakte und deren Verwaltung:

RE-Management-Artefakt	Verwaltungsinstrument
Zeitplan/-bedarf (Iteration, Release etc.)	■ Projektmanagementtool ■ Releaseplanungstools ■ Kalender
Kosten	■ Projektmanagementtool ■ ERP-System ■ MS-Excel-Kalkulation
Projektorganigramm	■ ERP-System ■ Organigrammsystem
Personen und Kontaktdaten	■ Kontaktmanagementsystem ■ Kontaktliste ■ Groupware-System
Backlog	■ Projektmanagementtool ■ Prioritätenliste

Tab. 6–2   *Beispiele für Requirements-Management-Artefakte und deren Verwaltung*

> Eine Vermischung der Tools und Sichten zwischen Inhalt und Management ist nicht effizient! Ein Task-Management-Tool ist meist nicht gut zur strukturierten Verwaltung von Anforderungsinhalten geeignet.

Dies wird deutlich, wenn man versucht, Anforderungen mit Task-Management-Tools (Atlassian Jira, Bugzilla etc.) zu verwalten. Diese Tools sind listenorientiert. Die Zusammenhänge zwischen den Anforderungen werden damit unübersichtlich bzw. gehen verloren. Die strukturierte Darstellung durch Anforderungshierarchien fehlt meist völlig. Versions- und Konfigurationsmanagement werden für gewöhnlich auch nicht angeboten.

Dies führt dann dazu, dass ab einer gewissen Menge von Requirements – je nach Art und Organisation des Entwicklungsteams und des Produkts wird dies bei einigen Hundert oder eventuell auch Tausend Requirement-Einträgen liegen – die Beteiligten nicht mehr wissen, was das System eigentlich insgesamt leistet oder leisten soll.

Die Sichtweise wird hier trotz Sortier-, Gruppier- und Suchfunktionen der Tools sehr eingeschränkt. Meist hat man noch einen Überblick über die letzten paar durchgeführten Iterationen. Aber ein strukturierter Gesamtüberblick geht verloren.

> Wenn Request-Tracking-Tools für das Requirements Management eingesetzt werden, sehen die Beteiligten bald »den Wald vor lauter Bäumen« nicht mehr.

6.2   Planung

Planung in »klassischen« Projekten hat oft deshalb nicht funktioniert, weil am Anfang ein Plan erstellt und dann nicht mehr aktualisiert wurde. Zwangsläufig ist es dann aufgrund der auftretenden Projektänderungen so, dass schon nach einigen Monaten der Plan nicht mehr zur Realität passt. Dies ist aber oft nicht auf eine schlechte Methodik zurückzuführen, sondern darauf, dass eine an sich gute Methodik von Projektleitern schlecht angewendet wird.

Gute klassische Projektmanager kommunizieren in kurzen Intervallen mit dem Team, aktualisieren den Projektplan zumindest wöchentlich und brechen Arbeitspakete auf Aufgaben von maximal einer Woche Dauer herunter. Dies wird typischerweise schon seit Jahrzehnten in guten Projektmanagementseminaren gelehrt, jedoch leider aus verschiedensten Gründen von den handelnden Projektmanagern nur schlecht umgesetzt.

Man sollte also bei Vergleichen vorsichtig sein und nur gute klassische Projekte mit guten agilen Projekten vergleichen.

Planung findet nicht nur in der Sprint-Planung, sondern an vielen Stellen im Projektverlauf statt (siehe Abb. 6–2):

- Portfolio- und Programmplanung
- Produkt-Roadmap
- Releaseplanung
- Sprint-Planung
- Daily Meeting

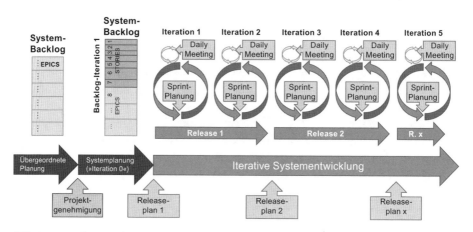

Abb. 6–2   *Planungselemente in agilen Vorgehensweisen*

6.2.1   Portfolio- und Programmplanung

Die gesamten von einer Organisation erstellten bzw. angebotenen Produkte werden als Produktprogramm oder Produktportfolio bezeichnet. Eine Softwareentwicklungsorganisation, die beabsichtigt, ein neues Produkt zu entwickeln oder auch maßgebliche Funktionen eines bestehenden Produkts zu erweitern, wird sich am Anfang überlegen, wie das Neue in die bestehende Geschäftsstrategie und Produktlandschaft passt. Dazu ist es notwendig, vorher zumindest die groben Eckpfeiler zu spezifizieren und diese in einem übergeordneten Kontext zu betrachten. Auch wenn es in der Organisation nur genau dieses eine geplante System gibt, so ist dieser Planungsschritt trotzdem relevant und Voraussetzung für die Systemplanung! Es werden einzelne Aspekte oder Ergebnisse dieses Planungsschritts jedoch vereinfacht oder fallen weg.

Mindestvoraussetzung aus Requirements-Sicht sind daher die Kenntnis der bestehenden Produktlandschaft, eine Strategie des Unternehmens hinsichtlich der Produktentwicklung und bezüglich des geplanten Systems die wichtigsten Epics (Business und technisch) sowie eine grobe Systemarchitektur zur Einordnung des Systems in den gesamten Produktkontext.

Planungsvoraussetzungen

Bevor eine Planung gestartet werden kann, sollten die folgenden Fragen beantwortet werden:

- Was sagt die Unternehmensstrategie bezüglich des Produktportfolios?
- Welche Produkte haben wir bereits?
- Welche weiteren künftigen Systeme sind noch geplant?
- Was wollen wir mit dem neuen System erreichen?
- Warum machen wir das neue System überhaupt?
- Wie passt das geplante System in unser Portfolio?
- Wie hängt das geplante System mit anderen Systemen zusammen?
- Gibt es besondere Risiken, die zu beachten sind?
- Gibt es am Markt Systeme mit ähnlichen Funktionen?
- Sind diese vorhandenen Systeme eventuell eine passende Ausgangsbasis?
- Sind diese Systeme eine ernst zu nehmende Konkurrenz?
- Was unterscheidet unser System von diesen Systemen?

Planungsfokus

Darauf aufbauend kann auf der systemübergreifenden Ebene nun eine grobe Planung erstellt werden. Die Planung sollte auf dieser Ebene folgende Aspekte berücksichtigen (siehe Tab. 6–3):

Thema	Fokus und Aufgaben
Requirements	▥ Ziele und Vision für das neue Produkt ▥ Grobe High-Level-Anforderungen ▥ Priorität und Reihenfolge der Inhalte
Aufwand und Ressourcen	▥ Zeitbedarf ▥ Budget bzw. Budgetgrenzen ▥ Sonstiger Ressourcenbedarf ▥ (Räumlichkeiten, Geräte etc.)
Risiko	▥ Grobe Projektrisiken
Organisation	▥ Stakeholder (Kernteam, weitere Beteiligte) auf Rollen- bzw. Gruppenebene (noch keine konkreten Namen notwendig) ▥ Strukturelle Organisation des Teams und der sonstigen Beteiligten

Tab. 6–3   *Fokus und Aufgaben in der Portfolio- & Programmplanung*

Aufwand und Umfang

Für diesen Planungsschritt sollte je nach Umfeld- und Projektkomplexität ein Aufwand von ca. 1–10 Tagen vorgesehen werden. Durch Begrenzung des Aufwands in diesem Schritt soll der Fokus auf die wichtigen und übergeordneten Themen gesetzt werden.

Ergebnis des Portfolio- und Programmplanungsprozesses

▥ Angepasste Produktstrategie
▥ Ziele und Produktvision für das neue Produkt
▥ Portfolio oder Programm-Backlog (priorisierte Epics)
▥ Roadmap, wann die Erstellung des geplanten Systems in Abstimmung mit sonstigen geplanten Systementwicklungen stattfinden soll
▥ Stakeholder-Liste auf Rollen- oder Teamebene mit einer ungefähren Anzahl der jeweils Beteiligten
▥ Systemkontextdiagramm
▥ Ressourcen-Übersichtsliste
▥ Bewertete Risikoliste (Risiko-Backlog)
▥ Grober Budgetrahmen

Diese Planungsaktivität sollte vor der ersten Iteration der geplanten Systementwicklung stattfinden und wird mit einem Produktentwicklungs- oder Projektantrag abgeschlossen. Wenn der Produktentwicklungs- oder Projektantrag von den Entscheidungsträgern genehmigt wird, dann kann die Systemplanung starten.

6.2.2 Systemplanung

Wenn der Zusammenhang bekannt ist, in dem das geplante System eingesetzt werden soll, ist es notwendig, sich darüber Gedanken zu machen, wie man die Entwicklung aus Gesamtsystemsicht angeht. In der Literatur ist hier oft von einer »Iteration 0« die Rede. Teile der nachfolgend angeführten Systemplanung werden auch als Inhalte der Iteration 0 angeführt.

Dieser Planungsschritt dient dazu, einen ausreichenden Blick auf das Gesamtsystemprojekt zu bekommen, damit dann eine passende Aufteilung des Vorhabens auf einzelne Releases, Iterationen und Teams erfolgen und das Projekt mit der ersten Iteration starten kann.

Mindestvoraussetzung für die Systemplanung

- Ziele und Vision für das geplante System
- Backlog (priorisierte Epics)
- Roadmap, wann die Erstellung des geplanten Systems in Abstimmung mit sonstigen geplanten Systementwicklungen stattfinden soll
- Stakeholder-Liste auf Rollen- oder Teamebene mit einer ungefähren Anzahl der jeweils Beteiligten
- Systemkontextdiagramm
- Ressourcen-Übersichtsliste
- Bewertete Risikoliste (Risiko-Backlog)
- Grober Budgetrahmen

Im Mittelpunkt der Systemplanung steht die Frage:
»Was muss die Organisation und das Team vorbereiten, damit die Systementwicklung wohldurchdacht mit einer ersten Iteration starten kann?«

Planungsfokus und Aufgaben in diesem Planungsschritt:

Basierend auf der vorangegangenen Programmplanung werden in der Systemplanung folgende Aspekte berücksichtigt (siehe Tab. 6–4):

Thema	Fokus und Aufgaben
System-anforderungen	■ Übergeordnete Epics ergänzen ■ Grobe Business-Prozessabläufe erstellen und daraus die wesentlichen User Stories für das System erstellen ■ Grobe User Constraints ermitteln (siehe Abschnitt 4.3.3) ■ Prozess- und Qualitätsaspekte definieren ■ (Definition of Ready, Definition of Done auf verschiedenen Ebenen, Prozessvorgaben, Review-Checklisten, Metriken etc.)

→

Thema	Fokus und Aufgaben
Architektur	▪ Kontextdiagramm ergänzen und verfeinern ▪ Übergeordnete Systemarchitektur erstellen ▪ Spikes für kritische, noch unklare Architekturbereiche für die ersten Iterationen einplanen
Qualitäts-sicherung	▪ Abnahmekriterien mit dem Kunden diskutieren und festlegen
Backlog	▪ Alle Anforderungen in einem System-Backlog sammeln und priorisieren ▪ Team-Backlogs für die erste Iteration erstellen (durch die Teams)
Team	▪ Stakeholder-Liste fertigstellen ▪ Namen von potenziell verfügbaren Personen zu den Rollen und Gruppen dazuschreiben ▪ Ausbildungsbedarf der Beteiligten ermitteln ▪ Einarbeitungen und Ausbildungen planen ▪ Notwendige Organisationsstrukturen außerhalb der agilen Teams planen bzw. einbeziehen (z.B. Produktmanagement, Projektboard, Change-Control, Systemtest, Auslieferung, Support und Betrieb etc.) ▪ Freigabe- und Eskalationswege planen ▪ Team-Zustimmung zu Backlog für Iteration 1 einholen
Ressourcen	▪ Ressourcenbedarf und benötigte Umgebungen klären und planen ▪ Räumlichkeiten für das Projekt reservieren oder beschaffen und vorbereiten ▪ Benötigte Geräte, Tools, Arbeitsmittel und Basissoftware beschaffen und vorbereiten
Zeit	▪ Zeitschätzung verfeinern ▪ Iterationsdauer festlegen ▪ Grobe Übersicht über geplante Releases erstellen
Projektrisiken	▪ Projektrisiken verfeinern und ergänzen ▪ Maßnahmen zur Risikominimierung planen
Budget bzw. Budgetgrenzen	▪ Aufwand grob abschätzen ▪ Budgetgrenzen überprüfen, Budget anpassen

Tab. 6–4   *Fokus und Aufgaben in der Systemplanung*

Aufwand und Umfang

Für diesen Planungsschritt sollte je nach Umfeld- und Projektkomplexität ein Aufwand von ca. 5–20 Tagen vorgesehen werden. Ein Abgleiten in die Details sollte in dieser Planungsphase vermieden werden. Eine Aufteilung dieses Planungsaufwands vorab auf die oben angegebenen Themen und Aufgaben hilft dabei.

Ergebnis des Planungsprozesses auf Systemebene

▦ Ergänztes System-Backlog
▦ Grobes Business-Prozess-Design
▦ Systemkontextdiagramm
▦ Grobe Systemarchitektur
▦ Übersicht über übergeordnete User Constraints
▦ Checklisten für Prozess- und Qualitätsaspekte erstellt:

  ● Definition of Ready
  ● Definition of Done
  ● Vorlage bzw. Checkliste für Sprint-Retrospektive
  ● Requirements-Review-Checkliste
  ● Architekturreview-Checkliste
  ● Codereview-Checkliste
  ● Testreview-Checkliste
  ● Metriken für wichtige Prozess- und Qualitätskennzahlen

▦ Priorisiertes Gesamt-System-Backlog
▦ Grobe Abnahmekriterien des Kunden für das System-Backlog
▦ Abgestimmtes Team-Backlog für Iteration 1
▦ Definierte Abnahmekriterien für das Team-Backlog für Iteration 1
▦ Grober Releaseplan für das Gesamtsystem
▦ Iterationsplan für das erste Release inkl. geplanter Spikes
▦ Vollständige Stakeholder-Liste
▦ Namen der konkret beteiligten Personen
▦ Einarbeitungs- und Ausbildungsplan
▦ Organisationsdiagramm und Beschreibung inkl. übergreifender betroffener Organisationseinheiten außerhalb der agilen Teams
▦ Definierter Freigabeprozess
▦ Eskalationsplan
▦ Umfassende Ressourcenliste
▦ Planung der zu beschaffenden Ressourcen
▦ Bewertete Risikoliste (Risiko-Backlog)
▦ Maßnahmenliste zur Risikominimierung (ggf. über Backlog-Einträge einplanen)
▦ Budgetrahmen fixiert

> Diese Planungsaktivität sollte vor der ersten Iteration stattfinden und klärt die wesentlichen Aspekte, um eine strukturierte und effiziente Projektabwicklung zu starten.

Wenn sich in diesem Planungsschritt gegenüber dem Produktentwicklungs- oder Projektantrag noch wesentliche Abweichungen ergeben, sollte dies nochmals mit den Entscheidungsträgern diskutiert und von diesen genehmigt werden, bevor die erste Iteration startet. Am Ende dieser Planungsphase ist auch der richtige Zeitpunkt, um für die Sichtbarkeit des Vorhabens beim Kunden und den Beteiligten zu sorgen. Hier starten die Projektmarketing-Aktivitäten nach dem Motto: »Tue Gutes und rede darüber!«

6.2.3 Releaseplanung

Am Ende einer jeden Iteration sollte das Produkt auslieferbar sein. Wann nun tatsächlich Auslieferungen an den Kunden stattfinden werden bzw. auslieferbare Produkte für den Kunden zur Verfügung gestellt werden, wird in der Releaseplanung festgelegt. Ziel der Releaseplanung ist also langfristig festzulegen, wann auslieferbare Versionen des Produktes zur Verfügung stehen müssen und welche Funktionen in jedem dieser Releases enthalten sein werden. Der Planungshorizont ist dabei mindestens ein Jahr. Es wird sehr stark aus Sicht des Marktes geplant, die Planelemente sind Epics oder Features.

Die Releaseplanung ermöglicht es den Anwendern, beim Kunden ihrerseits zu planen, ab wann sie in ihren Prozessen mit welchen Funktionen des Systems arbeiten können. Die Entwicklungsteams können basierend auf der Releaseplanung die Umsetzung vorbereiten. Für Marketing und Vertrieb wiederum ist sie ein wichtiges Instrument in der Akquise.

Eine erste Releaseplanung wird in der Iteration 0, direkt nach oder gemeinsam mit der Systemplanung durchgeführt und setzt auf die dort erzeugten Ergebnisse auf. Im Laufe des Entwicklungsprojekts wird der Releaseplan dann ständig an neue Entwicklungen, geänderte Anforderungen und Prioritäten angepasst.

Die Releaseplanung ist Aufgabe des Produktmanagements in Abstimmung mit dem Marketing und dem Product Owner.

Mindestvoraussetzung für die Releaseplanung

- Priorisiertes Gesamt-System-Backlog (Epics und Features)
  - Grobschätzung des Aufwands
  - Risikoabschätzung und Analyse der Abhängigkeiten
- Roadmap, wann die Erstellung des geplanten Systems in Abstimmung mit sonstigen geplanten Systementwicklungen stattfinden soll.

Planungsfokus und Aufgaben in diesem Planungsschritt

Basierend auf der vorangegangenen Systemplanung werden in der Releaseplanung folgende Aspekte berücksichtigt (siehe Tab. 6–5):

Thema	Fokus und Aufgaben
Releasetermine	▪ Grundsätzliches Release-Intervall festlegen (z.B. »Ein Release alle sechs Monate«). ▪ Basierend auf dem Release-Intervall die Releasetermine zumindest für ein Jahr berechnen. ▪ Mit dem Kunden vereinbaren, bis wann Änderungen und neue Anforderungen gemeldet werden müssen, damit sie noch im Release umgesetzt werden (»Requirements-Freeze-Date«).
Release-Inhalte	▪ Backlog-Elemente/Bereiche den einzelnen Releases zuordnen (die Kunden oder auch das Marketing wollen »ungefähr« wissen, was sie wann bekommen, um schon werben zu können).
Qualitätssicherung und Freigabe	▪ Testphase für Release einplanen. Meist wird unmittelbar vor einem Release eine mehrwöchige Testphase durchgeführt, in der keine neuen Anforderungen mehr umgesetzt werden und das System getestet und stabilisiert wird. ▪ Testkonzept und Testpläne für Releasetests ausarbeiten ▪ Abnahme- und Freigabeprozess definieren
Ressourcen	▪ Ressourcenbedarf je Team je Release klären und planen ▪ Evtl. Updateprojekte für Kunden einplanen
Deployment	▪ Vorgehensweise für das Deployment definieren
Marketing	▪ Kommunikationsplan für Release erarbeiten, d.h. planen, wann das Release über welche Kanäle an wen kommuniziert wird.

Tab. 6–5   *Fokus und Aufgaben in der Releaseplanung*

Die Releaseplanung erfordert eine intensive Abstimmung zwischen Produktmanagement und Marketing auf der einen Seite (»Was soll wann geliefert werden?«) und Product Owner und Entwicklungsteams auf der anderen Seite (»Wie viel Aufwand ist es und wie lange dauert es?«). Produktmanagement und Marketing werden hierbei stets viele Features so bald wie möglich haben wollen, die Product Owner und die Entwicklungsteams liefern andererseits Aufwandsangaben und können abschätzen, bis wann welche Features umsetzbar sind. Die Releaseplanung selbst ist daher ein stark iterativer und sehr kommunikationsintensiver Prozess.

Passiert diese Abstimmung nicht, weil z.B. das Produktmanagement die Aufwände selbst grob abschätzt, die Releases alleine plant und dann einfach die Ergebnisse ihrer Planung zur Entwicklungsmannschaft »über den Zaun wirft«, so führt dies zum einen zu einer geringen Identifikation der Entwicklungsteams mit dem Releaseplan. Zum anderen, und das ist wesentlich problematischer, werden sich die Schätzungen oft als falsch herausstellen und die Releasetermine können dann nicht gehalten werden.

Aufwand und Umfang

Für diesen Planungsschritt sollte je nach Umfeld- und Projektkomplexität ein Aufwand von ca. 5–10 Tagen vorgesehen werden.

Ergebnis des Planungsprozesses auf dieser Ebene

- Releaseplan mit Terminen und Inhalten der Releases
- Qualitätssicherungsplan für jedes Release
- Dokumentierter Abnahme- und Freigabeprozess
- Ressourcenplan je Team je Release
- Marketing- und Kommunikationsplan
- Deploymentplan

Die Releaseplanung sollte regelmäßig überarbeitet werden. Bei Verzögerungen von Releaseterminen oder -Inhalten muss berücksichtigt werden, dass dies zu einem hohen Vertrauensverlust der Kunden führen kann. Es ist in der Regel besser, weniger zu versprechen und das dann auch einhalten zu können, als umfangreiche Funktionen zuzusagen und dann die Kunden zu enttäuschen!

6.2.4   Sprint-Planung

Ziel der Sprint-Planung ist es, die Arbeit für den anstehenden Sprint zu planen. Dies wird durch das agile Team gemacht. Das Team entscheidet alleine und selbst, wie viele Stories bzw. Backlog Items im Sprint erledigt werden können. Die Stories werden dabei entsprechend ihrer Priorisierung ausgewählt (siehe Abschnitt 5.6) und bilden das Sprint Backlog. Wie viele Stories umgesetzt werden können, hängt ab von der Größe der Stories und der »Velocity« des Teams, also der Anzahl der umsetzbaren Story Points pro Sprint (siehe Abschnitt 5.5.5).

Die Sprint-Planung erfolgt immer am ersten Tag eines Sprints und wird in einem gemeinsamen Meeting durchgeführt. Die erste Hälfte dient der Definition des Sprint-Ziels und der Entscheidung, welche Stories umgesetzt werden. Dazu stellt der Product Owner die anstehenden Stories vor, die er umgesetzt haben möchte. Danach werden noch offene Fragen geklärt, sodass das Team ein gemeinsames Verständnis dafür hat, was gefordert ist. Wenn noch nicht geschehen, werden die Stories jetzt geschätzt. Sind alle Stories verstanden und geschätzt, so entscheidet das Team, wie viele Stories umgesetzt werden können. »Umgesetzt« bedeutet dabei, dass jede Story gemäß Akzeptanzkriterien und Definition of Done tatsächlich »fertig« ist (siehe Abschnitt 3.2). Das Team formuliert gemeinsam das Sprint-Ziel und »committed« sich auch zur Erreichung dieses Ziels, das heißt, es verspricht dem Product Owner, alles zu tun, um die Umsetzung des Ziels sicherzustellen.

Im zweiten Teil des Sprint-Planungs-Meetings wird zumindest für die ersten Tage des Sprints geplant, wie die ausgewählten Stories umgesetzt werden. Die Stories werden dazu meist in Tasks (Aufgaben) heruntergebrochen.

Mindestvoraussetzung für die Sprint-Planung

▨ Priorisierter Gesamt-System-Backlog (Epics, Features, Stories) liegt vor:
  - Grobschätzung des Aufwands
  - Risikoabschätzung und Analyse der Abhängigkeiten
▨ Backlog Items für den nächsten Sprint sind bereit gemäß DoR:
  - Die Items (Stories), die für den nächsten Sprint infrage kommen, sind bereits ausreichend detailliert beschrieben
  - Items sind geschätzt
  - Items erfüllen die Definition of Ready (siehe Abschnitt 3.3)
▨ Velocity des Teams ist bekannt

Planungsfokus und Aufgaben in diesem Planungsschritt:

Basierend auf der Releaseplanung werden in der Sprint-Planung folgende Aspekte berücksichtigt (siehe Tab. 6–6):

Thema	Fokus undAufgaben
Sprint-Inhalte	▨ Stories festlegen, die im kommenden Sprint umgesetzt werden ▨ Tasks für die konkreten Aufgaben zumindest für die ersten paar Tage ableiten
Qualitätssicherung und Freigabe	▨ Testkonzept und Testpläne für Sprint-Tests ausarbeiten ▨ Abnahmeplan für die im Sprint umzusetzenden Backlog Items erstellen
Team	▨ Personelle Zusammensetzung des Teams für den kommenden Sprint festlegen ▨ Verfügbarkeit des Product Owner und der benötigten Stakeholder im kommenden Sprint klären und vereinbaren
Rahmen-bedingungen	▨ Rahmenbedingungen für die Arbeit des Teams prüfen und festlegen

Tab. 6–6   *Fokus und Aufgaben in der Sprint-Planung*

Die wichtigsten Prinzipien für die Sprint-Planung sind einerseits, dass das Team alleine entscheidet, was im Sprint umgesetzt werden kann, und andererseits das Committment des Teams, alles zu tun, um die geplanten Stories auch tatsächlich fertigzustellen.

Aufwand und Umfang

Für diesen Planungsschritt ist für einen einmonatigen Sprint ein Meeting von acht Stunden vorgesehen [Schwaber & Sutherland 2013].

Ergebnis des Planungsprozesses auf dieser Ebene

- Sprint Backlog mit Stories
- Aufgabenplanung für diesen Sprint (Tasks)
- Qualitätssicherungsplan für den Sprint

Wenn sich im Laufe des Sprints die Voraussetzungen ändern, z.B. wenn kritische Hotfixes, die den Betrieb des Kunden gefährden, eingesetzt werden müssen, wird das Sprint Backlog in Abstimmung mit dem Product Owner entsprechend angepasst. Das Ziel sollte allerdings sein, dass das Team im Rahmen des Sprints ungestört arbeiten kann und Änderungen an den Anforderungen oder zusätzliche Anforderungen, die nicht kritisch sind, im nächsten Sprint umgesetzt werden sollten. Es ist Aufgabe des Agile Master, das Team während des Sprints vor Einflüssen von außen zu schützen.

Dies ist ein wichtiger Punkt. In vielen Projekten werden oft Änderungen auch in laufende Entwicklungen hineingepresst und dadurch die Effizienz des Teams verringert. Durch die kurzen Sprint-Zyklen mit meist zwei bis vier Wochen können viele unkritische Änderungen auch noch ohne große Schwierigkeiten in folgenden Iterationen umgesetzt werden.

6.2.5   Daily Meeting

Das Daily Meeting dient der Planung der Arbeit des Teams für den aktuellen Tag [Schwaber & Sutherland 2013]. Das Team trifft sich dabei zu einem kurzen Meeting mit maximal 15 Minuten Dauer. Reihum beantwortet jeder im Team folgende drei Fragen:

- Was habe ich seit dem letzten Daily Meeting fertiggestellt?
- Was werde ich heute fertigstellen?
- Was hindert mich daran?

Das Daily Meeting ist also kein Statusmeeting, in dem besprochen wird, was insgesamt alles erledigt ist und was noch bis zum Sprint-Ende vor dem Team liegt. Es ist auch kein Meeting, in dem das Team dem Agile Master oder dem Product Owner berichtet. Das Daily Meeting gehört dem Team und dient allein der Synchronisation im Team und der Planung der Arbeit. Der Agile Master ist dabei anwesend und notiert alle im Meeting genannten Hindernisse in einer eigenen Liste (»Impediments Backlog«). Er setzt alles daran, diese Hindernisse möglichst schnell zu beseitigen. In vielen agilen Teams wird im Daily Meeting auch das Taskboard aktualisiert.

6.3   Backlog

Definition	Das **Backlog** (deutsch: »Rückstau«, »Rückstand«, »Überhang«) ist eine Liste von Anforderungen und Aufgaben, die alles beinhaltet, was für die Entwicklung notwendig ist [Röpstorff & Wiechmann 2012]. Die Elemente im Backlog werden als Backlog Items bezeichnet.
	Es gibt ein Backlog auf Ebene des Produktes (Product Backlog), produktübergreifende Backlogs (Portfolio Backlogs) und Sprint Backlogs, die alle in einem Sprint geplanten Anforderungen und Aufgaben beinhalten.
	Die Elemente in einem Backlog sind immer priorisiert und nach Wichtigkeit sortiert.
	Das Backlog ist in die Zukunft gerichtet. Umgesetzte Elemente werden aus dem Backlog entfernt.
Anwendung	Backlogs sind in agilen Projekten das zentrale Mittel zur Verwaltung von Anforderungen.
	Alle Anforderungen zu einem Produkt kommen ins Product Backlog.
	In der Sprint-Planung werden dann Elemente aus dem Product Backlog ins Sprint Backlog übernommen.
	Je näher die Umsetzung eines Backlog Item rückt, desto genauer muss es beschrieben sein.
	Die Elemente im Product Backlog können jederzeit geändert, herausgenommen oder neue hinzugefügt werden. Das Product Backlog stellt somit immer den aktuellen Stand der noch nicht umgesetzten Anforderungen des Kunden dar. Ändern sich die Anforderungen, so wird dies sofort in das Backlog übertragen. Dies ist eine der zentralen Aufgaben des Product Owner.
Zuständig	▦ Produktmanager (Portfolio-Backlog, Product Backlog) ▦ Product Owner (Product Backlog) ▦ Agiles Team (Sprint Backlog)
Eigenschaften	▦ Dynamisch und ständig an die aktuellen (offenen) Anforderungen angepasst ▦ Unterschiedliche Ebenen von Backlogs (Portfolio-, Product und Sprint Backlogs) ▦ Unterschiedliche Inhalte (Backlog Items): User Stories, Epics, Tasks ▦ Jederzeit priorisiert und gereiht ▦ Je näher die Umsetzung rückt, desto genauer sind die Backlog Items spezifiziert. ▦ Alle Backlog Items müssen eindeutig identifizierbar sein (Name und/oder ID).
Zeitpunkt	▦ Initiale Befüllung vor der ersten Iteration ▦ Neubewertung, Anpassung und Umsortierung vor jeder Iteration ▦ Laufende Pflege während der Umsetzungs-Sprints

In der Literatur werden zwei Ansätze diskutiert, was in ein Product Backlog aufgenommen werden darf:

a) *Nur User Stories:*
    Der erste Ansatz vertritt streng die Linie, dass lediglich User Stories ins Backlog aufgenommen werden dürfen. Alles, was im Backlog enthalten ist, muss Nutzen für den Anwender schaffen. »Technische« Anforderungen, wie etwa

Refactoring, Anlegen von Testsystemen etc., dürfen nicht direkt ins Backlog eingetragen werden. Für solche Tätigkeiten muss ebenfalls eine User Story gefunden werden, die die Tätigkeit mit dem Nutzen für den Kunden rechtfertigt. Kann keine solche Story gefunden werden, so wird die Aufgabe entweder nicht ins Backlog aufgenommen oder im Idealfall gar nicht gemacht.

b) *Alle Elemente, die notwendig sind:*
   Nach diesem Ansatz können neben User Stories, die Kundenwert schaffen, auch »technische« Stories und Aufgaben ins Backlog aufgenommen werden ebenso wie Epics, Features, Use Cases usw. Eher pragmatisch wird hier das Backlog als Liste aller Anforderungen und Tätigkeiten gesehen, die notwendig sind, um ein für den Anwender notwendiges Produkt zu erstellen.

Die Autoren vertreten die Ansicht, dass es zwar wünschenswert ist, wenn nur User Stories, die Wert schaffen, im Backlog enthalten sind. In der Praxis ist dies aber oft nicht durchhaltbar, da sich im Laufe des Projekts immer wieder Themen ergeben, die umgesetzt werden müssen, aber keinen unmittelbaren Wert für den Anwender schaffen. Beispiele sind größere Architektur-Refactorings oder Umstellungen in den verwendeten Technologien. Damit auch solche teils sehr aufwendigen Themen nicht verloren gehen und sauber geplant und verfolgt werden können, empfiehlt es sich, diese trotzdem ins Backlog aufzunehmen.

Je näher die Umsetzung eines Backlog Item rückt, desto genauer wird es definiert (siehe Abb. 6–3).

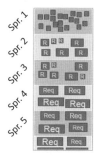

Abb. 6–3   *Detailliertheit von Backlog Items*

Im Zuge der Detaillierung von Backlog Items werden verschiedenste Informationen hinzugefügt, die über die reine User Story und Akzeptanzkriterien hinausgehen, wie z.B.:

- UI-Skizzen
- Schnittstellenbeschreibungen (Felder, Datentypen, ...)
- Beispieldaten
- Geschäftsregeln
- Testfälle

Diese Zusatzinformationen können je nach verwendetem Werkzeug zum Teil direkt beim Backlog Item angefügt werden. Ist dies nicht möglich, so werden die Zusatzinformationen und -dateien am besten in einem eigenen Ordner je Backlog Item abgelegt. Wichtig ist hierfür, dass alle Backlog Items einen eindeutigen Namen, besser noch eine ID, z.B. eine eindeutige Nummer haben, über die die Beziehung zwischen Backlog Item und Zusatzinformation hergestellt werden kann.

Die laufende Pflege des Product Backlog wird auch als Verfeinerung[1] bezeichnet. Darunter versteht man die laufende Anpassung des Product Backlog an sich ändernde Anforderungen des Kunden und des Marktes. Diese ständige Pflege des Backlog ist eine der Kernaufgaben des Product Owner. Werden Backlog Items geändert oder neu hinzugefügt, müssen sie natürlich neu priorisiert und geschätzt werden. Für diese Analyse holt sich der Product Owner die Unterstützung des Teams (siehe auch Kap. 5). Somit beschäftigt sich das Team laufend einen Teil seiner Zeit (ca. 10 %) mit der Analyse neuer und geänderter Backlog Items [Schwaber & Sutherland 2013].

Im Gegensatz zum Product Backlog, das dem Product Owner gehört und sich ständig ändert, um die Änderungen in den Anforderungen zu berücksichtigen, gehört das Sprint Backlog dem agilen Team und sollte während des Sprints fixiert sein. Sobald sich das Team in der Sprint-Planung auf ein Set von Anforderungen für den Sprint festgelegt hat, sollten während des Sprints keine neuen Aufgaben mehr dazukommen. Sinn dieser Maßnahme ist es, für das Team eine Zeit zu schaffen, in der es in Ruhe effizient arbeiten kann und nicht ständig der Arbeitsfluss durch Änderungen gestört wird. Ausnahme sind dringende Hotfixes, wenn der Betrieb des Kunden gefährdet ist. Es ist Aufgabe des Agile Master das Team vor Änderungen am Sprint Backlog zu schützen.

Das Product Backlog beinhaltet eigentlich nur die noch nicht umgesetzten Anforderungen. Sobald ein Element fertig umgesetzt ist, wird es aus dem Backlog entfernt. Oft benötigt man in späteren Sprints jedoch noch Informationen zu den bereits umgesetzten Anforderungen, sodass es durchaus sinnvoll ist, die Backlog-Einträge auch zu archivieren.

> Die umgesetzten Backlog-Einträge sollten nicht weggeworfen, sondern systematisch archiviert werden, um die spätere Nachvollziehbarkeit zu erleichtern.

Alle guten Requirements-Management-Werkzeuge haben entsprechende Archivierungsfunktionen eingebaut.

---

1. Es wurde lange auch der englische Begriff »Grooming« verwendet, von dem man mittlerweile jedoch abkommt.

6.4   Story Maps

Definition	Eine Story Map zeigt User Stories in einer grafischen Übersicht. Horizontal werden die aufeinanderfolgenden Aktivitäten des Anwenders jeweils mit einer User Story dargestellt. Vertikal wird von oben nach unten detailliert: z.B. angefangen bei den Kundenzielen über Epics bis hin zu den User Stories. Durch eine Story Map wird ein Überblick über alle User Stories hergestellt [Wikipedia].
Anwendung	Story Maps sind Übersichten über Anforderungen und dienen zur hierarchischen und zeitlichen Strukturierung von Anforderungen. Aus Requirements-Sicht werden Inhaltsstruktur und Planung gleichzeitig dargestellt.
Zuständig	▪ Produktmanager ▪ Product Owner ▪ Fachbereichsmitarbeiter ▪ Key User ▪ »Das Team« inkl. Tester ▪ Evtl. Systemarchitekt
Eigenschaften	▪ Gruppierungsmethode für inhaltliche und zeitliche Sicht auf die Requirements ▪ Deckt mehrere Spezifikationsebenen ab, typischerweise unterhalb der Vision bzw. Ziele ▪ Gliederung aus inhaltlicher Sicht (Requirements Engineering) und zeitlicher Sicht (Release- und Iterationsplanung, Task Management etc.)
Zeitpunkt	Laufend vor der Umsetzungsiteration Verfeinerung in jeder Umsetzungsiteration vor dem Start der Programmierung (z.B. in der Sprint-Planung)
Hinweise	Die Story Maps in der derzeit beschriebenen Form eignen sich nur bedingt für größere Projekte, da die inhaltliche und die planerische Sicht vermischt wird und dies bei vielen Requirements und vielen Iterationen unübersichtlich wird.

Story Maps wurden durch Jeff Patton schon 2005 präsentiert, sind jedoch ein Thema, das bislang in der einschlägigen Literatur zu User Stories ([Cohn 2010], [Leffingwell 2011], [Wirdemann 2011]) noch gar nicht erwähnt wird.

Hintergrund der Entstehung der Story Maps sind die Strukturierungsschwächen der bisher typischerweise verwendeten Requirements-Darstellungstechniken (Backlogs, Story Cards). Es hat sich in den Projekten gezeigt, dass bei ausschließlicher Verwendung dieser Techniken ab einer größeren Menge an Stories der Überblick verloren geht. Außerdem wird durch die Story-Sortierung im Backlog oft nicht Rücksicht genommen auf die Zusammenhänge der Stories im Arbeitsablauf des Benutzers.

6.4.1   Listenbasierte Requirements-Verwaltung

Mit einer listenbasierten Verwaltungssoftware lassen sich durch Gruppierungs-, Sortier- und Suchfunktionen eventuell etwas mehr Requirements überblicken, jedoch kommt bei einer listenorientierten Verwaltung ab einer gewissen Anzahl unweigerlich der Zeitpunkt, an dem man den Überblick über die Gesamtmenge der Requirements verliert und ab dem die Stakeholder (Kunde, Entwickler, Tester) nicht mehr über die größeren Zusammenhänge diskutieren, sondern sich auf sehr granularer Ebene über einzelne Stories unterhalten, die dann jedoch völlig aus dem Zusammenhang gerissen werden.

> In listenbasierten Verwaltungssystemen sehen die Stakeholder bei vielen Stories »den Wald vor lauter Bäumen« nicht mehr!

Das Problem ist, dass man es nicht unbedingt merkt, wenn man den Überblick verliert. Am Anfang, wenn man top-down-orientiert mit der Spezifikation beginnt, hat noch jeder Beteiligte den Überblick über das System. Dann kommen schrittweise immer detailliertere Requirements dazu. Wenn man sich nun nur mehr in den Details bewegt, gehen die Zusammenhänge schleichend, aber leider unweigerlich verloren.

Darum ist es wichtig, ständig einen Überblick zu haben, wie die Anforderungen zusammenhängen und wo in der ganzen Requirements-Hierarchie eine Detailänderung oder Ergänzung vorgenommen wird.

6.4.2   Story-Card-basierte Requirements-Verwaltung

Inhaltliche Gliederung

In einer Story Map werden die Anforderungen so aufgereiht, wie sie der Anwender in der zeitlichen Reihenfolge im fachlichen Prozess verwenden wird. Unterhalb dieser fachlichen Tätigkeiten, typischerweise Epics, werden die zu jedem Prozessschritt zugehörenden Stories angeordnet (siehe Abb. 6–4). Durch diese inhaltliche Gliederung entlang des Fachprozesses sieht man auf einen Blick, welche fachlichen Prozessschritte durch welche Stories im System unterstützt werden.

Abb. 6–4   *Einfache Story Map*

Ergänzung um Planungssicht

Eine Erweiterung der reinen Inhaltssicht ist, dass die Stories in einer Story Map auch nach Umsetzungszeitpunkt (z. B. geplantes Release) zusammengefasst werden. Hierfür wird zum Beispiel je Release eine horizontale Bahn (Swimlane) eingefügt, in die dann die Backlog Items, die in diesem Release fertiggestellt werden sollen, eingeordnet werden (siehe Abb. 6–5).

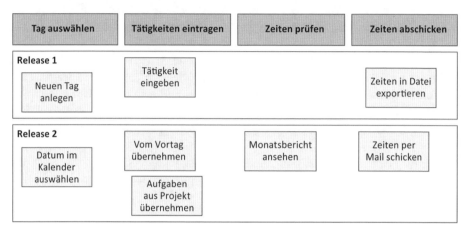

Abb. 6–5   *Story Map mit Swimlanes*

Requirements-Handling in Story Maps

Im Product Backlog werden Stories entfernt, wenn sie in das Sprint Backlog übernommen wurden. Auch bei der Story Map ist das eine Möglichkeit. Wenn alle Stories in einer Release-Lane abgearbeitet sind und diese leer ist, ist damit klar, dass man »releasen« kann. Der Nachteil dabei ist, dass durch das Entfernen der Story-Karten der Überblick verloren geht, der durch die Story Map geschaffen werden sollte.

Eine alternative Möglichkeit des Requirements-Handlings ist daher, dass die Stories, die in das Sprint Backlog übernommen wurden, nicht aus der Story Map entfernt, sondern in das Sprint Backlog dupliziert und in der Story Map entsprechend markiert werden. Fertiggestellte Stories werden ebenfalls als erledigt markiert.

Durch die Vermischung von inhaltlicher und planender Sichtweise sind Story Maps nur sehr eingeschränkt in größeren Projekten als Requirements-Management-Technik verwendbar. Bei mehreren Hundert Backlog Items ist die Erstellung und vor allem die laufende Pflege einer Story Map sehr schwierig. Story Maps sind brauchbar als Planungshilfe, um daraus das Backlog abzuleiten und ein geordnetes Backlog zu bekommen. Bei papierbasiertem Vorgehen sind sie ein Kompromiss, der besser geeignet ist, den Überblick zu behalten, als herkömmliche Story Card Backlogs.

Story Maps sind als Planungshilfe geeignet und stellen keine nachhaltige
Requirements-Management-Technik dar. Für größere und kritischere
Projekte sollten professionelle Requirements-Verwaltungs-Tools
verwendet und die rein papierbasierte Verwaltung vermieden werden.

6.5 Taskboard

Definition	Das Taskboard ist die **To-do-Liste des Teams**, mit der das Team die Arbeit des anstehenden Sprints visualisiert und koordiniert [Wirdemann 2011].
Anwendung	Das Taskboard dient zur zentralen Verwaltung aller Aufgaben im Sprint und dem Verfolgen des Fortschritts der Bearbeitung.
	Die Aufgaben eines Teams werden zusammen mit den jeweiligen User Stories, von denen die Tasks abgeleitet wurden, an eine Pinnwand oder ein Whiteboard gehängt. Es gibt auch verschiedene Softwaresysteme, die Taskboards elektronisch abbilden.
	Darauf lässt sich dann erkennen, welche Aufgaben zu bearbeiten sind und in welchem Status sich diese gerade befinden.
Zuständig	▨ Product Owner (Stories) ▨ Agiles Team (Tasks)
Eigenschaften	▨ Zeigt den aktuellen Fortschritt im Sprint an ▨ Eine Spalte für die Stories und Spalten für die Status der Tasks im Arbeitsablauf
Zeitpunkt	Initiale Befüllung in der Sprint-Planung Tägliche Aktualisierung z. B. im Daily Standup

Das Taskboard wird für jeden Sprint mit Stories und Tasks neu befüllt. Quelle dafür ist das Product Backlog, von dem die Stories entnommen und auf dem Taskboard angeordnet werden (siehe Abb. 6–6). Die von den Stories abgeleiteten Tasks (siehe Abschnitt 4.6.6) werden zuerst in die Spalte »Nicht begonnen« eingefügt. Je nach Fortschritt wandern die Tasks über das Board bis in die Spalte »Fertig«.

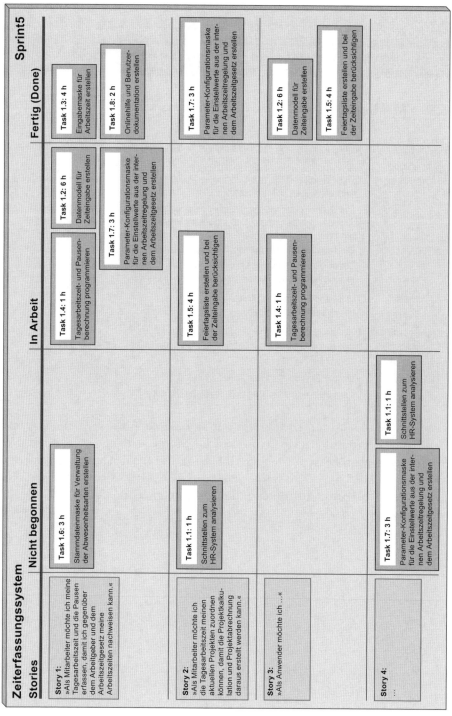

Abb. 6–6 *Einfaches Taskboard*

Die Stories und Tasks auf dem Taskboard können auch durch farbige Punkte, Sticker oder Ähnliches gekennzeichnet werden, um dadurch zusätzlich zum Bearbeitungsstatus noch weitere Infos zu visualisieren:

- **Nummern-Sticker,** um Themen und die dazugehörigen Stories und Tasks zu kennzeichnen

- **Farbcodes,** um gestoppte oder verzögerte Tasks zu kennzeichnen, z.B. roter Punkt für gestoppte und gelber Punkt für verzögerte Tasks.

- **Kürzel des Bearbeiters:**
  Auch wenn Stories dem gesamten Team gehören, so wird eine Aufgabe zu einem Zeitpunkt immer von genau einem Teammitglied bzw. bei Pair Programming von zwei Teammitgliedern bearbeitet. Viele Teams schreiben daher auch das Kürzel des aktuellen Bearbeiters auf die Task-Karte.

- usw.

Ebenso kann das Taskboard um Elemente wie beispielsweise eine Express-Zeile (auch »Express-Lane« oder »Fast-Lane« genannt) erweitert werden, die z.B. oben am Taskboard angebracht wird (siehe Abb. 6–7). In diese Zeile werden Stories eingefügt, die in der Sprint-Planung nicht vorgesehen waren, jedoch während des Sprints dann noch mit hoher Priorität umzusetzen sind, wie z.B. bestimmte Supportanfragen oder Probleme im operativen Betrieb.

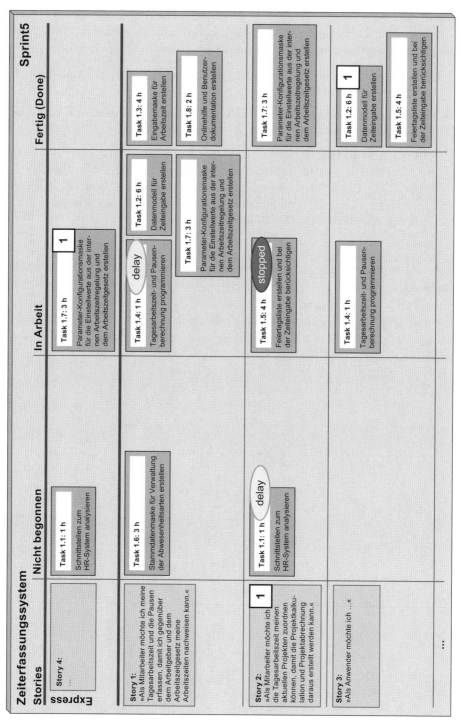

Abb. 6–7   *Erweitertes Taskboard*

Das Taskboard in seiner physischen Form hat durchaus Charme und ist in gewissen Situationen auch wirklich effektiv. Es hat jedoch auch einige Nachteile und kann nicht überall sinnvoll eingesetzt werden (siehe Tab. 6–7).

Taskboards	Vorteile	Nachteile
Physische Pinnwand	▪ Einfach zu erstellen ▪ Einfach zu handhaben ▪ Anfassbar ▪ Jederzeit sichtbar ▪ Praktisch kostenlos	▪ Braucht Platz ▪ Nur an einem Ort sichtbar ▪ Karten gehen verloren ▪ Übersicht bei Tasks ist evtl. eingeschränkt
Software-lösung	▪ Überall zugreifbar ▪ Andere Sichten möglich ▪ Keine Karten gehen verloren ▪ Änderungen sind verfolgbar ▪ Archivieren und Versionieren ist möglich	▪ Komplizierter ▪ Evtl. Lizenzkosten ▪ Die Haptik (»das Anfassen«) geht verloren

Tab. 6–7 *Taskboard-Vergleich: physische Pinnwand – Softwarelösung*

Viele Teams starten mit einem physischen Board und wickeln so ein erstes kleines Pilotprojekt ab. Dies kann ein guter und flexibler Startpunkt sein. Wenn sich die Prozesse eingeschwungen haben und agile Methoden in größerem Umfang und für große Projekte eingesetzt werden oder auch Stakeholder an anderen Orten eingebunden werden sollen, so ist der Einsatz eines elektronischen Taskboards zu empfehlen.

7 Rechtliche Themen[1]

Im Agilen Manifest wird betont, dass »Funktionierende Software höher gewertet wird als umfassende Dokumentation«. In jeder agilen Methodenbeschreibung steht, dass es besser ist, mehr zu kommunizieren, als alles im Detail niederzuschreiben. Dies ist ja einer der Grundgedanken der agilen Vorgehensweise und kann in einem guten und partnerschaftlich verlaufenden Projekt auch voll unterstützt werden.

In der Praxis gibt es jedoch viele Projektsituationen, bei denen verschiedene rechtliche Aspekte und Haftungsfragen betrachtet werden müssen, an die die Entwickler oder auch Kunden oft nicht denken. Erst im Schadensfall kommen dann die Probleme zutage, die durch schlechtes Requirements Engineering verursacht wurden. Dann ist es jedoch zu spät!

> Solange alles gut und in den erwarteten Bahnen verläuft, wird kaum einer darauf drängen, dass alles aufgeschrieben werden muss, um sich abzusichern. Wenn dann aber die Sache schiefläuft, dann kommt meist die Aussage: »Hätten wir das doch vorher schriftlich festgehalten und detaillierter vereinbart!«.

Bei den Juristen gibt es folgendes Sprichwort: »Wer schreibt, der bleibt und wer red't, der geht!« Dies kommt daher, dass in einem Streitfall – im schlimmsten Fall vor Gericht – alles Niedergeschriebene eine um vieles höhere **Beweiskraft** hat als eine mündliche Aussage.

Das ist scheinbar ein konträrer Standpunkt zum Agilen Manifest, das primär die direkte persönliche Kommunikation in den Vordergrund rückt. Wir haben die beiden Extreme von »viel reden und wenig schreiben« bis hin zu »möglichst alles aufschreiben, um abgesichert zu sein«. Funktionierende Software ist ein sehr hoher Wert in allen agilen Methoden, allerdings sind auch Dokumentation und Verträge wertvoll, wenn die Situation es erfordert! In der Praxis wird dies leider

---

1. Dieses Kapitel ersetzt keine rechtliche Beratung, sondern stellt die Erfahrungen des Autors als Unternehmensberater und als Gutachter in Gerichtsverfahren dar. Bei juristischen Fragen ist ein Rechtsanwalt zu konsultieren. Vom Autor wird keine Haftung übernommen.

oft nicht ausreichend berücksichtigt und das Agile Manifest sehr einseitig ausgelegt und als Vorwand genommen, um auch in solchen kritischen Projekten auf schriftliche Spezifikationen und den damit verbundenen Aufwand zu verzichten!

In diesem Kapitel werden einige wichtige rechtliche Aspekte genauer betrachtet, um eine Entscheidungsgrundlage dafür zu bieten, welche Position zwischen diesen beiden Extremstandpunkten bezüglich Kommunikation und Dokumentation in einem konkreten Projekt abhängig von der Situation und Umfeld eingenommen werden kann bzw. soll.

7.1 Allgemeine rechtliche Aspekte

Warum ist das Thema Requirements Engineering aus rechtlicher Sicht überhaupt relevant?

In der Literatur (z.B. [Cohn 2010, S. 40] oder [Wirdemann 2011, S. 65]) wird z. T. explizit erwähnt, dass User Stories kein Vertrag sind. Dies ist nur bedingt richtig! Wenn nichts anderes vereinbart wurde, dann sind die schriftlich formulierten Anforderungen – auch wenn es sich »nur« um ungenau formulierte User Stories handelt – ein Bestandteil der Vereinbarung mit dem Kunden, sobald diese in das Backlog eingefügt und als zu realisieren gekennzeichnet werden, spätestens jedoch dann, wenn die Umsetzung dieser Requirements in einer beauftragten Iteration begonnen hat.

> *Es ist in jedem Fall sinnvoll, schon vor Projektbeginn eine schriftliche Vereinbarung mit dem Kunden zu treffen, welche Arten von Requirements vertraglich bindend sind und welche Requirements nur als Diskussionsgrundlage und nicht bindend angesehen werden.*

Das Ziel soll nicht sein, eine Spezifikation nur unter dem Aspekt zu schreiben, damit irgendwann vor Gericht gehen zu müssen. Es sollte jedoch vor allem bei externen Kunden–Lieferanten–Verhältnissen und bei Festpreisprojekten aus Gründen der Risikoabsicherung zumindest eine angemessene Struktur und Detailliertheit vorhanden sein, die das finanzielle und rechtliche Risiko in überschaubaren Grenzen hält.

Der Grad der Spezifikation bzw. Dokumentation ist dabei sehr individuell für die jeweilige Projektsituation und -umfeld zu sehen und kann nicht für alle Projekte gleichermaßen definiert werden. Man kann natürlich auch den Standpunkt einnehmen: »Mir wird schon nichts passieren!« Die Praxis zeigt jedoch, dass mehr als die Hälfte aller Softwareprojekte (auch im agilen Umfeld) nicht so laufen wie geplant und ein Teil dieser Projekte auch komplett abgebrochen wird. **Die Situation, dass ein anfangs gutes Projekt auch im agilen Umfeld zu einem Problemprojekt und damit möglicherweise zu einem Rechtsstreit zwischen Kunde und**

Lieferant wird, darf vor allem bei externen Auftraggeber-Verhältnissen nicht vernachlässigt werden.

Nun gibt es natürlich auch viele »interne« Situationen, bei denen das Entwicklungsteam und der interne Kunde im selben Unternehmen sind. Hier ist die
Situation rechtlich meist nicht so kritisch. Die Beteiligten, die in diesem Fall ja
Arbeitskollegen sind, werden sich nicht gegenseitig verklagen, wenn Requirements nicht korrekt umgesetzt wurden, sondern eine interne Lösung suchen.
Typischerweise ist es bei erhöhten Aufwänden oder Schäden hier auch so, dass
der Arbeitgeber den (finanziellen) Schaden zu tragen hat und die handelnden Personen als Arbeitnehmer rechtlich weitgehend geschützt sind.

Es kann jedoch für die Mitarbeiter sowohl bei externen als auch bei internen
Projekten eine rechtliche Relevanz geben, wenn es durch die beteiligten Personen
zu grob fahrlässigen Handlungsweisen kommt und damit eventuell eine persön-
liche Haftung im Schadensfall eintritt. Fahrlässigkeit im Bereich des Requirements
Engineering kann hier z.B. auch dadurch entstehen, dass offensichtlich sinnvolle
Spezifikationen oder Analysen, z.B. Risikoanalyse, unterlassen werden und
dadurch wichtige und risikoreiche Punkte übersehen wurden, die dann zu einem
Schaden führen. Dies ist vor allem dann besonders relevant, wenn es sich vom Pro-
jektcharakter um Projekte in einem Risikobereich, z.B. mit hohem finanziellem
Schadenspotenzial oder Personenschäden im Falle eines Softwarefehlers, handelt.

Abhängig von der Art der Kooperation und dem Domänenwissen des Lieferanten muss das Requirements Engineering auch aus rechtlicher Sicht unterschiedlich betrachtet und eingestuft werden (siehe Abb. 7–1):

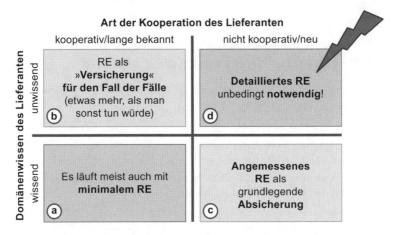

Abb. 7–1   *RE abhängig von der Art der Kooperation und Domänenwissen*

a) Wenn der Lieferant **gutes Wissen** in der Domäne des Auftraggebers hat und
    kooperativ im Projekt tätig ist bzw. die handelnden Personen dem Auftragge-
    ber schon **lange bekannt** sind, dann kann es auch ausreichend sein, ein mini-
    males Requirements Engineering zu betreiben.

b) Etwas mehr muss man tun, wenn der Lieferant zwar **kooperativ** im Projekt agiert und die handelnden Personen dem Auftraggeber schon **lange bekannt** sind, jedoch der Lieferant *kein* gutes Wissen in der Domäne des Auftraggebers hat. In diesem Fall ist das Requirements Engineering ähnlich wie eine Versicherung zu sehen. Jeder ist froh, wenn er es nicht benötigt, aber wenn doch eine Problemsituation auftritt, dann hat man eine Versicherung für den »Fall der Fälle«. Hier sollten daher zumindest die Risikopunkte im Projekt durch gutes nachvollziehbares Requirements Engineering abgedeckt werden – was natürlich ein entsprechendes Risikomanagement bedingt.

c) Wenn der Lieferant **gutes Wissen** in der Domäne des Auftraggebers hat, jedoch **weniger kooperativ** im Projekt tätig ist bzw. die handelnden Personen dem Auftraggeber noch **unbekannt** sind, dann sollte auf breiter Basis ein angemessenes risikogetriebenes Requirements Engineering betrieben werden. Da ein Projekt mit neuen handelnden Personen oder mit einem schon von vornherein als wenig **kooperativ** agierenden Lieferanten von Beginn an als größeres Risiko eingestuft werden muss, ist es hier notwendig, ein angemessenes Requirements Engineering zur Absicherung durchzuführen.

d) Kritisch wird es, wenn der Lieferant **kein Wissen** in der Domäne des Auftraggebers hat und **weniger kooperativ** im Projekt tätig ist bzw. die handelnden Personen dem Auftraggeber noch **unbekannt** sind. Dies sind typischerweise Hochrisikosituationen, in denen detailliertes Requirements Engineering zur Risikoabsicherung erforderlich ist. Manchmal ist es notwendig, auch mit solchen Lieferanten Geschäfte zu machen, wenn z.B. der Einkauf nur auf den Preis achtet oder sonst keine anderen Lieferanten für dieses Projekt verfügbar sind.

7.2 Vertragsbasis und Vertragserfüllungspflicht

Wenn zwei Parteien einen Vertrag schließen, dann verpflichten sie sich gegenseitig, den Vertrag zu erfüllen. Durch die Vertragserfüllung erlischt dann das Schuldverhältnis. Dies bewirkt, dass beide Teile nicht mehr durch den Vertrag aneinander gebunden sind. Auf Vertragserfüllung kann auch geklagt werden. Auch wenn das Vertragsverhältnis erfüllt worden ist, sind die Partner nicht rechtlos. Es knüpfen sich dann sogenannte Sekundärrechte an, beispielsweise die Gewährleistung, auf die in Abschnitt 7.3 näher eingegangen wird.

In den meisten extern beauftragten Projekten wird zwischen Kunde und Lieferant zumindest grob vereinbart, was bis wann zu liefern ist[2]. Damit entsteht für den Lieferanten eine rechtliche Pflicht, diese Vereinbarung auch zu erfüllen. **Je unklarer nun ein Auftrag bzw. die zugrunde liegende Spezifikation ist, desto unklarer ist natürlich auch die rechtliche Vertragsbasis.**

---

2. Ausnahme von dieser Regel sind z.B. beauftragte Forschungsprojekte.

Beispiele für unklare Vertragsbasis:

Der Auftraggeber könnte z.B. als sehr unklare Ausgangsbasis im Extremfall formulieren:

»Es ist ein neues Zeiterfassungssystem zu liefern.«

Aus Sicht der Vertragserfüllung ist diese recht grobe Anforderung natürlich sehr angenehm für den Lieferanten, weil dieser seine Verpflichtungen bereits damit erfüllt hat, wenn er *irgendein* neues Zeiterfassungssystem liefert, das grundsätzlich das macht, was ein Zeiterfassungssystem marktüblich kann. Der Kunde hat aufgrund der unklaren Anforderung keinen Anspruch darauf, ein bestimmtes System zu bekommen oder gar einzelne Funktionen, die ihm nicht gefallen, zu reklamieren.

Auch wenn als Vertragsbasis ein umfangreiches Product Backlog mit User Stories vereinbart wird, ist die Bandbreite der Umsetzung und der Kosten noch enorm hoch:

»Als Projektleiter möchte ich die auf das Projekt gebuchten Zeiten meiner Mitarbeiter auswerten können, …«

Was bekommt der Kunde hier? Eine einfache fest vordefinierte Liste oder kann er eventuell auch noch nach bestimmten frei wählbaren Feldern sortieren, gruppieren, selektieren? Werden die Daten in eine einfache ASCII-Datei als Liste ausgegeben und der Kunde muss sich die Daten selbst aufbereiten oder werden die Daten als optisch schön aufbereiteter und fertig ausdruckbarer Report eventuell sogar noch mit Diagrammen als Überblicksdarstellungen ausgegeben?

Die Bandbreite des Aufwands ist schon bei diesen wenigen Fragen sehr groß und kann von ein paar Stunden bis zu vielen Tagen nur für diese eine Story bedeuten.

Das Ziel des agilen Vorgehens ist es, den Vertrag bzw. das zugrunde liegende Projektziel durch eine enge Kundenkooperation trotz anfänglich unklarer Spezifikation effizienter und schneller zu erreichen. Diese Absicht ist an sich sehr gut. Faktum ist jedoch, dass in den meisten Projekten nur begrenzt Ressourcen (Personen, Zeit, Geld) vorhanden sind. Wenn also eine Spezifikation anfangs unklar ist, dann führt dies dazu, dass auch mehr Aufwand, z.B. langwierige Diskussionen, viele Spikes und Änderungen, entsteht und dadurch eine größere Anzahl von Iterationen notwendig ist, um das eigentliche Ziel des Auftraggebers zu erreichen.

Auch wenn durch die agile Vorgehensweise der Kunde in jeder Iteration einen lauffähigen Zwischenstand abnimmt, so ist es doch **oft unklar, wann tatsächlich das Projektziel erreicht ist.** In vielen Projekten ist es so, dass »mit dem Essen der Appetit kommt« – also der Kunde dann, wenn er die ersten Ergebnisse sieht oder in Detaildiskussionen mit dem Lieferanten einsteigt, immer wieder zusätzliche Dinge haben möchte. **Die Tendenz, dass ein Projekt letztlich mehr kostet, als man anfangs eventuell erwartet hat, ist auch beim agilen Vorgehen vorhanden.** Man spart sich jedoch viele anfängliche Diskussionen und das Spezifizieren von Funktionen, die am Ende dann doch nicht umgesetzt werden.

In agilen Methoden kann das geplante Budget des Auftraggebers auf jeden Fall eingehalten werden, da der Auftraggeber am Schluss jeder Iteration ein lauffähiges Produkt bekommt. Daher kann im Grunde das Projekt bei Erreichen der vorher festgelegten Budgetgrenze mit einem lauffähigen Ergebnis beendet werden.

Was oft vom Kunden nicht bedacht wird, ist, dass er bei Einhaltung eines definierten Zielpreises zwar ein lauffähiges Produkt bekommt, dass aber möglicherweise noch nicht alle von ihm gewünschten oder typischerweise zu erwartenden Features zu diesem Zeitpunkt realisiert wurden. An sich sollte der Kunde dies bei einer so vereinbarten Vorgehensweise auch wissen und es sollte für ihn daher in Ordnung sein. Er ist ja auch bei allen Planungen zumindest durch den Product Owner involviert und weiß jederzeit genau, was geplant bzw. umgesetzt wird und was wegfällt. In der Praxis zeigen sich jedoch hier Schwächen, die meist in der Kommunikation bzw. der Person des Product Owner begründet liegen. Zum Beispiel kommt es immer wieder vor, dass der Product Owner nicht alle Stakeholder berücksichtigt oder greifbar hat. Am Schluss kommt dann bei der Endabnahme der Abteilungsleiter X oder der Vorstand Y dazu und akzeptiert das Ergebnis in dieser Form nicht oder der Kunde kommt mit Argumenten wie »Es war doch klar, dass das auch enthalten sein muss und wir das nicht explizit sagen mussten«. Dies geschieht häufig bei nicht funktionalen Anforderungen wie Security, Performance, Usability etc., die erst sehr spät im Projekt oder gar erst nach der Inbetriebnahme in der Produktivumgebung getestet werden.

Auch die dem Kunden nach den rechtlichen Regelungen zustehende »üblicherweise zu erwartende Beschaffenheit« einer beauftragten Sache ist in vielen Projekten nachträglich ein großes Problem, da dies rechtlich relevant ist, jedoch hier meist für beide Vertragsseiten ein sehr großer Interpretationsspielraum offen bleibt. An sich sollte der Kunde laufend eingebunden sein und entscheiden, was gemacht wird. Solche Überraschungen am Ende eines Projekts darf es daher in guten agilen Projekten eigentlich nicht geben. Leider zeigt die Praxis, dass nicht alle Projekte so verlaufen und gewisse Stakeholder des Auftraggebers trotz Erreichen der Kostengrenze und des aus Sicht des Lieferanten erreichten Projektziels auf weiteren Wünschen bestehen. Es müssen daher oft zusätzliche Iterationen eingeschoben werden, die das Projekt teurer machen.

Die **Abweichung zwischen den vom Kunden erwarteten und den tatsächlich gelieferten Features** wird bis zur Erreichung des vereinbarten oder prognostizierten Zielpreises bzw. -budgets umso größer, je ungenauer die Spezifikation am Beginn der übergreifenden Planung ist (siehe Abb. 7–2).

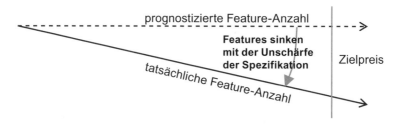

Abb. 7–2   *Prognostizierte vs. tatsächliche Feature-Anzahl in agilen Projekten*

Es gilt daher abzuwägen, inwieweit man nicht auch bei agilen Methoden im Vorfeld in eine Spezifikationsphase investieren sollte, damit die Gesamtprojektabweichung in einem »erträglichen« Rahmen bleibt. Als erträglicher Rahmen wird von vielen Auftraggebern eine Abweichung von $\pm 20\%$ angesehen. Dabei sollte die Spezifikation jedoch nicht so weit gehen, dass die Vorteile der agilen Entwicklung zunichtegemacht werden. Dies ist mitunter eine schmale Gratwanderung. Die sogenannte »Iteration 0« oder eine »Ramp-up«-Phase über die ersten 2–3 Iterationen (je nach Projektgröße), die in verschiedenen agilen Projekten eingeplant werden, geht in diese Richtung.

Besonders kritisch wird es, wenn im Rahmen der anfänglichen groben Projektvereinbarung auch **K.-o.-Kriterien** vereinbart werden. Wenn diese Kriterien dann nicht bis zum Projektende erreicht werden oder sich schon zwischendurch herausstellt, dass diese nicht erreicht werden können, hat der Auftraggeber eventuell das Recht, das Projekt abzubrechen oder auch eine Rückabwicklung durchzuführen. Das Recht des Auftraggebers auf einen Projektabbruch oder Rückabwicklung hängt von den geltenden gesetzlichen und sonstigen getroffenen vertraglichen Vereinbarungen ab. Sollte dies jedoch wirksam werden, kann es für einen kleinen Lieferanten möglicherweise existenzbedrohend sein.

Nun sind K.-o.-Kriterien in Projekten an sich nichts Ungewöhnliches. Problematisch wird dies beim agilen Vorgehen dadurch, dass hier bewusst nicht alle offenen Punkte vorab geklärt werden, weil man sich dann schrittweise an die Lösung annähert. Wenn im laufenden Projekt in einer Iteration z.B. eine technische Unklarheit auftaucht, so wird versucht, diese Unklarheit durch einen technischen Spike (siehe Abschnitt 4.6.1) zu analysieren und eine Lösung dafür zu finden.

Das Ergebnis der Analyse ist jedoch nicht vorhersehbar. Es kann auch sein, dass das Problem nicht lösbar ist. Wenn der Fall eintritt, dass man in einem Spike innerhalb einer Iteration nicht zu einem brauchbaren Ergebnis kommt und noch mehr Zeit für Nachforschungen benötigen würde, dann kann eventuell noch ein weiterer Spike in der nächsten Iteration eingeplant werden. Wenn dieser auch nicht zu einem Ergebnis führt, eventuell noch ein weiterer Spike wiederum in einer Folgeiteration usw.

Dadurch tritt eine Verschleppung der Klärung ein, die unter Umständen kritisch ist und viel Geld kosten kann, da man dann schon mehrere Iterationen durchgeführt hat, in denen viele andere Entwickler schon an anderen klar definierten Stories weiter implementiert und Aufwand produziert haben.

Irgendwann, wenn klar ist, dass das Problem nicht oder nicht in einer akzeptablen Zeit oder mit vertretbarem Aufwand gelöst werden kann, wird der Auftraggeber das Projekt abbrechen, da der zugrunde liegende Vertrag nicht mehr erfüllt werden kann (siehe Abb. 7–3).

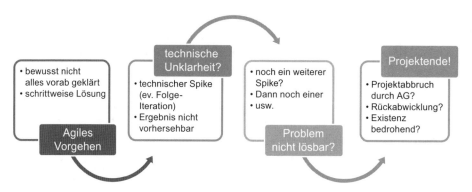

Abb. 7-3   *Kritische Wirkungskette der K.-o.-Kriterien in agilen Projekten*

Hier zeigt sich dann, ob es wirklich ein K.-o.-Kriterium (siehe auch Anhang B) war. Viele Auftraggeber stufen anfangs ein Kriterium als K.-o.-Kriterium ein. Wenn dann der Projektabbruch, ein großer finanzieller oder zeitlicher Zusatzaufwand eventuell auch für den Auftraggeber im Raum steht, dann wird aus dem K.-o.-Kriterium oft ein »verzichtbares Kriterium«. Es ist daher ratsam, jedes K.-o.-Kriterium schon am Anfang zwischen Auftraggeber und Lieferant unter dem Gesichtspunkt zu definieren und zu diskutieren, dass das Projekt bei Nichterfüllung auch wirklich abgebrochen werden kann!

> Es kann daher nur dringend empfohlen werden, alle K.-o.-Kriterien vor dem Beginn eines agilen Projekts zwischen Auftraggeber und Lieferant klar festzulegen und die Machbarkeit vor der Beauftragung zu klären.

Die Definition der K.-o.-Kriterien ist daher die Minimalspezifikation, die erstellt werden muss, bevor ein Projekt gestartet werden soll. Die Verantwortung dafür, welche Requirements als K.-o.-Kriterien gesehen werden, liegt beim Kunden bzw. dem Product Owner als dessen Stellvertreter. Der Product Owner und der Lieferant (im eigenen Interesse) sollten bestrebt sein, dass alle eventuell notwendigen Spikes für die K.-o.-Kriterien ganz am Anfang des Projekts in die erste oder die ersten Iterationen eingeplant werden und danach dann Klarheit herrscht, dass alle K.-o.-Kriterien auch erfüllt werden können.

Der Lieferant sollte von Anfang an deutlich sagen, für welche K.-o.-Kriterien die Umsetzung noch unklar ist und es deshalb noch einer Analyse (Spikes) bedarf. Zwischen Lieferant und Auftraggeber kann in diesem Fall dann z.B. bis zur Klärung der K.-o.-Kriterien auch eine Kostenaufteilung in einem für beide vertretbaren Verhältnis vereinbart werden, sodass nicht das komplette Risiko für diese Analyseschritte beim Lieferanten liegt.

Beispiel: K.-o.-Kriterien bei agilem Vorgehen vorab geklärt

Am Anfang des Projekts hält der Auftraggeber fest, dass die Software auch auf mobilen Geräten mit Android sowohl am Telefon als auch am Tablet ordnungsgemäß funktionieren muss.

Der Auftragnehmer hat zwar schon Erfahrung mit mobilen Geräten, jedoch nicht mit Android und kann daher nicht garantieren, dass seine geplante Client-Server-Architektur auch unter Android funktioniert. Er schlägt daher dem Auftraggeber vor, einen kleinen Prototyp, der funktional nicht viel enthält, jedoch den kompletten Architektur-Stack abbildet, zu implementieren, bevor das eigentliche Projekt startet.

Dieser Aufwand ist Recherche-Aufwand von ca. zehn Tagen, der im Vorfeld investiert werden muss. Da der Lieferant daraus auch für sich weiterverwendbares Wissen aufbaut, einigen sich die beiden Partner, dass jeder der Partner 50 % des Aufwands trägt.

Nachdem geklärt wurde, dass es zwar für Tablets machbar ist, aber es nicht möglich ist, die gewünschte Funktionalität auch genauso auf Android-Telefonen zum Laufen zu bringen, einigen sich die beiden darauf, dass nur die Android-Tablets als K.-o.-Kriterium festgelegt werden und die Telefone als mögliche Option mit reduzierter Funktionalität und als Nicht-K.-o.-Kriterium mit geringer Priorität in das Backlog aufgenommen werden.

Beispiel: K.-o.-Kriterien bei agilem Vorgehen *nicht* vorab geklärt

Am Anfang des Projekts hält der Auftraggeber fest, dass die Software auch auf mobilen Geräten mit Android sowohl am Telefon als auch am Tablet ordnungsgemäß funktionieren muss.

Der Auftragnehmer hat zwar schon Erfahrung mit mobilen Geräten, jedoch nicht mit Android und weiß daher nicht genau, ob seine geplante Client-Server-Architektur auch unter Android funktioniert.

Er hat Bedenken, dass er den Auftrag nicht bekommt, wenn er angibt, dass er dieses Kriterium nicht erfüllen kann, und bestätigt daher dem Auftraggeber, dass er das Kriterium umsetzen kann, in der Hoffnung, später im Projekt eine Lösung dafür zu finden.

Das Projekt wird beauftragt und startet mit einer Backlog-Planung und den ersten Iterationen von einer Länge von vier Wochen sowie einem Team von fünf Entwicklern, einem Scrum Master des Lieferanten und einem Vollzeit-Product-Owner sowie diversen Ansprechpartnern nach Bedarf aufseiten des Auftraggebers.

Der Lieferant schaut, dass er das ungeklärte K.-o.-Kriterium in der ersten Iteration einplant. Da der Lieferant nicht gleich nach der Beauftragung zugeben möchte, dass noch wesentliche Punkte für ihn unklar sind, startet die erste Iteration unter anderem auch mit einer Menge von anderen Requirements. Aufgrund dieser zusätzlichen anderen Requirements, die der Auftraggeber schon nach der ersten Iteration umgesetzt sehen möchte, kann der Lieferant das offene Thema in dem eingeplanten Spike noch nicht vollständig klären und es wird ein weiterer Spike in der nächsten Iteration dafür benötigt.

Nach der zweiten Iteration erkennt der Auftragnehmer, dass er das K.-o.-Kriterium nicht wie gewünscht umsetzen kann, und informiert den Auftraggeber, dass die Lösung auf dem Android-Telefon nicht möglich ist.

→

Dieser beruft eine Entscheidungsträgersitzung zwei Wochen später ein, bei der das Thema besprochen werden soll. In der Zwischenzeit arbeitet der Lieferant am Projekt normal weiter, in der Hoffnung, mit dem Auftraggeber einen Kompromiss aushandeln zu können.

Die Entscheider bestehen jedoch auf dem K.-o.-Kriterium und teilen dem Lieferanten mit, dass sie das Projekt abbrechen werden, wenn das nicht gelöst werden kann. Nachdem der Lieferant noch andere Partner von ihm zu dem Problem befragt hat und weiterhin keine Lösung in Sicht ist, wird das Projekt nun gegen Ende der dritten Iteration vom Auftraggeber formal für gescheitert erklärt.

Der Auftraggeber verlangt eine Rückabwicklung des Projekts mangels Aussicht auf erfolgreiche Umsetzung.

Schaden für den Auftraggeber:
Es sind für Abstimmungen und laufende Meetings mit den Entwicklern ca. 40–50 Tage interner Aufwand entstanden, die durch die fehlende schriftliche Spezifikation zum Großteil verloren sind, da er mit einem neuen Lieferanten wieder viele dieser Diskussionen führen muss. Den Entwicklern wurde im Vorfeld meist nur in den Diskussionen mündlich geschildert, wie die Prozesse des Auftraggebers funktionieren und wie sich die Vertreter des Auftraggebers das System vorstellen.

Er verliert außerdem mehrere Monate an Zeit, weil er die Lieferantensuche und Beauftragung wieder von vorne beginnen muss.

Geschätzter interner Schaden beim Auftraggeber: ca. 20.000–30.000 Euro.

Kosten für den Lieferanten:
Er hatte einen Aufwand von ca. 7 Wochen×5 Tage×6 Team-Personen=210 Personentage bis zum Projektabbruch, die nun nicht bezahlt werden, da das System für den Auftraggeber nicht verwendbar ist. Es zählt hier auch nicht das Argument der agilen Entwicklung, dass ja am Ende der Iteration für den Auftraggeber ein lauffähiges Produkt (wenn auch mit wenig Funktionalität) übergeben wurde. Da ein K.-o.-Kriterium nicht erfüllt werden kann, ist das Produkt, in welchem Stadium es sich auch immer befinden mag, für den Auftraggeber nicht brauchbar.

Geschätzter interner Schaden beim Lieferanten: ca. 85.000 Euro.

Der Auftraggeber wird dem Lieferanten seinen internen Aufwand und erhöhte Kosten für eine erneute Lieferantensuche (eventuell sogar auch Mehrkosten, wenn der neue Lieferant teurer ist) zusätzlich in Rechnung stellen.

Mögliche Gesamtkosten für den Lieferanten wegen Nichtklärung eines K.-o.-Kriteriums: ca. 110.000 Euro.

Es handelt sich in diesem Beispiel nur um ein kleineres Projekt mit einem einzigen agilen Team. Wenn ein größeres Projekt eventuell mit mehreren Teams parallel startet, so vervielfacht sich der Schaden natürlich.

Etwas anders gelagert, aber möglicherweise mit denselben Konsequenzen kann die Situation sein, wenn sich in einem Spike für ein K.-o.-Kriterium herausstellt, dass es zwar grundsätzlich machbar ist, jedoch enorm höhere Kosten und Aufwand für die Umsetzung nötig sind. Die Frage ist hier natürlich, wer nun die höheren Kosten dafür trägt. Wenn das K.-o.-Kriterium einigermaßen klar definiert wurde und solange diese vertraglich zugesicherte Eigenschaft nicht durch den Lieferanten erfüllt ist, ist dieser in der Vertragserfüllungspflicht und wird daher auch die erhöhten Kosten zu tragen haben. Unter Umständen können sich die endgültige Abnahme und das Ende der Vertragserfüllung hier deutlich nach hinten verschieben und große Mehrkosten für den Lieferanten bedeuten.

Wenn der Vertrag nicht bzw. nicht rechtzeitig oder nicht vollständig erfüllt wird, kann der andere Vertragspartner eventuell vom Vertrag zurücktreten und unter Umständen sogar Schadenersatzansprüche geltend machen. Je nach Vertragsgestaltung wird auch die Bezahlung des Lieferanten davon abhängen – z. B. wenn die Bezahlung erst dann fällig wird, wenn die Leistung vollständig geliefert und abgenommen wurde, also nach der letzten Iteration. Kritische Faktoren dabei sind vor allem Eigenschaften des Systems, die erst recht spät im Projekt oder überhaupt erst nach der vollständigen Umsetzung nachgewiesen werden können. Dies sind vorwiegend die nicht funktionalen Eigenschaften wie Last- und Performance-Verhalten, Security, Usability usw.

> *Besonders kritisch sind nicht funktionale Eigenschaften, die als K.-o.-Kriterien vereinbart werden. Diese müssen jedenfalls vor Projektstart detailliert und messbar definiert und auf Machbarkeit geprüft werden!*

Formulierungen wie »Die Software soll eine gute Usability haben«, »Die Software muss ausreichend sicher sein« oder »Die Software muss eine hohe Performance aufweisen« sind zu vermeiden und führen in den meisten Fällen nachträglich zu langwierigen Diskussionen oder Streitereien, weil sowohl die Vertragsbasis als auch die typischerweise zu erwartende Beschaffenheit hier ziemlich offen sind.

7.3   Gewährleistung

Die **Gewährleistungsphase** beginnt nach der Vertragserfüllung, typischerweise nach der rechtlich relevanten Abnahme des Systems (siehe Abb. 7–4).

In dieser Phase muss der Lieferant dann eventuelle Fehler im bereits abgenommenen System auf eigene Kosten so lange für den Kunden kostenlos nachbessern, bis das im Auftrag bzw. der Spezifikation vereinbarte Kriterium umgesetzt wurde.

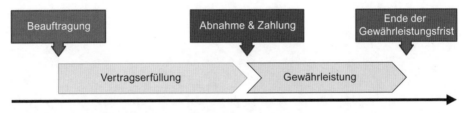

Abb. 7–4   *Vertragserfüllung und Gewährleistung*

Problematisch wird die Situation hier insofern, als durch (**Zwischen-**)**Abnahmen bei jeder Iteration** eine undurchschaubare Mischung aus Vertragserfüllung und Gewährleistungsansprüchen in einem Projekt entsteht.

Aus **Sicht des Lieferanten** wird eine regelmäßige Abnahme am Ende einer jeden Iteration anzustreben sein, da er dann jede Iteration gegenüber dem Kunden bezüglich Vertragserfüllung rechtlich abgesichert hat.

Für den **Kunden** ist eine solche Vorgehensweise ungünstig, weil dadurch eventuell die Leistungen einer Iteration bereits abgenommen sind – insbesondere dann, wenn die Iterationen auch gleich vom Kunden bezahlt werden – und damit für diese Teile die Gewährleistung zu laufen beginnt. Der Lieferant ist jedoch schon in der nächsten Iteration bei der Implementierung und ändert hier möglicherweise wieder Teile des bereits abgenommenen Systems. Nun könnte es sein, dass daher für einige Teile des Systems bereits die Gewährleistung relevant ist und für andere Teile noch die Vertragserfüllung.

Die Frage ist, wer den Aufwand für Änderungen bzw. Fehlerbehebungen trägt? Wenn nun durch die komplexen Zusammenhänge in einem größeren Softwaresystem durch die Änderungen Fehler in einem anderen Systemteil bewirkt werden, der nicht Teil des Änderungsauftrags war, ist oft unklar, ob diese Fehler nun aufgrund der Gewährleistung kostenlos vom Lieferanten behoben werden müssen oder ob dies im Rahmen der aktuellen Änderungen ein entwicklungstypischer Aufwand ist, der vom Kunden getragen werden muss. Schließlich verursachen Fehlersuche und Behebung ja auch zusätzliche, eventuell vorab nicht eingeplante Aufwände, sodass z.B. dann für den Kunden aufgrund der notwendigen Fehlerbehebung weniger Features als vorgesehen in der Iteration realisiert werden können.

Ein weiteres Problem ist, dass für die geänderten Systemteile nun – wenn eine entsprechende anderslautende Vertragsvereinbarung fehlt – die Gewährleistungsfristen nur für Änderungen an bereits abgenommenen Systemteilen neu zu laufen beginnen. Damit könnten sogar für ein einzelnes Feature oder eine Story teilweise unterschiedliche Gewährleistungsansprüche entstehen (siehe Abb. 7–5).

Dass so eine Situation im Schadensfall praktisch nicht mehr durchschaubar sein wird, ist sehr wahrscheinlich.

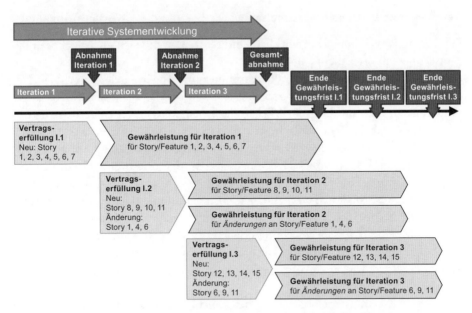

Abb. 7–5   *Problem der unterschiedlichen Gewährleistungsfristen bei agiler Entwicklung*

> In den Verträgen sollten daher unbedingt auch passende Formulie-
> rungen für die Wirksamkeit von und den Umgang mit (Zwischen-)
> Abnahmen enthalten sein.

7.4   Agile Vorgehensweisen und Festpreis

Ein weiteres rechtliches Problem zeigt sich bei der Vereinbarung von **Festpreisen
in Projekten.** Der Kunde möchte verständlicherweise möglichst bald wissen, was
sein Vorhaben kosten wird. Zu frühen Projektzeitpunkten ist es jedoch unmög-
lich, eine einigermaßen haltbare Schätzung über den für ein bestimmtes Projektziel und eine grobe Feature-Menge zu erwartenden Preis abzugeben. Damit tritt
in praktisch jedem Projekt, für das vor der Fertigstellung ein Festpreis vereinbart
wird, das Problem auf, dass der geschätzte Preis und die Leistung nicht zusammenpassen und dass spätestens bei Überschreiten der anfangs prognostizierten
Kosten die Diskussionen beginnen, wer nun den Mehraufwand bezahlt.

   Es gibt mittlerweile auch diverse Abhandlungen zum Thema »agiler Festpreis«, in denen jedoch leider auch keine Lösung für dieses Problem angegeben
wird. Möglicherweise ist dieses Thema auch nicht wirklich lösbar, sondern es
wird immer ein Kompromiss sein. **Durch agile Prinzipien und spezielle Vereinbarungen im Vertrag kann das Thema Festpreis zwar etwas entschärft werden, das
eigentliche Problem wird dabei jedoch nicht gelöst.**

Vertragsvereinbarungen bei Festpreisen

Ein Festpreis ist ja nur dann wirklich ein Festpreis, wenn sich auch während der Umsetzung am Preis nichts mehr ändert.

In Softwareprojekten ist **praktisch immer mit Änderungen zu rechnen.** Der Auftraggeber sollte sich hier vertraglich zumindest so weit absichern, dass **nur Änderungen,** die von ihm **schriftlich freigegeben werden, zu einer Kostenerhöhung oder Feature-Reduktion führen dürfen.** Dies ist insbesondere deswegen wichtig, weil viele Details vor und in den Umsetzungsiterationen kommuniziert und geklärt und dann vom Team umgesetzt werden, die eventuell vorab nicht spezifiziert waren oder von der vorhandenen Spezifikation bewusst abweichen. Wenn nicht klar ist, was davon zu einer Kostenerhöhung oder eventuell zu einer Feature-Reduktion führt, dann könnte der Auftraggeber mit Erreichen der Festpreisgrenze eine böse Überraschung erleben. Es sollte von Anfang an klar sein, dass alle mündlichen Abstimmungsmeetings zwar gewünscht und gut sind, jedoch die Kosten für den Auftraggeber durch mündliche Abstimmungen in keinem Fall verändert werden.

Für die **Vertragsvereinbarungen bei agilem Festpreis** kann man auch auf unterschiedliche Modelle zurückgreifen, die aus Ausschreibungsverfahren teilweise schon seit Jahrzehnten bekannt sind:

- **»Kostenloser« Tausch von Features:**
  Ein neues Feature kann gegen ein gleich hoch geschätztes, bereits eingeplantes, aber noch nicht realisiertes Feature ausgetauscht werden.
  Dies wird natürlich nur insofern sinnvoll möglich sein, wenn der Tausch der Features keine zu großen und weitreichenden Auswirkungen auf das restliche System hat, z. B. die Architektur nicht grundlegend überarbeitet werden muss.

- **Jederzeitige Ausstiegsmöglichkeit für den Kunden:**
  Wenn der Kunde früher als vereinbart das Projekt beendet, wird dem Lieferanten ein Teil des verbleibenden vereinbarten Festpreises als Abschlagszahlung überwiesen, z. B. ein Betrag von 20 % des dann noch nicht verbrauchten Budgets.

- **Bonussystem:**
  Wenn der Lieferant mit den vereinbarten Funktionen früher fertig ist, erhält er einen Bonus von z. B. 20 % des nicht verbrauchten Projektbudgets. Dieses Modell ist an sich nicht mit einem wirklichen Festpreis vereinbar, den der Lieferant ja in jedem Fall bekommt, egal wie lange er gebraucht hat. Es kann aber sinnvoll sein, wenn durch den Lieferanten im Projektverlauf Verbesserungsvorschläge gemacht werden, die den Projektverlauf maßgeblich verkürzen, z. B. wenn der Lieferant eine Möglichkeit findet, statt mit zehn Masken – wie spezifiziert – das Problem auf andere Weise mit nur einer einfachen Maske zu lösen, und dadurch eine Iteration einspart. Der Lieferant kann in diesem Fall

motiviert sein, das Projekt auch schneller als geplant fertigzustellen, da er dann seine Mitarbeiter schon in anderen Projekten wieder voll einsetzen kann und trotzdem noch einen Bonus aus dem früher beendeten Projekt bekommt – also sozusagen doppelt verdient. Die Abweichung von der Spezifikation sollte aber klar zwischen Kunde und Lieferant als Kostenersparnis vereinbart werden.

- **Risikoteilung zur Risikominimierung** für den Auftraggeber, wenn der vereinbarte Preis überschritten wird: Dabei wird vereinbart, dass der Lieferant bei Überschreiten des vereinbarten Festpreises einen Teil der Kosten selbst tragen muss. Eine mögliche Aufteilung wäre hier z.B. 50:50 – also dem Kunden werden nur 50 % der kalkulierten Mehrkosten in Rechnung gestellt. Voraussetzung dafür ist, dass der Kunde die Aufwandsschätzung und das Mehrpreisangebot des Lieferanten auch plausibel nachvollziehen kann.

  Für »echte« Zusatzwünsche, wie komplett neue Requirements, die nicht in der Spezifikation stehen, sollte die Risikoteilung natürlich nicht gelten.

- Für komplexere Modelle könnte man auch noch die **Schätzunschärfe einbeziehen**. Die Lieferanten müssen dabei im Rahmen der Angebotsabgabe auch ihre Schätzbandbreite, z.B. ±20 %, angeben, wobei Lieferanten mit einer geringen Bandbreite besser bewertet werden. Nach dem Auftrag wird dann z.B. bei Überschreitungen, die noch im Rahmen dieser Bandbreite liegen, eine für den Lieferanten vorteilhaftere Risikoteilung vorgenommen, z.B. 70 % der Mehrkosten können vom Lieferanten verrechnet werden. Bei Überschreiten der Schätzbandbreite wird der Preis zugunsten des Kunden stärker reduziert, z.B. können dann nur mehr 30 % der Mehrkosten vom Lieferanten verrechnet werden.

> Wenn ein Festpreis vereinbart werden soll, kann daher nur dringend empfohlen werden, neben guten kaufmännischen und rechtlichen Rahmenbedingungen auch die inhaltliche Spezifikation im Vorfeld möglichst klar zu definieren, wobei eine Schätzungenauigkeit von < 20% angestrebt werden sollte.

Wenn man einen **Festpreis** für ein gesamtes Projekt **mit einer agilen Projektabwicklung** kombinieren möchte, sollten einige zusätzliche Aspekte und Hinweise beachtet werden.

Die Vertragsbasis und die Projektabwicklung sind hier per Definition nicht klar. Da für einen Festpreis jedoch unbedingt Klarheit, zumindest bis zu einem akzeptablen Grad, benötigt wird, muss eine Projektvorgehensweise gewählt werden, bei der frühstmöglich ausreichende Klarheit geschaffen wird, die aber trotzdem noch genügend Flexibilität in der Abwicklung lässt. Das erklärte Ziel im agilen Vorgehen ist es ja, auf Änderungswünsche des Kunden (die mit Sicherheit kommen werden) trotzdem noch angemessen reagieren zu können und den Kunden zufriedenzustellen.

Im Grunde müssen bei dieser Kombination mehrere **Ausgangskriterien** erfüllt werden:

▨ Es muss eine ausreichend klare Vertragsbasis geschaffen werden, die grundsätzlich eine Festpreisschätzung mit einer akzeptablen Genauigkeit durch den Lieferanten zulässt.

▨ Die K.-o.-Kriterien müssen für beide Seiten klar definiert sein und vom Lieferanten als machbar eingestuft werden.

▨ Dem Kunden muss klar sein, dass sich in einem Festpreisprojekt, bei dem nachträglich Änderungen vorgenommen werden, der bei Projektende (= Erreichen des festgelegten Preises) verfügbare Umfang der Requirements auf jeden Fall verändert.

Dem Kunden muss unbedingt auch bewusst sein, dass er dadurch auch weniger bekommen kann, als was er anfangs erwartet hat!

7.5   Das Vier-Stufen-Modell für agile Festpreisprojekte

Die in Abbildung 7–6 dargestellte mehrstufige Vorgehensweise kann bei agilen Festpreisprojekten angewendet werden:

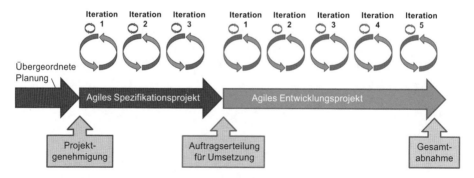

Abb. 7–6   *Mehrstufige Abwicklung eines agilen Festpreisprojekts*

7.5.1   Stufe 1: Definition der Projektziele und ersten Kundenanforderungen

Dies kann noch sehr grob geschehen (vgl. z.B. Abschnitt 4.1.2) und stellt keine Basis für den Festpreis dar. Diese Phase dient dazu, sich über die grundsätzlichen Projektinhalte klar zu werden und damit dann geeignete Partner und Anbieter zu selektieren.

In vielen Unternehmen wird diese Phase »Projekt-Feasibility-Phase« oder »Projektantragserstellung« genannt. Oft wird dafür auch ein bestimmtes Budget vorgesehen, das für die erste Recherche und Analyse verwendet werden kann. Der Aufwand dieser Phase kann nicht vorab definiert werden, da dieser Schritt ja so lange durchgeführt werden muss, bis sich der Auftraggeber grundsätzlich klar ist, was er will bzw. ob er überhaupt ein Projekt starten will. Natürlich wird es auch Situationen geben, in denen der Auftraggeber dies nicht selbst herausfinden kann oder will. In diesen Fällen ist es hilfreich, einen fachkundigen Berater auf Auftraggeberseite hinzuzuziehen. Möglich ist auch eine Evaluierung von eventuell am Markt verfügbaren (Alternativ)Lösungen, um sich ein erstes Bild zu machen. Auch die Möglichkeit, dass man in diesem Schritt zu keinem sinnvollen Ergebnis bezüglich der Projektvorstellung kommt, muss betrachtet werden. In diesem Fall endet das Projektvorhaben bereits hier.

7.5.2   Stufe 2: Agiles Erstellen der Vertragsbasis

Mit dem Ergebnis des ersten Schritts wird nun die Erstellung der Vertragsbasis (= Kundenanforderungen) begonnen.

Wenn für die Erstellung einer Vertragsbasis schon eine gute Grundlage aus dem ersten Schritt vorhanden ist, kann der Aufwand für die Spezifikationserstellung eventuell auch schon vorab genauer geschätzt bzw. können Angebote von Beratern oder potenziellen Lieferanten eingeholt werden, die dann mit dem Auftraggeber die Vertragsbasis erstellen.

Die Vertragsbasis kann durchaus iterativ und agil erstellt werden. Zum Beispiel könnte ein agiles Team für die Spezifikationserstellung gebildet werden, da es sowieso sinnvoll ist, alle relevanten Rollen (Kunde, Entwickler, Architekt, Tester, Betriebstechniker etc.) in die Spezifikationserstellung einzubinden. Es wird in diesem Fall dann kein lauffähiges Softwareartefakt geliefert, sondern eine vom Kunden akzeptierte Spezifikationsversion oder auch prototypische Softwareartefakte aus Spikes oder Masken- und Reportbeispiele zur Festlegung von Usability-Aspekten etc.

Für diesen Schritt der Spezifikationserstellung kann meist kein Festpreis abgegeben werden. Der Lieferant kann ja kaum abschätzen, was der Kunde noch für Ideen oder Wünsche hat und wann der Kunde mit der erstellten Spezifikation zufrieden ist. Dies würde eventuell funktionieren, wenn sich Lieferant und Kunde bereits länger kennen.

Bei der Spezifikationserstellung gibt es noch einige wichtige Punkte zu beachten:

- *Inwieweit soll ein potenzieller Lieferant in die Erstellung der Spezifikation eingebunden werden?*
  Wenn dieser eingebundene Lieferant der Favorit des Kunden für die Umsetzung ist, dann ist dies sicherlich eine gute Möglichkeit, da sich beide Partner schon gut kennenlernen und vor der Beauftragung der Umsetzung für den Kunden ein definierter Ausstiegspunkt vorhanden ist, wenn es doch nicht passen sollte.
  Problematisch wird es dann, wenn aufgrund von Compliance-Regeln, Organisationsrichtlinien oder Gesetzen ein neutraler Wettbewerb zwischen mehreren Lieferanten notwendig ist. Hier würde der eingebundene Lieferant

klar bevorzugt werden. In diesem Fall ist es daher notwendig, den in die Spezifikationserstellung eingebundenen Lieferanten dann von der Umsetzungsphase auszuschließen (siehe auch Abschnitt 7.6).

Wie ist es mit den Kosten für die Spezifikation?
Manchmal sind Kunden der Ansicht, dass Lieferanten die Spezifikationsleistungen als kostenlose Vorleistung für die Umsetzungsphase erbringen müssen. Dies ist an sich ein unfairer Zugang, da im Rahmen der Spezifikation eine wesentliche Leistung erbracht wird, die auch honoriert werden soll.

Wenn der Kunde die Spezifikationsleistungen extra beauftragt, ist das Risiko überschaubar. Es sollte auch vereinbart werden, dass der Kunde das Recht hat, in der Spezifikationsphase jederzeit abzubrechen, wenn die Spezifikation ausreichend für die Auftragsvergabe der Umsetzung ist oder er das Projekt eventuell auch nicht durchführen möchte. Der Berater oder eingebundene Lieferant erhält dann die Leistungen bis zu diesem Zeitpunkt abgegolten. Das Risiko ist daher jederzeit überschaubar für den Kunden.

K.-o.-Kriterien festlegen!
Es müssen vor der Beauftragung der Umsetzungsphase *alle* K.-o.-Kriterien definiert und auf Machbarkeit analysiert worden sein. Wenn dies nicht durch den Kunden selbst beurteilt werden kann, sollte der Berater oder eingebundene Lieferant dies mittels Spikes durchführen. Diese Spikes sollten schon im Rahmen der Spezifikationsiterationen stattfinden, sodass bis spätestens zum Start eines Umsetzungsprojekts die Unklarheiten für alle K.-o.-Kriterien beseitigt sind.

Nicht funktionale Anforderungen (NFA)
Die NFA sollten berücksichtigt und möglichst klar (messbar) festgelegt werden!

Detailliertheit der Vorabspezifikation?
Die Spezifikation soll bewusst nicht bis ins letzte Detail gehen, da dies ja kontraproduktiv zur agilen Vorgehensweise wäre. Durch das erhöhte Kostenrisiko in einem Festpreisprojekt sollte jedoch insgesamt darauf geachtet werden, dass die Anforderungen so spezifiziert werden, dass die Projektkosten guten Gewissens mit einer Genauigkeit von etwa ≤20% festgelegt werden können, sodass es kein großes Kostenrisiko mehr gibt. Für den Kunden und Lieferanten bleibt dadurch jedoch noch ausreichend Spielraum für eine variable Zielaussteuerung im agilen Umsetzungsprojekt.

Mit einer hohen Detailliertheit sollten alle K.-o.-Kriterien und die High-Risk-Anforderungen beschrieben werden. Alle anderen Themen können je nach Priorität und Risiko auch nur grob beschrieben werden.

7.5.3   Stufe 3: Festpreisangebot durch den Lieferanten

Wichtig ist hier als »Eingangskriterium«, dass die zugrunde liegende Spezifikation eine akzeptable Schätzgenauigkeit (z. B. ±20 %) ermöglichen soll.

Der Kunde sollte dies dann auch bei einem Festpreisangebot als Projektpuffer zusätzlich budgetieren, da durch die Tatsache, dass die Spezifikation nicht zu 100 % alles beschreibt, zumindest in den noch unklar formulierten Bereichen Mehraufwände im Ausmaß der Schätzungenauigkeit zu erwarten sind, auch wenn an den zugrunde liegenden Requirements keine Änderungen mehr vorgenommen werden.

Beispiel: Zusatzaufwände trotz Festpreis und nicht geänderter Spezifikation

In der vom Kunden und Lieferanten mit Abgabe des Festpreises akzeptierten Spezifikation steht als Anforderung, dass ein »Report zur monatlichen Auswertung der Zeitdaten eines Mitarbeiters« erstellt werden soll. Eine genaue Abbildung und Beschreibung des Reports ist in der Spezifikation nicht enthalten.

Der erste Vorschlag des Lieferanten, der die Spezifikation grundsätzlich voll erfüllt, gefällt dem Kunden jedoch nicht.

Der Kunde möchte zusätzliche Felder angezeigt haben, möchte vorab noch eine Selektionsmöglichkeit in einer eigenen Maske, möchte im Report gruppieren und nach bestimmten Feldern sortieren etc.

Statt der vorab geschätzten Aufwände von zwei Tagen[a] für diesen Report sind nun vom Lieferanten fünf Tage notwendig. Die drei Tage Differenz werden dem Kunden als Mehraufwand für den besonderen Wunsch zusätzlich zum Festpreis verrechnet.

Da die Spezifikation in diesem Teilbereich keine Realisierungsdetails enthielt, hat der Kunde auch kein Recht, auf der kostenlosen Umsetzung seiner speziellen Wünsche zu bestehen.

Alternativ kann dem Kunden auch vorgeschlagen werden, diesen Mehraufwand zu kompensieren, indem ein anderes Feature aus dem Backlog, das etwa die gleiche Größe hat, dann nicht realisiert wird.

---

a.   Die Einheit »Tage« wurde hier stellvertretend gewählt. Im Grunde könnte auch mit Story Points oder einer anderen Einheit gerechnet werden. Wichtig ist nur, dass dem Kunden klar ist, was eine Einheit kostet.

7.5.4   Stufe 4: Agile Projektabwicklung

Nach der Auswahl eines passenden Lieferanten und der Vereinbarung des vertraglichen und kaufmännischen Rahmens beginnt die Umsetzung in Form einer agilen Projektabwicklung.

Der Unterschied hier ist, dass durch die Vorabspezifikation die Bandbreite der Kosten- bzw. Anforderungsabweichungen etwas mehr eingeschränkt wird als bei einem agilen Projekt, bei dem am Anfang völlige Unklarheit herrscht, was der Kunde eigentlich möchte.

Diese Vorgehensweise ist eine gewisse Gratwanderung zwischen Vorabspezifikationsaufwand und Unschärferisiko bei der iterativen Umsetzung. Abbildung 7–7 zeigt, wie das Unschärferisiko durch die vorgeschlagene Vorgehensweise mit einem vorhergehenden agilen Spezifikationsprojekt entsprechend verringert wird.

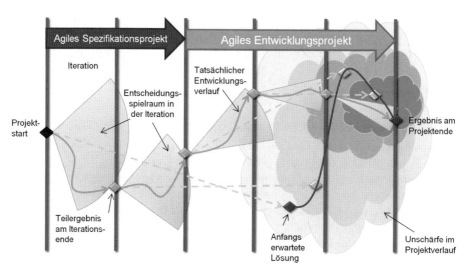

Abb. 7–7   *Risikoreduktion durch das Vier-Stufen-Modell für agile Festpreisprojekte*

In »klassischen agilen« Projekten wird von der ersten Iteration an schon der Fokus auf den lauffähigen Code gelegt. In diesen Anfangsiterationen herrscht aber typischerweise sowohl auf Kunden- als auch auf Lieferantenseite noch große Unsicherheit und es besteht ein Entscheidungsspielraum, der ein entsprechendes Preisrisiko bedeutet. Bei den in den ersten Iterationen zu erwartenden Änderungen geht der hier bereits in Detaildiskussionen und Implementierungen investierte Aufwand bei nachträglichen Änderungen dann teilweise wieder verloren.

Im Vier-Stufen-Modell für agile Festpreisprojekte wird dieser Aufwandsverlust der ersten Iterationen vermieden und stattdessen dieser Aufwand dazu verwendet, die Klärung der wichtigsten unklaren Anforderungen durchzuführen und damit das Preisrisiko in einen vertretbaren Bereich (z.B. ±20 %) zu bringen. Durch das Reduzieren der Codierung in den ersten Iterationen, wobei Prototypen auch im Rahmen der Spezifikationsiterationen sinnvoll sein können, konzentriert sich der Kunde stärker auf das, was er eigentlich will, und weniger auf die Implementierungsdetails, die sonst in den ersten Iterationen im Rahmen der Umsetzung diskutiert werden.

7.6   Öffentliche Ausschreibungen

Für öffentliche Ausschreibugen gelten meist recht enge rechtliche Vorgaben, die bei der Durchführung der Ausschreibung einzuhalten sind. Ein Punkt, der dabei durch die ausschreibende Organisation zu befolgen ist, ist die **Neutralität und Vergleichbarkeit zwischen den Anbietern**. Es darf kein Anbieter bevorzugt werden!

Wenn dies nicht gewahrt wird, kann die Ausschreibung eventuell von den Anbietern angefochten werden und dem Auftraggeber entstehen dadurch erhöhte Kosten und eventuell auch ein großer Zeitverlust durch eine erneute Ausschreibung. Die **Neutralität** zwischen den Anbietern ist sicherlich nicht mehr gegeben, wenn z.B. ein Anbieter mit der Erstellung der Spezifikation beauftragt wird und dieser Anbieter dann auch im weiteren Verfahren für die Umsetzung anbieten darf.

Ein weiteres mögliches Problem ist die **Vergleichbarkeit** der Angebote bei einer agilen Projektvorgehensweise. Wenn nur ein grobes Backlog bei der Ausschreibung vorliegt, ist hier keine gute Vergleichbarkeit der Angebote möglich. Der Kunde kann primär die Firmen vergleichen (Größe, Referenzen, Personen, Vertrauenswürdigkeit, versprochene Velocity etc.). Was er um den angebotenen Preis dann tatsächlich bekommt, ist jedoch nicht vergleichbar und kann in vielen Punkten zwischen den Anbietern sehr unterschiedlich sein.

Bei Festpreisprojekten ist eine unklare Spezifikation ein großes Problem, vor allem dann, wenn zusätzlich noch eine wenig kooperative Verhaltensweise des Lieferanten dazu kommt. Dies ist oft bei Ausschreibungen der Fall. Hier steht der Lieferant im Wettbewerb mit anderen Konkurrenten und vom Auftraggeber wird ein Festpreisangebot auf Basis einer mehr oder weniger klaren inhaltlichen Spezifikation erwartet, die der Lieferant kaum beeinflussen kann. In diesen Situationen ist es sehr wahrscheinlich, dass Reibungspunkte entstehen und der Samen für spätere Projektprobleme ausgestreut wird.

> *Wenn die Spezifikation des Auftraggebers im Rahmen einer Festpreisausschreibung unklar formuliert ist, gewinnt typischerweise der »unkooperative« Lieferant.*

Warum dies so ist, zeigt der nachfolgende Unschärfetrichter in Abbildung 7–8:

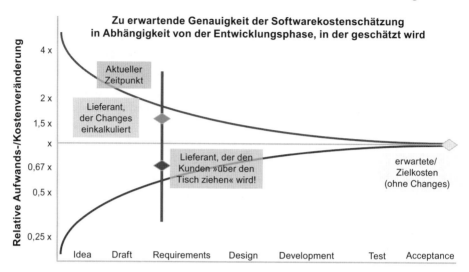

Abb. 7–8   *Unschärfetrichter bei der Aufwandsschätzung in Festpreisprojekten*

Es ist ein Faktum, dass der Preis bei ungenauen Anforderungen auch mit einer gewissen Unschärfe kalkuliert werden muss.

Im Beispiel ist der erwartete bzw. vom Auftraggeber budgetierte Zielpreis 200.000 Euro.

Der **kooperative Lieferant** wird in diesem Fall auf seinen geschätzten bzw. erwarteten Zielpreis einen Sicherheitsaufschlag dazugeben, da er ja damit rechnen muss, dass vom Auftraggeber wegen der zu diesem Zeitpunkt noch unklaren Anforderungen entsprechend viele Change Requests geltend gemacht werden, von denen der Auftraggeber behaupten wird, dass diese aus seiner Sicht im Preis enthalten sein müssen. Der angebotene Preis dieses Lieferanten wird daher z.B. mit Sicherheitsaufschlag bei 290.000 Euro liegen, sodass er noch etwas Spielraum für Change Requests hat, ohne gleich mit dem Auftraggeber wegen jeder Änderung den Preis neu verhandeln zu müssen.

Der **unkooperative Lieferant**, der den Kunden bewusst oder aus der Notwendigkeit der Wettbewerbssituation heraus »über den Tisch ziehen« wird, wird überlegen, dass er mit einem Sicherheitsaufschlag den Auftrag auf keinen Fall bekommen wird, da er dann im Vergleich zu den anderen Lieferanten für den Auftraggeber zu teuer anbieten wird. Er wird daher in diesem Fall einen niedrigeren Preis als den erwarteten Zielpreis angeben, unter der Annahme einer möglichst minimalistischen Umsetzung des Systems. Er wird damit rechnen, dass vom Auftraggeber viele Change Requests geltend gemacht werden, die er dann gegen ein entsprechend hohes Zusatzentgelt verrechnen kann, wodurch er sich dann den gewährten Preisnachlass vom Auftraggeber im Laufe des Projekts wieder zurückholt. Der angebotene Preis dieses Lieferanten wird daher z.B. bei 160.000 Euro liegen.

Welcher Lieferant wird nun die Ausschreibung gewinnen?
Natürlich wird der Lieferant mit dem geringsten Preis die Ausschreibung gewinnen, da ja beide Lieferanten den Preis auf Basis derselben (unklaren) Spezifikation abgegeben haben und damit scheinbar dieselbe Auftragsgrundlage besteht. In der Praxis wird der Auftraggeber in diesem Fall bald merken, dass das Projekt zeitlich und preislich völlig aus dem Ruder läuft und im Endeffekt genau so viel oder mehr gekostet hat wie beim Lieferanten, der von Anfang an realistisch und kooperativ geschätzt hat.

Der Auftraggeber muss nun als »Strafe« für diese Fehlentscheidung zum erhöhten Preis auch noch Streitereien mit dem Lieferanten ertragen, hat dann meist auch wegen der zeitlichen Fehleinschätzungen einen unnötigen Projektstress und muss eventuell nachträgliche Budgeterhöhungen gegenüber seinen Geldgebern und Entscheidungsträgern argumentieren. Im schlimmsten Fall kann es sogar zu einem Projektabbruch kommen.

Bei einer Festpreisausschreibung sollte aus den genannten Gründen daher primär auf ein mehrstufiges Modell zurückgegriffen werden, wie es in Abschnitt 7.5 beschrieben ist.

7.7   Haftung des Teams

In agilen Projekten liegt die Verantwortung für die Umsetzung per Definition beim Team. Das Team ist für alle Ergebnisse gemeinsam verantwortlich und der Code gehört dem gesamten Team. Für die Haftungsfrage ergeben sich hier natürlich andere Voraussetzungen und Gesichtspunkte.

Einige Fragen in diesem Zusammenhang sind:

▓ Wer ist für was verantwortlich im agilen Projekt, wenn es zu einem Schaden kommt?

▓ Was passiert, wenn ein Programmierer fahrlässig einen Fehler einbaut und dadurch ein Millionenschaden oder Personenschaden entsteht?

▓ Haften alle Teammitglieder solidarisch für den Schaden? Wer im Team übernimmt wie viel Schadensanteil?

▓ In welchem Umfang haftet der Auftraggeber oder der Product Owner selbst?

▓ Entsteht Fahrlässigkeit, wenn die (nachweisbare) Kommunikation zu gering ist, also wenn z.B. nicht aufgeschrieben wird, was in den Meetings besprochen wird?

▓ Inwieweit haftet der CIO/CTO/Produktmanager des Auftraggebers als Verantwortlicher auf Auftraggeberseite?

Bei Fahrlässigkeit wird je nach Verschulden den Lieferanten und möglicherweise sogar den einzelnen dafür verantwortlichen Entwickler ein Haftungsanspruch treffen. Der Nachweis, wer den fehlerhaften Code verursacht hat, kann heute bei Verwendung eines Codeversionsmanagementsystems und einer guten Zugriffs-rechteverwaltung recht einfach erbracht werden.

Was passiert, wenn nun der Nachweis, wer den fehlerhaften Code verursacht hat, nicht erbracht werden kann, weil z. B. kein ordentliches Codeversionsma-nagementsystem verwendet wurde?

Dann würde nach der Definition der agilen Vorgehensweisen das Team soli-darisch haften. Die Frage ist dann, ob das Team wirklich solidarisch handelt und den Schaden als Team übernimmt. Aus der Erfahrung zeigt sich: Wenn es um finanzielle Schäden geht, die zu tragen sind, dann hört meist jede Solidarität und Freundschaft auf und es wird um jeden Euro gestritten.

Zusätzlich stellt sich auch noch die Frage, warum kein ordentliches Codever-sionsmanagementsystem verwendet wurde, weil dies für sich schon als fahrläs-sige Vorgehensweise eingestuft werden kann. Insofern könnte denjenigen, der für die Prozesse und Toolverwendung zuständig ist (in agilen Projekt z. B. der Agile Master), in einem solchen Fall auch ein Haftungsanspruch treffen.

> Es kann daher nur empfohlen werden, vorab in einem agilen Projekt schriftlich zu definieren, für welche Fälle überhaupt eine Haftung übernommen wird und ob bzw. in welchen Fällen das Team oder den Einzelnen ein Haftungsanspruch trifft.

Bei wirklich offensichtlichen Programmierfehlern, bei denen das Verschulden klar beim Lieferanten liegt, wird wenig Diskussion entstehen. Wenn Fehler und falsche Handlungsweisen klar nachgewiesen werden können, ist die Verschul-densfrage meist recht gut darstellbar.

Oft stellt sich das Fehlverhalten jedoch nicht so eindeutig dar. Schwierig wird es bei Fehlern, bei denen z. B. eine Anforderung nicht so umgesetzt wurde, wie sich das der Kunde vorgestellt hat bzw. wie das für den Kunden brauchbar wäre. Hier wird zu untersuchen sein, was die genaue Ursache des Fehlers war und in welchem Ausmaß daher den Programmierer überhaupt eine Schuld trifft.

Die Frage speziell aus Sicht der verantwortlichen Entscheidungsträger beim Auftraggeber wird sein: *Habe ich als Auftraggeber dem Entwickler bzw. dem Team alle relevanten Informationen weitergegeben, um eine ordnungsgemäße Entwicklung zu ermöglichen?*

Problematisch ist hier im agilen Umfeld die Beweisführung, da ja die Anfor-derungen oft nur grob aufgeschrieben werden und der Großteil der Informatio-nen für die Fertigstellung des Systems mündlich kommuniziert wird. Im Vorder-grund steht das lauffähige Ergebnis, das dem Auftraggeber dann zur Abnahme und Verwendung übergeben wird und im Wesentlichen die Arbeit des Teams dokumentieren soll. An sich ist es ja auch so, dass das Ergebnis dadurch klar dokumentiert ist.

> *Bei Schadensfällen ist nicht nur das Ergebnis relevant und ausreichend, sondern auch die Geschichte dahinter, wie es zu diesem Ergebnis gekommen ist! Die Geschichte eines Features ist im agilen Vorgehen mangels Dokumentation oft nicht mehr objektiv nachvollziehbar.*

Aus **Sicht des Lieferanten** wird in solchen Situationen möglicherweise behauptet werden, dass vom Auftraggeber zu wenige Informationen gekommen sind und daher der Programmierer das Feature nicht richtig umsetzen konnte. Außerdem wird argumentiert, dass dem Entwickler ja auch nicht die großen fachspezifischen Zusammenhänge klar waren. Dies konnte ja nur der Auftraggeber wissen und dieser hätte daher den Programmierer genauer instruieren müssen.

Aus **Sicht des Auftraggebers** wird dieser argumentieren, dass er dem Programmierer ja alles Relevante gesagt hat und er davon ausgegangen ist, dass ein Lieferant, der ein Projekt in dieser Fachdomäne durchführt, sich auch fachlich so weit auskennt, dass er dies abschätzen kann. Und überhaupt hätte der Programmierer ja auch fragen können und müssen, wenn er sich irgendwo nicht auskennt, und nicht einfach das Feature so umsetzen dürfen, wie er das selbst für richtig hält.

In jedem Fall wird eine solche Situation rechtlich sehr problematisch sein und typischerweise in endlosen Streitereien und Darstellungen, wie man das denn nun wirklich gesagt und gemeint hatte, enden.

Es ist daher im Schadensfall, vor allem wenn es vor Gericht geht, essenziell wichtig, dass man nachweisen kann, wie die Kommunikation zwischen Auftraggeber und Auftragnehmer war.

> *Jede relevante Kommunikation sollte daher auch in agilen Projekten dokumentiert werden, auch wenn diese nicht augenscheinlich als Auftrag, Anforderungsspezifikation oder sonstiger Vertragsbestandteil identifiziert werden kann.*

So kann es nützlich sein, z. B. nach Besprechungen oder Telefonaten, ein kurzes Protokoll mit den relevanten Themenpunkten, Erkenntnissen oder Ergebnissen anzufertigen und dies dann an die Teilnehmer zu verschicken. Das ist meist nicht mit viel Aufwand verbunden, ist aber in einem Schadensfall dann eventuell der einzige schriftliche Nachweis.

7.8   Standards und Normen

Ein wichtiger Punkt bezüglich Haftung ist auch das Thema **Standards und Normen**. Praktisch alle gängigen Standards und Normen im Umfeld der Softwareentwicklung verlangen gewisse Mindestdokumentationen und Spezifikationen für eine ordnungsgemäße Projektabwicklung.

In den letzten 10–15 Jahren hat sich die Softwarebranche stärker hin zu einer qualitätsorientierten und »industriellen« Vorgehensweise bewegt. Dies wird in zahllosen Normen und Standards sichtbar, die es mittlerweile auch im Softwarebereich gibt.

Einige Normen und Standards, die für den Softwareentwicklungsbereich relevant sind:

- ISO 12207 – Referenzmodell für die Softwareentwicklung
- ISO 15504 bzw. ISO-33000-Serie – Assessmentmodell
- ISO 9126 bzw. Nachfolgenorm ISO 250xx – Softwarequalität
- ISO 9241 – Usability
- ISO-29119-Serie – Softwaretesten
- ISO 14143 – Funktionale Metriken
- EN 62628 – Software Aspects on Dependability
- CMMI – Best-Practic- Modell für die Softwareentwicklung
- COBIT-Framework (inkl. Vorgaben für Softwareentwicklung)
- ISO 21500 – Projektmanagement
- ISO 31000, ISO-49000-Serie und ISO 16086 – Risikomanagement
- ÖNorm A 7700 – Sicherheitstechnische Anforderungen an Webapplikationen
- DIN 66230-Dokumentation

Darüber hinaus gibt es noch viele andere Standards von Organisationen wie z.B. ISTQB, IREB, iSAQB, IEEE, ANSI, IEC oder diverse Industriestandards (z.B. Software Development Lifecycle (SDL) von Microsoft) sowie branchenspezifische Standards für die Softwareentwicklung (z.B. ISO 50128 für Railway oder ISPE- und FDA-Standards für Pharma und Medizin), die viele Bereiche in der Softwareentwicklung betreffen und den Stand der Technik vorgeben.

So strukturiert und so weit wie in anderen Branchen ist man zwar in der Softwarebranche noch nicht, aber die Tendenz ist klar absehbar. Daher kann in diesem Zusammenhang auch argumentiert werden, dass von sorgfältig agierenden Vertragspartnern und Softwareexperten vorausgesetzt werden kann, dass sie die gängigen Standards zur Softwareentwicklung sowohl allgemein als auch in ihrem Branchenumfeld kennen und auch anwenden.

Insofern trifft hier sowohl den Lieferanten als auch den Auftraggeber (im Speziellen dann, wenn er einen Experten wie einen CIO/CTO oder einen Berater beschäftigt) eine Verantwortung für eine ordnungsgemäße Projektvorgehensweise.

Sofern nichts anderes definiert wurde, muss davon ausgegangen werden, dass der Stand der Technik eingehalten wird. Insofern ist es sehr wichtig, die relevanten Normen und Standards zu kennen und in Projekten die Anwendung von Standards explizit anzugeben oder diese auch explizit auszuschließen (in diesem Fall ist eine entsprechende Begründung anzugeben).

Wenn der Lieferant als Experte und/oder der Verantwortliche des Auftraggebers ihre Verantwortung bezüglich Einhaltung einer ordnungsgemäßen Projektvorgehensweise trotz besserem Wissen, das sie in ihren Rollen haben sollten, nicht ordentlich wahrnehmen, kann dies als fahrlässig angesehen werden und damit durchaus auch zu persönlichen Haftungen führen.

Es herrscht oft die Meinung vor, dass verschiedene agile Vorgehensmodelle wie z.B. Scrum ausreichend sind für eine ordnungsgemäße Softwareentwicklung. Tatsache ist, dass Scrum, Kanban, BDD, TDD etc. allesamt einzelne Themenbereiche und Bausteine eines guten Softwareentwicklungsprozesses abdecken, jedoch keine dieser Methoden deckt alle notwendigen Bereiche für eine ordnungsgemäße Softwareentwicklung ab.

> Es ist daher nicht ausreichend, sich auf den Einsatz einer etablierten Vorgehensweise wie Scrum zu berufen, um die Verantwortung einer ordnungsgemäßen Projektabwicklung zu erfüllen.

Wenn man das Beispiel Scrum betrachtet, so fehlen hier die Definitionen für viele verschiedene wichtige Themenbereiche wie Requirements Engineering, Risikomanagement, Testvorgehen etc., die allesamt essenziell wichtig sind, damit ein Entwicklungsprojekt erfolgreich wird. Wenn im Scrum Guide geschrieben steht, dass Requirements in einem Backlog verwaltet werden sollen oder eine Definition of Done definiert werden soll oder andere meist recht ungenaue Vorgaben gegeben werden, so ist dies im Grunde unbrauchbar, wenn es zum Haftungsfall oder Streitfall kommt, weil sie keine konkreten Aussagen über Qualität und Inhalt der Spezifikation vorgeben.

Da die agilen Methoden in vielen Bereichen – vor allem im Requirements-Bereich – die Vorgehensweise (bewusst) völlig offen lassen, kann man sich im Streitfall oder bei Gericht nicht darauf beziehen und muss auf etablierte Normen und Standards zurückgreifen, die den »Stand der Technik« im jeweiligen Themenbereich darstellen und meist normative und qualitativ besser prüfbare Beschreibungen beinhalten.

Damit hat man in einem Streitfall natürlich das Problem, dass man nicht einfach sagen kann: »*Wir haben ja eine agile Vorgehensweise vereinbart – dort wird eben weniger dokumentiert und mehr geredet.*« Diese Aussage wird hier kaum Relevanz haben.

> Auch wenn durch agile Methoden verschiedene Themen nicht explizit vorgegeben werden, so muss die Vorgehensweise in diesen Bereichen trotzdem dem Stand der Technik entsprechen, damit hier keine fahrlässige Handlungsweise vorliegt.

Sicherheitskritische Entwicklung

In den relevanten Normen zur personensicherheitskritischen Softwareentwicklung (safety-relevant) wie z. B. IEC 61508 oder ISO 26262 ist explizit das V-Modell als Vorgehensweise empfohlen. Es ist zwar angegeben, dass auch alternative Modelle zulässig sind, wenn der Nachweis erbracht wird, dass alle Anforderungen der Norm erfüllt werden. Dies ist jedoch in der Praxis enorm schwierig und führt zumindest dazu, dass die agile Kernmethodik so umfangreich erweitert werden muss, dass die Agilität praktisch nicht mehr vorhanden ist.

Was übrig bleibt, ist meist eine rein iterative Entwicklung in der Softwareumsetzungsphase. Alles Drumherum wie Requirements Engineering, Testen, Risikomanagement, Change Management etc. ist sehr restriktiv vorgegeben und muss daher wie in der Norm vorgegeben erfüllt werden. Es sind auch viele Prozessvorgaben bezüglich Requirements und Test enthalten, die nicht mit agilen Vorgehensweisen kompatibel sind.

Dies ist auch ein Haftungsthema: Eine Abweichung von der vorgegebenen Norm, die dann dazu führt, dass ein Schaden entsteht, kann als grobe Fahrlässigkeit ausgelegt werden.

In safety-relevanten Projekten ist die Stakeholder-Gruppe oft auch um hohe und höchste Entscheidungsträger erweitert. Dies macht das Thema Requirements Engineering auch sehr »sequenziell«. Bei einer Anwendung agiler Vorgehensweisen würde hier das Team möglicherweise »ausgehungert«, weil z. B. der Vorstand eines großen Unternehmens eben nicht immer gleich Zeit hat, eine Frage zu beantworten oder eine sicherheitsrelevante Entscheidung zu treffen.

> Es kann bei einer sicherheitskritischen Softwareentwicklung daher aus Haftungsgründen nicht empfohlen werden, eine Abweichung von den in der Norm angegebenen Vorgaben und Empfehlungen vorzunehmen.

7.9   Absicherung des Auftraggebers

Welche Möglichkeiten hat der Auftraggeber, sich für Haftungsfälle zu rüsten und gegen sie abzusichern? Im Grunde gibt es aus Prozesssicht zwei wesentliche Möglichkeiten, um das Haftungsthema für den Auftraggeber zu minimieren: Dies sind die beiden Auftraggeber-Schnittstellenpunkte Anforderungsdefinition und Abnahme.

Mehr spezifizieren und Risikoanalyse durchführen

Dies widerspricht *nicht* der agilen Vorgehensweise! Es muss nur mit Maß und Ziel und an den richtigen Stellen im Prozess bzw. zu den richtigen Zeitpunkten angewendet werden. Mit einem angemessen dosierten spezifikationsorientierten Vorgehen kann die Nachweisbarkeit erhöht und das Haftungsrisiko verringert werden, ohne dass der agile Prozess oder die agilen Prinzipien dadurch verloren gehen.

Natürlich kann nicht verlangt werden, dass der Auftraggeber jede kleinste Funktion im Vorfeld komplett ausspezifiziert. Jedoch sind Funktionen, die einen sehr großen Schaden verursachen können, aus Gründen der späteren Nachweisbarkeit der Kommunikation auf jeden Fall sehr sorgfältig zu spezifizieren.

Aber welche Funktionen sind das nun? Damit im Schadensfall auch nachgewiesen werden kann, dass hier nicht einfach nur zufällig irgendwelche Funktionen gewählt wurden, sondern systematisch vorgegangen wurde, ist es notwendig, dass der Auftraggeber eine Risikoanalyse durchgeführt hat.

Es ist daher erforderlich, dass durch den Auftraggeber bei einer agilen Vorgehensweise jeder Eintrag in einem Product Backlog nachweislich und ausreichend risikobewertet wird. Eine »Pi mal Daumen«-Risikoeinstufung, ohne dass dabei zumindest angegeben wird, welche Risikoparameter betrachtet wurden, wird im Schadensfall nicht gerade als systematische und ordnungsgemäße Vorgehensweise gewertet werden.

Bei der Spezifikation sollte auch abhängig von der Risikoklasse festgelegt werden, welche Spezifikationsmethoden zur Anwendung kommen sollen und welcher Detaillierungsgrad ausreichend ist für eine bestimmte Risikoklasse.

Mehr und risikobasiert Testen

Der Auftraggeber hat die Pflicht, ein System nach bestem Wissen ordentlich zu übernehmen und zu prüfen. Natürlich kann nicht verlangt werden, dass der Auftraggeber jede kleinste Funktion komplett durchtestet. Funktionen, die einen sehr großen Schaden verursachen können, sind jedenfalls sehr sorgfältig zu testen. Welche Funktionen das sind, wird wiederum durch die Risikobewertung festgelegt (siehe oben unter *»Mehr spezifizieren und Risikoanalyse durchführen«*).

Zusätzlich muss es eine Definition geben, welche Testarten und Testmethoden bei jeder möglichen Risikostufe angewendet werden sollen, und die Testfälle müssen dann auch entsprechend diesen Vorgaben spezifiziert und nachweislich durchgeführt werden.

7.10 Absicherung des Lieferanten

Welche Möglichkeiten hat der Lieferant, sich für Haftungsfälle zu rüsten und gegen sie abzusichern? Die Möglichkeiten des Lieferanten sind primär Prozessthemen und Dokumentation, um das Haftungsthema zu minimieren.

Alle relevanten Prozessthemen berücksichtigen

Agile Methoden decken oft nur einen kleinen Bereich der relevanten Prozessthemen ab und machen keine klaren Vorgaben für die fehlenden Themenbereiche wie z. B.:

- Requirements Engineering
- Risikomanagement
- Testvorgehen und Testautomatisierung
- Versions- und Konfigurationsmanagement
- Tooleinsatz

Bei »Prozesslücken« an anerkannten Standards orientieren

Der Lieferant sollte sich bei allen Themenbereichen, die durch die agilen Methodenbeschreibungen nicht explizit und ausreichend detailliert vorgegeben sind, am Stand der Technik für diese Themen orientieren. In Abschnitt 7.8 wurden einige Beispiele zum Stand der Technik angegeben.

Des Weiteren sollten auch die allgemein anerkannten Best Practices aus dem Prozessmanagement zur Anwendung kommen wie z. B. PDCA-Cycle (Plan-Do-Check-Act) oder KVP (Kontinuierlicher Verbesserungsprozess).

Relevante Kommunikation dokumentieren

Die für Haftungsfälle relevante Kommunikation sollte dokumentiert werden, damit im Schadensfall ein Nachweis über die Historie der Entwicklung erbracht werden kann. Es gilt im Schadensfall das Motto: »Wer schreibt, der bleibt!« In vielen Fällen wird es dabei ausreichend sein, wenn die wesentlichen Entscheidungen und Erkenntnisse aus einer Besprechung oder von Telefonaten gemeinsam mit den Namen der daran beteiligten Personen kurz zusammengefasst dokumentiert werden.

Erfahrene Personen zur Prozesssteuerung einsetzen

Die Steuerung des Entwicklungsprozesses ist eine Aufgabe, die viel Erfahrung erfordert. Als Agile Master, der in agilen Projekten für die Prozesse zuständig ist, sollte daher nur eine in der Softwareentwicklung erfahrene Person eingesetzt werden, die auch die Konsequenzen des Definierens oder auch *Nicht*-Definierens von bestimmten Prozessthemen beurteilen kann.

> Idealerweise ist der Agile Master eine Person, die schon viele unterschiedliche Softwareprojekte erlebt hat und die auch schon in einigen gescheiterten Projekten involviert war.

Anhang

A   Abkürzungen

Abkürzung	Erklärung
ALM	Application Lifecycle Management
ANSI	American National Standards Institute
ATDD	Acceptance Test Driven Development
BDD	Behaviour Driven Development
BPMN	Business Process Model and Notation
CD	Continuous Delivery
CEO	Chief Executive Officer
CI	Continuous Integration
CIO	Chief Information Officer
CMMI	Capability Maturity Model Integration
COBIT	Control Objectives for Information and Related Technology
CPRE	Certified Professional for Requirements Engineering
CRUD	Create-Read-Update-Delete
DILO	Day in the life of
ERP	Enterprise Resource Planning
FDA	Food and Drug Administration (USA)
GF	Geschäftsführung
GUI	Graphical User Interface
HR	Human Resource
IEC	International Electrotechnical Commission
IEEE	Institute of Electrical and Electronics Engineers
IREB	International Requirements Engineering Board
iSAQB	International Software Architecture Qualification Board
ISPE	International Society for Pharmaceutical Engineering
ISTQB	International Software Testing Qualifications Board
KIS	Krankenhaus-Informations-System

Abkürzung	Erklärung
MAPI	Messaging Application Programming Interface
OMG	Object Management Group (www.omg.org)
PO	Product Owner
RE	Requirements Engineering
REQ	Requirement
REQM	Requirements Management
SaaS	Software as a Service
SBE	Specification by Example
SPICE	Software Process Improvement and Capability dEtermination
TDD	Test Driven Development
UC	Use Case
UI	User Interface
US	User Story
XP	Extreme Programming

B   Glossar

Agile Master Der Agile Master ist verantwortlich für das Einhalten der agilen Prozesse. In Scrum ist dies der Scrum Master. In anderen agilen Modellen ist dies nicht so klar definiert. Es sollte in jeder agilen Vorgehensweise immer einen Verantwortlichen für die Prozesse geben.

Anforderung = Requirement

Artefakt Ein Produkt, das als Zwischen- oder Endergebnis in der Softwareentwicklung entsteht [Wikipedia].

In diesem Buch werden darunter z. B. Sourcecode, Unit-Testfall, Backlog-Eintrag, Kärtchen mit einer User Story, eine Use-Case-Beschreibung, eine fertig definierte Persona oder ein Change Request verstanden.

Best Practice Der Begriff »Best Practice«, auch Erfolgsmethode genannt, stammt aus der angloamerikanischen Betriebswirtschaftslehre und bezeichnet bewährte, optimale bzw. vorbildliche Methoden, Praktiken oder Vorgehensweisen im Unternehmen. [Wikipedia]

In diesem Buch werden darunter z. B. CMMI, SPICE oder COBIT verstanden.

Business Process Modeling Notation BPMN ist eine grafische Notation zur standardisierten Darstellung und Kommunikation von Geschäftsprozessen, die von der OMG entwickelt und gewartet wird.

BPMN ist so gestaltet, dass sie auch maschinell durch Workflow-Systeme, die diesem Standard entsprechen, eingelesen und verarbeitet werden kann, sodass die definierten Prozesse dann auch automatisch ausgeführt werden können.

Siehe *http://www.bpmn.org/*.

Continuous Delivery Kontinuierliche Auslieferung (engl. Continuous Delivery (CD)) bezeichnet eine Sammlung von Techniken, Prozessen und Werkzeugen in der agilen Softwareentwicklung, um den Softwarelieferungsprozess zu verbessern. Techniken wie Testautomatisierung, kontinuierliche Integration (Continuous Integration) und kontinuierliche Installation erlauben die Entwicklung qualitativ hochwertiger Software, die durch automatisierte Release-Erstellung automatisiert auf Entwicklungs-, Test-, Integrations- und Produktivumgebung eingespielt werden kann. Die Automatisierung des Test- und Lieferprozesses ermöglicht es, schnell, zuverlässig und wiederholbar zu liefern und Erweiterungen und Fehlerbehebungen mit minimalem Risiko und ohne großen manuellen Aufwand in die Produktivumgebung oder zum Kunden auszurollen. [Wikipedia]

Continuous Integration   Kontinuierliche Integration (auch fortlaufende oder permanente Integration; engl. Continuous Integration) ist ein Begriff aus der Softwareentwicklung, der den Prozess des fortlaufenden Zusammenfügens von Komponenten zu einer Anwendung beschreibt. Das Ziel der kontinuierlichen Integration ist die Steigerung der Softwarequalität. Üblicherweise wird dafür nicht nur das Gesamtsystem neu gebaut, sondern es werden auch automatisierte Tests durchgeführt und Softwaremetriken erstellt. Der gesamte Vorgang wird automatisch ausgelöst durch Einchecken in die Versionsverwaltung.

Eine vereinfachte Variante der kontinuierlichen Integration – und häufig ihre Vorstufe – ist der Nightly Build (nächtlicher Erstellungsprozess).

Eine Weiterentwicklung der kontinuierlichen Integration stellt die kontinuierliche Auslieferung (Continuous Delivery) dar. [Wikipedia]

Definition of Done (DoD)   Eine Definition of Done definiert eine Sammlung von Kriterien, die genau festlegen, wann eine User Story als abgeschlossen gilt. [Wirdemann 2011]

Definition of Ready (DoR)   Die Definition of Ready gibt vor, in welchem Zustand User Stories sein müssen, bevor das Team diese in die Sprint-Planung und damit in die Umsetzung nimmt.

DevOps   Das Wort entsteht aus der Kombination von *Development* und *Operations*. Der Begriff wurde durch Patrick Debois mit dem DevOpsDay 2009 in Ghent geprägt. Seitdem gibt es eine wachsende Gruppe, die diese Philosophie verbreitet.

DevOps ist der Versuch, mit dem Abteilungsdenken innerhalb der IT aufzuräumen. Die Kombination zu »DevOps« symbolisiert einen Schulterschluss zwischen den Softwareentwicklern und dem IT-Betrieb. Der Grundgedanke von DevOps ist das Zusammenrücken der beiden traditionell grundverschiedenen Bereiche. Aufgrund der immer stärkeren Steuerung der Releases und Delivery durch die Softwareentwickler wird DevOps von vielen auch so interpretiert, dass das Rollout und der IT-Betrieb nun auch in die Verantwortung der Softwareentwicklung wandern und für die »IT« nur mehr die reine Infrastruktur (Hardwarewartung, Leitungen etc.) übrig bleibt.

GUI   Graphical User Interface, grafische Benutzeroberfläche eines Systems

Hilfsmittel   Hilfsmittel unterstützen die Umsetzung von Methoden, Techniken und Richtlinien.

In diesem Buch werden darunter z.B. Storyboard, Kanban-Board, Taskboard, das Backlog, ein Formular zur Erstellung von Personas oder auch Checklisten wie eine fertig ausgearbeitete Definition of Done verstanden.

K.-o.-Kriterium   = Muss-Kriterium

Dies ist ein Kriterium, das bei Nichterfüllung in jedem Fall zum Projektabbruch führt.

Methode griechisch »methodos« = » Weg«. Eine Methode ist ein planmäßiges Verfahren [Brockhaus 2006] bzw. Art und Weise eines Vorgehens [Duden 2007].

In diesem Buch werden darunter systematische Vorgehensweisen im Rahmen der Erstellung von Software und unter Berücksichtigung der anerkannten Prinzipien verstanden wie z. B. Test Driven Development, Behaviour Driven Development, Specification by Example, Risikoanalyse von Requirements oder Stakeholder-Analyse verstanden.

Muss-Kriterium = K.-o.-Kriterium

Praktik Die Anwendung von bestimmten Handlungen, Taten von Menschen. [Wiktionary]

In diesem Buch werden darunter in der Praxis angewendete und allgemein verbreitete Methoden, Techniken und Vorgehensmodelle verstanden.

Prinzip Prinzipien sind Regeln, Grundlagen oder Gesetzmäßigkeiten, die einer Sache zugrunde liegen. [Duden 2007]

In diesem Buch werden darunter z. B. die Prinzipien der agilen Softwareentwicklung, die Prinzipien des agilen Requirements Engineering oder die Prinzipien der Software-Usability verstanden.

Regressionstest Test eines vorher bereits getesteten Programms, um sicherzustellen, dass in unveränderten Bereichen der Software durch Änderungen keine weiteren Fehler eingebracht wurden. [ISTQB 2012]

Requirement Ein Requirement ist ...
- der Bedarf eines Stakeholders.
- eine Fähigkeit oder Eigenschaft, die ein System erfüllen oder besitzen muss.
- eine dokumentierte Repräsentation eines Bedarfs, einer Fähigkeit oder Eigenschaft gemäß 1. oder 2.

[IREB Glossar 2012]

Richtlinie Richtlinien sind Handlungsanweisungen, die vorgeben, wie in bestimmten Situationen vorzugehen ist.

In diesem Buch werden darunter z. B. die Qualitätsanforderungen an Requirements bzw. Ziele (klar, eindeutig, messbar etc.) oder auch das Agile Manifest verstanden. Des Weiteren fallen darunter auch Styleguides und Guidelines für bestimmte Themenbereiche wie z. B. Usability-Styleguides oder Guidelines für die Erstellung von Unit Tests.

Spike Ein Spike ist ein kurzes Experiment der Entwickler, um über einen Bereich der Anwendung bzw. eine zugrunde liegende Technik so viel zu lernen, dass sie den Umsetzungsaufwand des Requirements abschätzen können [Cohn 2010].

Stakeholder Eine Person oder Organisation, die direkt oder indirekt Einfluss auf ein Projekt oder ein System hat.

Wobei die Einflussnahme in beide Richtungen sowohl von der Person/Organisation auf das System als auch vom System auf die Person/Organisation zu sehen ist.

Storyboard Die Storyboardtechnik wird erfolgreich zur Visualisierung von Benutzer-schnittstellen zum Beispiel als Folge von Bildschirminhalten genutzt. [Wikipedia]

Ein Storyboard ist eine Folge von Bildern, von denen jedes einen Zeitpunkt bzw. Benutzerinterface-Zustand in einer visuellen »Geschichte« darstellt. Der »Leer-raum« zwischen den Bildern bildet den Übergang von einem Zustand in den nächs-ten als Ergebnis einer Benutzeraktivität. [Greenberg et al. 2012, S. 147]

Storytelling Storytelling ist eine Technik, die aus dem Usability Engineering kommt (vgl. [Buxton 2007]). In den agilen Methoden wird dies im Zusammenhang mit User Stories und Szenarien aufgegriffen, um die Interaktion des Systems mit dem Benut-zer und den Ablauf in Form einer Geschichte anschaulich zu beschreiben. [Alexan-der & Maiden 2009]

Swimlane-Technik Bei der Prozessmodellierung angewandte Technik, in der vertikale oder horizontale Bahnen bzw. Bereiche im Prozessdiagramm sichtbar gemacht wer-den, die jeweils einen bestimmten betrachteten Bereich (Rolle, System etc.) darstel-len. In diesen Bereich werden dann die jeweils dort zugeordneten oder ausgeführ-ten Prozesselemente dargestellt, wodurch der Wechsel des Prozessablaufs zwischen den einzelnen Bereichen klarer ersichtlich wird.

Taskboard Das Taskboard ist die To-do-Liste des Teams, mit der das Team die Arbeit des anstehenden Sprints visualisiert und koordiniert. [Wirdemann 2011]

Technik griechisch »technikos« = »Handwerk« oder »Kunstfertigkeit«.

»Technik« bezeichnet eine besondere Art des Vorgehens oder der Ausführung einer Handlung. [Brockhaus 2006]

In diesem Buch werden als Techniken z.B. User Stories, Use-Case-Beschreibungen, Story Maps, Prototyping, Interviews, Definition of Done oder Personas verstan-den. Sie konkretisieren die Prinzipien.

UI User Interface, Benutzeroberfläche eines Systems (auch nicht grafische) vgl. GUI

Universalquantor Universalquantor (= Umfassungswort = Allquantor) ist ein Wort wie: alle, keine, jeder, sämtliche, nirgends, niemals, nichts etc.

Diese Worte sind oft ein Zeichen dafür, dass zu sehr verallgemeinert wird.

Validierung Der Vorgang, um zu überprüfen, ob die dokumentierten Anforderungen die Bedürfnisse der Stakeholder erfüllen. [IREB Glossar 2012]

Plausibilisierung, dass ein System die Anforderungen in der Praxis erfüllt (»Funkti-oniert das System richtig?«). [Wikipedia]

Hinweis des Autors: Dies beruht *immer* auf einem geistig analytischen und kom-munikativen Vorgang und kann nicht durch Automatismen (z.B. automatische Regressionstests) durchgeführt werden – vgl. Verifikation.

Verifikation Prozess, der für ein Programm oder ein System sicherstellt, dass es zu einer Spezifikation »konform« ist (»Ist das System richtig gebaut?«). [Wikipedia]

Hinweis des Autors: Verifikationen können automatisiert durchgeführt werden (z.B. durch automatische Regressionstests), da sie eine klar spezifizierte Basis haben.

Vorgehensmodell Vorgehensweise Ein Vorgehensmodell organisiert einen Prozess der gestaltenden Produktion in verschiedene, strukturierte Abschnitte, denen wiederum entsprechende Methoden und Techniken zugeordnet sind. [Wikipedia]

In diesem Buch werden darunter z. B. Scrum, Kanban, XP, V-Modell oder Wasserfallmodell verstanden.

Wireframe = »Drahtgerüst«, wird auch als Synonym für »Mock-up« verwendet.

Wireframes sind sehr frühe konzeptuelle Prototypen einer Website oder eines Software-Frontends. Elemente wie Navigation und Inhaltsbereiche sollen Teil dieses Skeletts sein. [Wikipedia]

C   Literatur

[AAMI 2012] Association for the Advancement of Medical Instrumentation (AAMI): Guidance on the use of Agile practices in the development of medical device software. Arlington, AAMI Association for the Advancement of Medical Instrumentation, 2012.

[Adolph & Bramble 2003] Adolph, Steve; Bramble, Paul: Patterns for effective use cases. Addison-Wesley, 2003.

[Adzic 2011] Adzic, Gojko: Specification by Example. Manning Publications, 2011.

[Agile Alliance] Agile Alliance, *www.agilealliance.org*.

[Agile Manifesto] Agile Manifesto, *http://agilemanifesto.org/*; Zugriff am 20.05.2013.

[Alexander & Beus-Dukic 2009] Alexander, Ian; Beus-Dukic, Ljerka: Discovering Requirements. John Wiley & Sons, Hoboken, NJ, 2009.

[Alexander & Maiden 2009] Alexander, Ian; Maiden, Neil: Scenarios, Stories, Use Cases through the System Development Life-Cycle. John Wiley & Sons, Hoboken, NJ, 2004.

[Anderson 2011] Anderson, David: Kanban. dpunkt.verlag, Heidelberg, 2011.

[Appelo 2011] Appelo, Jurgen: Management 3.0 – Leading Agile Developers, Developing Agile Leaders. Addison-Wesley, 2011.

[Balzert 1998] Balzert, Helmut: Lehrbuch der Software-Technik. Spektrum Akademischer Verlag, Heidelberg, 1998.

[Beck 2000] Beck, Kent: Extreme Programming Explained: Embrace Change. Addison-Wesley, 2000.

[Beck et al. 2013] Beck, Kent et al.: Manifesto for Agile Software Development, *http://agilemanifesto.org*.

[Begriffsnetz] Begriffsnetz, *www.informatikbegriffsnetz.de*; Zugriff am 20.05.2013.

[Brockhaus 2006] Brockhaus Enzyklopädie in 30 Bänden. 21. Auflage, F. A. Brockhaus, 2006.

[Buschmann et al. 2007] Buschmann, Frank; Henney, Kevlin; Schmidt, Douglas C.:
Pattern Oriented Software Architecture: On Patterns and Patterns Languages.
John Wiley & Sons, 2007.

[Buxton 2007] Buxton, Bill: Sketching User Experience. Elsevier Inc., Amsterdam, 2007.

[Cockburn 2001] Cockburn, Alistair: Writing effective use cases. Addison-Wesley, 2001.

[Cohn 2005] Cohn, Mike: Agile Estimating and Planning. Prentice Hall International,
2005.

[Cohn 2010] Cohn, Mike: User Stories für die agile Software-Entwicklung mit Scrum, XP
u.a. mitp, Heidelberg, 2010.

[Daniel & Kimmelman 2008] Daniel, Amiram; Kimmelman, Ed: The FDA and World-
wide Quality System Requirements Guidebook for Medical Devices. ASQ Quality
Press, Milwaukee 2008.

[Dingsøyr et al. 2010] Dingsøyr, Torgeir; Dybå, Tore; Moe, Nils Brede: Agile Software
Development. Springer-Verlag, Berlin, Heidelberg, 2010.

[Duden 2007] Duden – Das Fremdwörterbuch. 9. Auflage, Bibliographisches Institut,
2007.

[Ebert 2008] Ebert, Christof: Systematisches Requirements Engineering und Management. dpunkt.verlag, Heidelberg, 2008.

[Gärtner 2013] Gärtner, Markus: ATDD in der Praxis. dpunkt.verlag, Heidelberg, 2013.

[Gause & Weinberg 1989] Gause, Donald; Weinberg, Gerald: Exploring requirements:
quality before design. Dorset House Publishing, 1989.

[Gloger 2013] Gloger, Boris: Scrum. Carl Hanser Verlag, München, 2013.

[Gottesdiener 2005] Gottesdiener, Ellen: The Software Requirements Memory Jogger.
GOAL/QPC, 2005.

[Greenberg et al. 2012] Greenberg, Saul; Carpendale, Sheelagh; Marquardt, Nicolai;
Buxton, Bill: Scetching User Experiences. Morgan Kaufmann Publishers, Waltham,
MA, 2012.

[Hass et al. 2008] Hass, Kathleen B.; Wessels, Don J.; Brennan, Kevin: Getting It Right,
Business Requirement Analysis Tools and Techniques. Management Concepts,
2008.

[Higuera & Haimes 1996] Higuera, Ronald P.; Haimes, Yacov Y.: Software Risk
Management. Software Engineering Institute, Pittsburg, 1996.

[Hood 2008] Hood, Collin: Requirements Management. Springer-Verlag,Berlin,
Heidelberg, 2008.

[Hossenloop & Hass 2008] Hossenloop, Rosemary; Hass, Kathleen B.: Unearthing
Business Requirements. Management Concepts, 2008.

[IEEE 2008] IEEE: IEEE 1028-2008 Standard for Software Reviews and Audits. IEEE, 2008.

[IREB] International Requirements Engineering Board, *www.certified-re.de/*.

[IREB CPRE FL 2012] International Requirements Engineering Board (IREB): Lehrplan für den Certified Professional for Requirements Engineering – Foundation Level, Version 2.1, Juni 2012, *www.certified-re.de/fileadmin/IREB/Lehrplaene/ IREB_cpre_syllabus_FL_de_v21.pdf*.

[IREB Glossar 2012] International Requirements Engineering Board (IREB): A Glossary of Requirements Engineering Terminology, Version 1.4, September 2012, *www.certified-re.de/fileadmin/IREB/Download/Homepage%20Downloads/ IREB_CPRE_Glossary_14.pdf*.

[ISO 9000 2005] EN ISO 9000:2005 Qualitätsmanagementsysteme – Grundlagen und Begriffe. Europäisches Komitee für Normung, 2005.

[ISTQB 2012] International Software Testing Qualifications Board (ISTQB): Glossary of Terms V.2.2. ISTQB International Software Testing Qualifications Board, 2012.

[Lamsweerde 2009] Lamsweerde, Axel van: Requirements Engineering.From System Goals to UML Models to Software Specifications. John Wiley & Sons, 2009.

[Laplante 2009] Laplante, Phillip A.: Requirements Engineering for Software and Systems. CRC Press, 2009.

[Leffingwell 2011] Leffingwell, Dean: Agile Software Requirements. Addison-Wesley, 2011.

[Long et al. 2014] Long, Fred; Mohindra, Dhruv; Seacord, Robert C.; Sutherland, Dean F.: Java Coding Guidelines: 75 Recommendations for Reliable and Secure Programs. SEI Series in Software Engineering. Pearson Education, 2014.

[Opelt et al. 2012] Opelt, Andreas; Gloger, Boris; Pfarl, Wolfgang; Mittermayr, Ralf: Der agile Festpreis. Carl Hanser Verlag,München, 2012.

[Pichler 2008] Pichler, Roman: Scrum. Agiles Projektmanagement erfolgreich einsetzen. dpunkt.verlag,Heidelberg, 2008.

[Pohl 2008] Pohl, Klaus: Requirements Engineering. dpunkt.verlag, Heidelberg, 2008.

[Pohl & Rupp 2009] Pohl, Klaus; Rupp, Chris: Basiswissen Requirements Engineering. dpunkt.verlag, Heidelberg, 2009.

[Robertson & Robertson 2009] Robertson, Suzanne; Robertson, James: Mastering the requirements Process. Pearson Education, 2009.

[Röpstorff & Wiechmann 2012] Röpstorff, Sven; Wiechmann, Robert: Scrum in der Praxis.dpunkt.verlag, Heidelberg, 2012.

[Rupp 2009] Rupp, Chris: Requirements-Engineering und -Management. Carl Hanser Verlag, München, 2009.

[Schmidt 2009] Schmidt, Klaus: IT-Risikomanagement.Handbuch IT-Management.
     Carl Hanser Verlag,München, 2009, S. 537–574.

[Schwaber & Sutherland 2013] Schwaber, Ken; Sutherland, Jeff: Scrum Guide.
     scrum.org, 2013.

[Scrum Alliance] Scrum Alliance, *www.scrumalliance.org/*.

[Scrum Glossar] Story Point im Scrum Glossar,
     http://scrum-master.de/Scrum-Glossar/Story_Point; Zugriff am 09.10.2013.

[Sommerville & Sawyer 2004] Sommerville, Ian; Sawyer, Pete: Requirements
     Engineering. John Wiley & Sons, 2004.

[Starke 2011] Starke, Gernot: Effektive Softwarearchitekturen: Ein praktischer Leitfaden.
     Carl Hanser Verlag, München, 2011.

[Tiwana & Keil 2004] Tiwana, Amrit; Keil, Mark: The One-Minute Risk Assessment
     Tool. Communications of the ACM, Vol. 47, No. 11, 2004, S. 73-77.

[Unterauer 2012] Unterauer, Markus: Entwicklung einer Risikomanagementmethode für
     kleine und mittlere Softwareunternehmen. Linz, 2012.

[Wagner 2013] Wagner, Stefan: Software Product Quality Control. Springer-Verlag,
     Berlin, Heidelberg, 2013.

[Wiegers 2005] Wiegers, Karl E.: Software Requirements. Microsoft Press, 2005.

[Wikipedia] Wikipedia, *http://de.wikipedia.org/*.

[Wiktionary] Wiktionary, *http://de.wiktionary.org*.

[Wirdemann 2011] Wirdemann, Ralf: Scrum mit User Stories. Carl Hanser Verlag,
     München, 2011.

Index

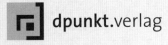

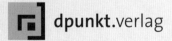

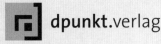